国家民委《民族问
中国少数民族社会历史调查资料丛刊(修订本)

云南回族
社会历史调查

(四)

云南省编辑组
《中国少数民族社会历史调查资料丛刊》修订编辑委员会

民族出版社

图书在版编目（CIP）数据

云南回族社会历史调查 . 4 /《中国少数民族社会历史 调查资料丛刊》修订编辑委员会编 . —修订本 . —北京：民族出版社，2009.7（2019.1 重印）

（国家民委民族问题五种丛书 . 中国少数民族社会历史调查资料丛刊）

ISBN 978 – 7 – 105 – 08745 – 7

Ⅰ. 云…　Ⅱ. 中…　Ⅲ. 回族—民族历史—社会调查—云南省　Ⅳ. K281.3

中国版本图书馆 CIP 数据核字（2009）第 101201 号

民族出版社出版发行

http：//www.mzcbs.com

北京市和平里北街 14 号　邮编 100013

北京龙跃印务有限公司印刷

各地新华书店经销

2009 年 7 月第 1 版　2019 年 1 月北京第 2 次印刷

开本：787 毫米×1092 毫米　1/16　印张：12　字数：310 千字

印数：2001—2500 册　定价：40.00 元

ISBN 978 – 7 – 105 – 08745 – 7/K·1577（汉 746）

───────────────

该书如有印装质量问题，请与本社发行部联系退换

（总编室电话：010 – 64212794；发行部电话：010 – 64211734）

国家民委《民族问题五种丛书》
总修订编辑委员会

《中国少数民族社会历史调查资料丛刊》
修订编辑委员会

国家民委《民族问题五种丛书》

修订再版总序

　　国家民委《民族问题五种丛书》，包括《中国少数民族》、《中国少数民族简史丛书》、《中国少数民族自治地方概况丛书》、《中国少数民族语言简志丛书》、《中国少数民族社会历史调查资料丛刊》，记录了中国55个少数民族从起源至21世纪初的历史发展进程，涵盖政治、经济、文化、社会等方方面面的内容，荟萃了大量原始的、鲜活的、极其珍贵的资料，是一部关于中国民族问题的大型综合性丛书，是中国民族问题研究的重大项目和重大出版工程。

　　新中国成立后，党和政府高度重视民族问题和民族工作。少数民族地区的社会改革和社会主义建设逐步展开。为了摸清少数民族的社会历史状况，抢救行将消失的宝贵的历史文化资料，1953年，全国人大民族委员会和中央民族事务委员会组织进行全国性的民族识别调查，1956年又开始少数民族语言、少数民族社会历史调查。在三次大规模的系统调查的基础上，中央民委从1958年开始组织编写《中国少数民族简史》、《中国少数民族语言简志》、《中国少数民族自治地方概况》三种丛书。"文化大革命"期间，中央民委机构撤销，此项工作被迫中断。1978年国家恢复民族工作机构，中央民族事务委员会改为国家民族事务委员会。1979年，国家民委决定继续组织编写以上三种丛书，并增加编写《中国少数民族》和《中国少数民族社会历史调查资料丛刊》两种丛书，定名为《民族问题五种丛书》。《民族问题五种丛书》的编辑出版列入了全国哲学社会科学"六五"规划的重点科研项目。

　　《民族问题五种丛书》共计402本，一亿多字，该项目自1958年启动至1991年基本完成，历时30多年，涉及全国19个省、市、自治区及中央有关单位400多个编写组，1760多人参与，分别由全国30多家出版社出版。纵观历史，像这样全面系统地调查研究、编辑出版介绍各个少数民族的丛书在中国前所未有；横看世界，像这样由政府部门组织为国内各少数民族著书立说实属罕见。

　　盛世修史、修志，这是中国的传统。由于《民族问题五种丛书》编辑出版时间长，涉及地区广，出版单位分散以及受当时环境条件局限，难免存在一些不足：一是体例版本不统一；二是有些解释不准确；三是新中国成立以来特别是实行改革开放以来，少数民族和民族地区所发生的变化和取得的成就没有得到充分的反映。为适应民族工作发展和民族问题研究的需要，为满足广大读者的需求，国家民委决定从 2005 年开始对《民族问题五种丛书》进行修订再版。

这次修订再版的总体原则是"基本保持原貌，统一体例、版本，增加新内容"，统一由民族出版社出版发行。其中：

《中国少数民族》的修订，旨在原版的基础上，适当调整结构，更新有关数据和资料，吸收最新研究成果；增加各少数民族在改革开放以来各方面的发展成就。

《中国少数民族简史丛书》的修订，本着"适当修订、适量续修"的原则，对有明显错误的内容、观点、表述进行更正，对新中国成立以来特别是改革开放以来各少数民族的发展史实予以补充。

《中国少数民族自治地方概况丛书》的修订，力求更加全面系统地反映各民族自治地方的历史、地理、经济、文化、社会的基本情况和实行民族区域自治的历程、成就和经验，新编 1987 年以后成立的 16 个民族自治地方的概况。

《中国少数民族语言简志丛书》的修订，旨在改错，增补新的研究成果，增写《满族语言简志》，并合订为 6 卷本。

《中国少数民族社会历史调查资料丛刊》的修订，主要是尊重史实，修正错误，增加注释。

《民族问题五种丛书》的修订再版工作，得到了中央有关部门和各有关地方的高度重视及社会各界的广泛支持。中国社会科学院、中央民族大学、中央党校、中南民族大学、西南民族大学、西北民族大学、黑龙江社会科学院、黑龙江大学、黑龙江民研所、云南社会科学院、贵州大学、云南大学、四川大学、新疆大学、新疆师范大学、内蒙古大学、哈尔滨学院、吉林民研所、广西民族大学、广西艺术学院、广西博物馆、广西民研所、甘肃省委党校、凉山大学、中国教育部语工委、云南语工委等单位的民族学、社会学、人类学、语言学的专家学者以及长期在民族地区工作的同志共 1000 余人积极参与了修订工作，各有关省、自治区、直辖市的各级民族工作部门做了大量的组织协调工作。谨此，表示诚挚的谢意。

我们相信，经过大家的共同努力，修订再版的《民族问题五种丛书》，将以更全面、更完整、更科学的面貌呈现在广大读者面前。

李德洙

2007 年 8 月

出版说明

　　《中国少数民族社会历史调查资料丛刊》，是国家民委民族问题五种丛书编辑委员会主持编辑的《民族问题五种丛书》之一。

　　本《丛刊》的资料搜集和编辑整理工作，是在党和政府的领导下，各有关地区和单位集体进行的。早在解放初期，国务院民族事务委员会和各有关少数民族地区，为了开展民族工作，就曾组织民族研究方面的学者和民族工作者，对当地少数民族的社会历史情况进行过调查。1956 年，全国人大民族委员会和国务院民族事务委员会，秉承党中央指示，进一步组织了若干调查组，对各少数民族的社会和历史进行了大规模的调查研究。1958 年，在国务院民族事务委员会和中国科学院哲学社会科学部的领导下，中国科学院民族研究所、中央民族学院和各少数民族地区的有关单位，在编写《少数民族简史》、《少数民族简志》、《民族自治地方概况》三套丛书的过程中，又做了必要的调查。现将历次调查的少数民族社会历史资料，由各有关单位分别加以整理，编辑出版，这对我国少数民族社会历史的科学研究工作，具有重要的参考价值。

　　需要说明的是，这些社会历史调查资料，大多是 50 年代和 60 年代初期的材料，由于当时条件的限制，不准确和不全面之处在所难免，希望读者指正。

国家民委民族问题五种丛书编辑委员会

《社会历史调查资料丛刊》编辑组

修订再版说明

《中国少数民族社会历史调查资料丛刊》是国家民委《民族问题五种丛书》之五，内容包括了 20 世纪 50 年代中央访问团收集的资料，全国人大民委、中央民委等组织民族社会历史调查以及民族识别等工作所搜集到的资料，20 世纪 80 年代以后由各省、自治区陆续分别出版，全套社会历史调查资料丛刊共有 84 种 145 本。这些资料集中记录了我国少数民族社会历史的基本情况，是民族研究和民族工作中的重要参考资料，受到了各方面的欢迎和好评。

《中国少数民族社会历史调查资料丛刊》问世以来，民族自治地方社会和文化发展取得了长足进步，各方面情况有了不少变化，为了进一步发挥这些历史调查资料的作用，促进各民族"共同团结奋斗，共同繁荣发展"，国家民委决定修订、再版《中国少数民族社会历史调查资料丛刊》，并将其列为国家民委重点科研项目。

本次修订再版，在尊重史实，基本保持原貌，统一体例、版式的总原则下，主要是订正错误，并以修订注释的形式增补新的人口数据和地方行政隶属的变化情况。另外，原书中统计数据存在的问题较多，但因无资料可查核，部分只能保持原貌，仅供参考。《崩龙族社会历史调查》、《新疆牧区社会历史调查》不再单独出版。新增《吉林省朝鲜族社会历史调查》、《土家族社会历史调查》、《四川木里藏族自治县藏族纳西族社会历史调查》、《广东海南少数民族社会历史调查资料汇编》4 本。修订本合计为 86 种 147 本。

《中国少数民族社会历史调查资料丛刊》的修订再版工作，得到有关省、自治区、直辖市领导的重视和关心，得到了中央民族大学、云南大学、广东民族研究所等有关部门的大力支持。我们对关心、支持修订再版工作的各级领导、有关部门、专家学者以及所有热心参与此项工作的同志，表示诚挚的谢意！

《中国少数民族社会历史调查资料丛刊》修订编辑委员会

2007 年 12 月

目　录

红军长征过寻甸回族地区情况调查

马开尧

1935 年 4 月，中国工农红军第一方面军军委纵队和一、三、五军团长征过寻甸①。时隔一年，红二方面军二、六军团又经过寻甸。红军两次经过，历时 11 天，毛泽东和朱德、周恩来、贺龙、任弼时等许多老一辈无产阶级革命家在寻甸留下光辉的足迹，播下革命的火种，以及红军战士英勇作战、不怕流血牺牲的革命精神，不仅激励寻甸各族人民在新民主主义革命和社会主义建设中取得了一个又一个的胜利，还将继续鼓舞各族人民在社会主义现代化建设中夺取更加辉煌的成就。

一、红军长征过寻甸

1935 年 4 月，党中央政治局在长征途中举行遵义会议，认真总结了第五次反"围剿"和长征初期的经验教训。集中全力解决了具有决定意义的军事问题和组织问题，结束了王明"左"倾机会主义在党中央的统治，确立了毛泽东同志在红军和党中央的领导地位。在革命的危急关头挽救了党、挽救了红军、挽救了革命，为红军长征的胜利和革命的发展奠定了基础。遵义会议以后，中央红军在党中央和毛泽东同志的领导下，经过二占遵义、四渡赤水、南渡乌江、佯攻贵阳，"调出了滇军"。乘云南空虚之际，挺进云南，跳出敌人的包围圈，实现了毛主席摆脱敌人、调出滇军就是胜利的战略计划。4 月 23 日，以一军团为左翼，中央军委纵队居中，三军团为右翼，五军团殿后，九军团在右侧牵制敌人，进入了曲靖地区。中央军委纵队、一、三、五军团经富源、沾益、曲靖、马龙，4 月 28 日进至寻甸。上午，中央军委纵队从曲靖西屯出发，经马龙县的鸡头村、王家庄一线，抵达寻甸县的鲁口哨、大汤沽、阿乡、水平子一带宿营。次日，鲁口哨国民党团防兵丁被红军缴械，一军团部及主力部队由鸡头村出发，行经马龙县城，至寻甸草鞋板桥（现属马龙，改名红桥）住下。一师二团进到塘子、山西一带宿营。三军团主力部队由马龙的黄家冲、黄泥塘一线，移住寻甸高田、戈夸一带，九军团继续留在宣威。

4 月 29 日上午，党中央和中央军委在鲁口哨、大汤沽地区发布了《关于我军速渡金沙

---

① 现为曲靖市辖县，面积3598平方公里，人口 46.3 万人。辖 6 镇 11 乡。民国二年（1913 年）设寻甸县。1956 年设寻甸回族自治县，1958 年嵩明、寻甸合并，仍称寻甸县。1979 年置寻甸回族彝族自治县。修订注。

1

江在川西建立苏区的指示》。电令发出后，中央军委对渡江工作又作了具体部署。三军团攻克了寻甸县城，毙、俘守敌百余名，缴获枪支弹药一批，镇压了县长李金石以及理财科长、清丈处长等几个作恶多端的反动官吏。4月30日，军委纵队干部团的"设营队"在木龙马乡攻占了乡公所，在可郎乡活捉了恶霸张焕清，并进行了打富济贫的宣传活动，当天晚上军委纵队进驻柯渡坝子。毛泽东主席、周恩来副主席、朱德总司令等中央首长都在丹桂村宿营。中央军委总司令部住在土豪何本思的四合院里。周恩来副主席、朱德总司令和刘伯承总参谋长都在这里住宿和办公。毛主席住在总部驻地南边，土豪杨明修的广式楼房里。刚住下，毛主席就不顾长途跋涉的疲劳，步行到离丹桂二里的柯渡街卫生部住地，看望林伯渠、董必武、徐特立、谢觉哉4位老同志，动员四老做好急行军、抢渡金沙江的准备，同时看望了伤员。周恩来副主席在总部驻地召见了干部团的主要负责同志，对抢渡金沙江的工作作了十分周密的安排。干部团前卫营五连（即政治营五连，肖应棠任连长）和李克农所带中央工作组所属前卫侦察组接受任务后，从柯渡出发，奔袭金沙江皎平渡口。朱总司令亲自到回辉村清真寺接见了阿訇和回民代表，宣传了红军的政治主张，讲解了党的民族政策。宣传员在清真寺墙壁上写下了"红军绝对保护回家工农群众利益"的大幅标语，回民群众深受感动。

一军团分三路从嵩明县城、杨林一线向西挺进。先头部队进至款庄（今属富民县），右路经东村、竹箐口到七甲（今先锋区），与中央军委会合。后一部随军委纵队至可郎乡到柯渡宿营，一部进抵款庄。三军团从寻甸县城出发，以日行一百多公里的速度经过麦冲、海头（今金所乡）、横河、大白栗树（今六哨乡）、柯渡。先头部队占领区公所，活捉伪区长杨庭发，然后行至鸡街、古城（今鸡街乡）一带宿营。5月1日清晨，中央军委纵队全军便从柯渡坝子起程，经过鸡街坝子入禄劝县城。

1935年10月19日，红一方面军在党中央、毛主席的率领下经过二万五千里长征到达陕北，胜利结束了长征，宣告了国民党反动派"围剿"红军计划的彻底破产。但是，蒋介石并不因此而罢休，为了实现其死心塌地的反共反人民的目的，更进一步地加紧了对原留在湘鄂川黔边苏区牵制敌人的红二、六军团的进攻。这一时期的红二、六军团已光荣地完成了策应红一方面军长征的任务。为了保存革命实力，寻找新的活动区域，也于1935年11月19日从湖南桑植地区出发，退出湘鄂川黔革命根据地，开始长征。经过4个多月的转战，于1936年3月20日由黔入滇，途经宣威、富源、沾益、曲靖、马龙进入寻甸。

红二、六军团经过寻甸的路线与红一方面军大体相似，从4月5日到4月10日，历时6天。二、六军团从马龙、沾益进入寻甸县境，经过了河口、鸡街等九个区（镇）的30余个村庄。二军团五师途经石甲、米德卡（今河口乡）消灭了躲在山洞里负隅顽抗的国民党武装民团兵士，途经木龙马（今先锋乡）活捉地霸武装兵士11人，六师先头十六团一举攻克寻甸县城。

军直五、六师在城内及其附近进行了宣传、扩红和打富济贫活动。六军团在羊街余家屯一带休整，开展了打富济贫及宣传活动，扩红近百人。同时派出小股部队进入嵩明县境，监视嵩明城敌人动向，并在尖山、普渡、大庄、大营、龙院、新春邑、接界村等地（这一带原属寻甸），打富济贫，宣传发动群众，当时有刘友顺等9人参加了红军队伍。

六军团在麦冲坝、麦冲坡头、横河梁子、磨腮小石洞等地遇敌机轰炸，有数十名红军战士英勇牺牲。二军团四师接受任务，抢占了普渡河渡口，遭到滇军孙渡纵队截击，又返回河东。六军团准备继四师渡河，但前卫十七师在抵达富民县款庄坝子的老干山下的小松园

（这一带原属寻甸）时，遭到滇军近卫团及地方民团约四个团兵力的拦阻。红军反复冲锋三四次，但因敌机配合地面部队作战，同时驻马街的滇军安恩博旅又转移到乐朗西北的胡家村（属寻甸鸡街）一带。二军团六师十七、十八团及五师十四团奉命在六甲贾白山阻击滇军袭顺壁旅，这就是著名的"六甲之战"。六甲战后，滇军不敢穷追，红军胜利渡过金沙江，北上抗日。

二、红军两次解放寻甸城

1935 年 4 月 29 日，红一方面军三军团从高田、戈夸一线出发，军团部命令四师从七星桥过道院、庙坡进入寻甸坝子，解放寻甸城的任务交给了四师主力部队，他们沿着崎岖的小路迅速占领了县城附近的北观、回龙、挖脚等几个村子，并且控制了城北面的青龙山制高点，城西"三月三"地头也有部队加强警戒，以防从羊街方向来的增援之敌。攻城指挥部设在城东北的教场坝村，头天晚上，红军侦察员已化装成老百姓进入城内，准备攻城时里应外合。

红军解放马龙的消息传来，寻甸县城里的民团已成惊弓之鸟。伪县长李金石一面急电龙云请求救兵，一面召集大小头目商议，妄图负隅顽抗。他还亲临城楼给守城的团兵打气，叫嚷："与城共存亡。"中午 11 点左右，红军已兵临城下，将寻甸县城团团围住。首先开展政治攻势，老百姓也和红军战士一起向民团喊话："红军是穷人的队伍。""放下武器，不要为土豪劣绅卖命！"突然城内枪声大作，青龙山也吹起了冲锋号。霎时间，军号声、机枪声、呐喊声响成一片，真不知来了多少天兵天将，大多数团兵抱头鼠窜，李金石也不知去向。城内红军战士迅速打开城门，接应部队进城，寻甸城古楼升起了第一面五星红旗。

红军进城后，砸开监狱，放出无辜受害的穷人，打开土豪劣绅的粮仓，把粮钱分给受苦受难的老百姓。红军战士在街头进行宣传活动，受到了穷苦人民的热烈拥护。根据群众的要求，逮捕了一贯骑在人民头上作恶多端的伪司法科长李景芳、财粮科长刘俊德和清丈处长王名卿等几个反动头目，并交给群众斗争，戴上高帽子游街示众。李景芳被愤怒的无辜受害者当场打死，正当大家急着搜找罪魁祸首李金石的时候，有一个名叫肖粉香的小姑娘跑来报告。肖粉香，13 岁，她是城里肖铜匠的女儿，因父亲还不起债，被恶霸地主李焕文拉去当丫环，从小受尽苦难。伪县长李金石是大地主李焕文家的座上客，他们狼狈为奸的丑态，肖粉香早看在眼里，恨在心里。红军进城以后，她打心眼里高兴。原来李金石跑进伪刑长李虎德家牛厩里躲藏，刚好被她看见。这时，肖粉香领着红军战战士来到李虎德家，从牛厩的稻草堆里将李金石活捉。在群众的强烈要求下，伪县长李金石和几个民愤极大的反动头目，第二天被红军带到路上处决了。红军走后，国民党反动派又卷土重来，向人民群众进行反攻倒算，乌云又笼罩了寻甸县城。肖粉香不幸被敌人抓住，押到城外马桑槐杀害。那一天，敌人押着肖粉香走向刑场，她昂首挺胸，边走边骂，毫无惧色，英勇就义。后来，工农红军的光辉形象和小英雄肖粉香的英勇事迹一直在群众中传颂。

时隔一年，红二方面军二、六军团长征。1936 年 4 月 5 日，二军团六师先头部队十六团，从沾益县的土城出发，进入县城。仍然是从高田、戈夸一带出发，经过七星桥直奔县城，一举攻克寻甸县城，击毙伪县长汤更新，毙、俘守敌 200 余人。有一位红军连长在攻打城东门的时候英勇牺牲，寻甸县城第二次获得解放。

三、"红军绝对保护回家工农群众利益"

红军进入寻甸县境后,斗争十分艰苦,滇军在龙云指挥下,派兵围追堵截,派飞机进行轰炸,国民党伪政府的常备队,各乡公所的兵团、乡丁也出来干扰阻拦,红军战士在寻甸的土地上献出了鲜血和生命,但是,尽管环境复杂险恶,他们还是不顾疲劳、争分夺秒地开展惩办贪官污吏,打击土豪劣绅,开仓济贫,扩红等革命活动,把革命的思想播进各族人民的心中。红军每经过一个地方,都十分重视搞好宣传活动。他们通过散发传单、写大字标语和召开群众大会等形式,宣传革命道理,发动群众起来革命,消灭剥削者。在寻甸县城、塘子、羊街、可郎、柯渡坝子这些地方红军和各族群众的接触广泛、宣传活动深入人心。至今仍保留在各地墙上的大字标语,还有16条:

"红军绝对保护回家工农群众利益!"(寻甸县柯渡回辉村礼拜寺墙上,1935年)

"红军是抗日救国的先锋队!"(寻甸河口小街农户墙上,1936年)

"反对国军官兵打骂士兵!"(寻甸柯渡凹椅子村墙上,1935年)

"欢迎滇军爱国军官和士兵成立抗日救国联军!"(寻甸县柯渡关圣殿墙壁上,1935年)

"滇军爱国军官和士兵成立抗日救国联军!"(寻甸县柯渡甸尾村三关寺墙上,1935年)

"红军绝对不拉伕!"(寻甸柯渡丹桂村叫拜楼上,1935年)

"工人农民联合起来实行土地革命!"

"白军弟兄不烧杀抗日革命民众,联合全国白军弟兄同胞,一致抗日,不打红军,北上抗日本。"(寻甸县柯渡丹桂村办公室墙壁上,1935年)

"打倒资产阶级军阀国民党!"

"打倒派伕拉伕的区公所!"

"打倒卖国的国民党!"

"红军是工农自己的军队!"

"红军买卖公平!"

"红军绝对不拉伕!"

"红军北上抗日打帝国主义!"

"建立工农自己的苏维埃政权!"

"欢迎贫苦农民来当红军!"(寻甸柯渡丹桂村公房墙壁上,1935年)

这些保存下来的大标语,在一定程度上反映了当时党的路线和方针政策,是研究党史和红军史很有价值的文献资料,也是进行革命传统教育的可贵的历史见证,红军在这里留下的许多动人故事在人民群众中一代代传颂。

红军在回族聚居的柯渡坝宿营,回辉村的清真寺也住有红军。不长的时间,在清真寺里掌教的金阿訇就和红军处得十分亲热。有一天晚饭熟了,金阿訇就请两位来他家闲谈的红军干部一起吃饭。当时吃的是包谷饭,炒鸡蛋做菜。饭后,两位红军同志就掏出钱来付,金阿訇硬是不收。没想到他们回到驻地以后,又叫两个红军战士把钱送来。第二天红军要走了,用一匹大母马换金阿訇家里养的一匹小黑骡子,按当时的价值,金阿訇应付给红军差价,但是,当金阿訇要付钱的时候,又被红军拒绝了,金阿訇感动得说不出话来。更使人难忘的是清真寺里发生的一件事。一天,红军炊事班的几个战士,因不了解回族的生活习惯,把刚从外村打土豪分来的猪肉抬进清真寺里，准备煮吃。这事刚好被一位老人看见了，老人连忙向红军战士说明回族的风俗习惯，红军战士向老人作了道歉，立即把猪肉和炊具搬走，转回来，又把清真寺打扫得干干净净。过了一会儿，一位红军战士提着泡了紫土的小铁桶，挥舞大笔，在清真寺的白墙上写下了"红军绝对保护回家工农群众的利益"的大标语。这件事让朱总司令知道了，朱总司令又亲临清真寺接见了老阿訇和部分回民群众，讲解了党的民族政策。红军的言语行动，深深地感动了回民群众，老百姓纷纷给红军送柴送草，送菜送蛋。有的老大妈熬夜为红军打草鞋、备干粮。有的主动提出来要为红军带路。青年小伙子纷纷报名参军，当时有 12 个被红军收下了，编为一个回民班，跟着毛主席长征。

红军在回民心里，留下了不可磨灭的印象。红军走了，每当看见清真寺里这条标语，心里热乎乎的，怀念红军。可是，红军走后不久，国民党反动派又卷土重来，到处搜捕红军留下的伤病员，逼迫老百姓铲除红军标语，向穷苦人民反攻倒算，残酷镇压群众。为了保护清真寺墙上的这条标语，老阿訇和回民群众冒着生命危险，想了许多办法。后来，他们搬来大批烧柴，顺着墙一层层地码起来，把标语全部遮住，就这样躲过了敌人一次次的搜捕，使这条标语一直完好地保留下来。今天，回辉村清真寺白墙上的这条标语仍清晰可见，是党的民族政策的历史见证。

四、六甲阻击战

1936 年 4 月 6 日，红军二、六军团胜利攻克寻甸县城。次日，西进柯渡、可郎一带，准备沿红一方面军的进军路线，渡过天险金沙江。在过普渡河时，遭到滇军两个旅的阻击；同时，另一股敌人也从嵩明、羊街一线向可郎追来。红军二、六军团总指挥部识破了敌人企图合围红军的阴谋，立即传达了贺龙、任弼时同志给六师的口头命令，立即返转25公里，赶到六甲，最好是赶过六甲，以运动防御阻击敌人，掩护整个部队行动。六师受命以后，做了研究部署，前队改为后队，十八团在前，十六团居中，十七团为后卫，4月9日拂晓，全师离开甸尾、可郎一带，顺着可郎河，经磨腮、大石洞地，直奔六甲。

六甲距寻甸县城100公里，因国民党推行保甲制度，划为六甲而得名，包括白子村、研臼村、代家村等村落。这一带岩高谷深，箐多林密，山道崎岖。路一侧傍山，越上越陡；一侧是丘陵地带，较为开阔。上午10时左右，红军先头部队刚到六甲的石腊它丫口，就和滇军孙渡纵队第七旅的尖兵遭遇。红军尖兵连从正面用手榴弹一阵猛轰，另一连红军很快就抢上山头，占据了有利地形，第三连红军迅速迂回。红军一阵猛打，敌人死的死、伤的伤，被打得七零八落，退回去很长时间不见动静。接着红军六师十六团迅速爬上山坡，控制了制高点，十七团在后面布成第二道防线，十八团控制上面，指挥部设在后侧高地上，师长亲临前线指挥战斗。滇军前卫肖本源团、旅部及马维武团从羊街奔来，猛不防挨了一顿回马枪，好一阵才清醒过来，急忙组织力量反扑。他们仗着人多、武器好，疯狂地向红军阵地发起了集团冲锋。敌人的法制燃烧弹打得山坡上的灌木丛林都燃烧起来，有的红军战士身陷烈火，仍英勇战斗。敌机也飞到阵地上空为敌人壮胆，发起一次又一次冲锋，有的爬上了前沿阵地，双方就展开肉搏，敌人的一次次进攻都遭到挫败。十八团为了争取主动，也组织了几次反冲锋。午前，接连打退了敌人几次大规模的进攻，战斗进行得十分激烈。

红军两次经过和老百姓结下了深厚的情谊。六甲一带的贫苦大众，知道红军正在石腊它、贾白山打仗，并且听说红军到午后还饿着肚子，有的老百姓就主动地煮好饭，用家里仅有的牛干巴、鸡蛋做成菜；有的挑着开水，送到阵地附近；有的抬着担架，把伤员接到安全地方掩蔽。不能随部队走的，就留在老百姓家里养伤。红六师直属部队的干部热情接待群众，并立即把饭菜分送到各个阵地去。红军战士在这种艰苦环境中吃上了热乎乎的饭菜，并且知道是老百姓慰劳的，一个个更是斗志昂扬，奋勇杀敌。下午又打退了敌人的几次进攻，敌人又开始炮击，正在十分危急的关头，红五师十四团奉贺龙的命令，又赶来增援，从背后夹击敌人，终于在黄昏时打退了敌人，红军才陆续撤离阵地。前后打退敌人十几次大规模的冲锋，共歼敌 400 人，红军也伤亡了 200 余人（六师师长郭鹏、十八团政委杨秀山也负了伤）。

六甲阻击战，有力地掩护主力部队的行动，粉碎了国民党反动派妄图歼灭红军的阴谋，使红军赢得了调整作战部署的机会，进而威逼昆明，横扫滇西，顺利渡过金沙江，继续北上。

五、革命的火种

红军在打富济贫、宣传和发动群众的同时，也很重视扶持地方党的工作。1936 年 4 月 6 日，当红二军团占领寻甸城以后，隐蔽在县政府清丈处当会计的云南地下党员马仲明同志，受中共云南省工委负责同志的委托，即与国家政治保卫局的值星科长取得了联系，受到热情接待。马仲明同志跟随红军部队到了柯渡，值星科长与马仲明同志朝夕相处三日，并认真听取了马仲明对红一方面军过云南后群众的反映、云南地下党的情况，以及军阀龙云统治下云南政治、军事、经济情况的汇报。内容比较详细。保卫局的同志对所汇报的情况很重视，表示了谢意。同时，对云南地下党的工作提出了一些建设性的意见。并规劝马仲明同志说："云南地下党刚恢复工作不久，地方更需要人，应当留下，不要走了。"4 月 10 日，马仲明从柯渡返回，3 天时间，转到寻甸县城，接着回到昆明，向党组织汇报了与红军接头的情况。随后，马仲明还把自己的所见所闻写成文章，在云南地下党办的刊物上发表。红军的这些工作，对于云南地下党组织的恢复起到了很好的鼓舞和推动作用。

红军走后，留下了一部分伤病员，疏散在山区的一些贫苦农民家里，和当地群众结下了血肉之情。在那种白色恐怖的年月，老百姓担着身家性命的危险把他们保护下来。有的伤养好以后，沿着红军的足迹追赶部队去了；有的在当地安家落户；也有的被国民党反动派搜捕，光荣牺牲了。在柯渡猴街的茶耳坡寺，还留下一个做地下工作的红军干部，他以在寺里当和尚为掩护，每天对过往的行人布施茶水，伺机开展革命活动，一直住到全国解放。

红军走后，留下了许多大字标语和十分珍贵的纪念品，从 1959 年开始征集工作至今，已征集到纪念品 40 余件，有红军号、麻袋、血衣、包单布、瓷碗、腰刀、匕首、饭盒、马灯、象牙图章、竹箩、笛子、铜锅、拐棍、刀鞘、丝棉被、大刀、手榴弹、中华苏维埃共和国钞票和印有"中华苏维埃共和国中央革命军事委员会"字样的信笺纸等物品。在国民党反动派的屠刀下，躲过了一次又一次的清乡搜查而保留下来，足见各族穷苦人民对红军的深情。鸡街庄子村有一位朱大妈，当时收养一个身负重伤的红军司号员，她像对待亲生儿子一样地照料这个司号员。司号员伤好以后要去追赶部队，把自己的军号送给朱大妈作纪念，以表示他感激不尽的心情。为了保存好红军这件珍贵的礼物，朱大妈想尽办法，藏了好几个地方，后来又埋在地下，才算躲过敌人搜查，迎来了新中国的建立。1959 年，她把红军号献交出来，现在中国军事博物馆展出。

更为重要的是，红军在各族人民群众的脑海里的形象无法取消。红军英勇作战，不畏牺牲，遵守纪律，热爱人民的动人情景，在各族人民群众中代代相传，永远激励着人们前进。今天，为了表达各族人民群众对红军的深切怀念，为了对下一代进行传统教育，在当年红军战斗过、经过的地方建立了纪念标志。当年毛主席和中央首长居住过的丹桂村，现在已经建起了"红军长征纪念馆"，对"中央红军总部长征路居旧址"和"毛主席长征路居旧址"作了修缮，在先锋区的贾白山上建立的"六甲之战纪念塔"被列为省级重点文物保护单位，各地还建有一些纪念标志，每年都有人前来瞻仰。

六、斗争求解放

中国工农红军长征两次路经寻甸，在各族人民群众中播下革命火种，影响深远。1946 年 8 月，昆明地下党组织派共产党员薛正华（又名薛子英）、卢洪生等同志到款庄中学以从事教育工作为名，开展革命活动。他们在学生中流传阅读《新华日报》、《群众周刊》、《李有才板话》等书刊。教唱进步歌曲，排演戏剧，为后来许多学生参加游击队和地方工作打下了思想基础。

1948 年 2 月，省工委派共产党员孙林等同志来嵩明中学任教，成立了党小组。翌年，又派"民青"成员王凌介同志来柯渡甸尾小学任教，开展革命活动。另一方面是在昆明读书的学生，组织了"寻甸旅昆同学会"。一些思想进步的学生，经常集会积极参加学生运动。年底，在云南大学、昆华农校、昆明师院、昆华工校读书的部分学生纷纷回到寻甸。在县城、羊街、鸡街等地组织进步青年学习革命书刊，教唱进步歌曲，讨论全国形势，发展盟员。寻甸中学的部分教师和学生，在进步思想影响下罢课闹学潮，列队冲击旧教育局，要求罢免旧校长，提高教师待遇，改善办学条件。后来仁德镇的十多个男女知识青年，在革命思想影响下，相约跑到师宗去参加游击队。1948 年 12 月，"民青"成员赵大盈等根据组织的决定，带着宣传材料和一些武器弹药，从昆明回家乡马街，利用社会关系组织武装斗争，自称"寻禄巧山区游击独立支队第十一大队"（后来被三支队收编为三支队二十三团一营八连）。

1949 年 4 月，边纵三支队副司令员朱家璧、三支队司令员杨守笃、政委许南波等率领下，从路南圭山出发经陆良、宜良、马龙到寻甸，开辟滇北新区，策应圭山革命根据地反"围剿"斗争。处于水深火热之中的寻甸各族人民，迫切要求："掀开大石板，翻身求解放！"三支队的到来，好像盼来了星星月亮，根据广大人民群众的要求，镇压了几个杀害红军伤病员、作恶多端的恶霸乡长。又从马街行军到柯渡，清除了"寻禄联防剿匪自卫大队"邬文伯的全部武装，邬只身潜逃，被当地农民用镰刀砍下脑袋；并智擒大土匪杨正英，在马街公审枪毙。大长了各族人民的志气，大灭了地主恶霸、国民党反动派的威风，促进了革命斗争的深入发展。在此期间，羊街地区在昆明读书的进步学生回到家乡，开展革命活动。通过做地方绅士的工作后，在羊街开办了中学。教师经常向学生宣传革命形势，并于街头举办墙报——"警钟"。7 月，羊街中学大部分师生、驻羊街伪常备队的部分士兵、伪乡公所乡丁，以及附近一些农民共 200 多人起义参加了三支队，被命名为"果马游击大队"。8 月转至款庄整训后，编为游击中队。9 月正式编为一支队十七团二营五连。1949 年 5 月，伪城防大队 200 余人，在大队长率领下脱离伪政府，请求三支队改编。达成协议，三支队派人到该部帮助整训，在甸沙正式收编，并命名为"寻甸游击大队"，编为一支队十七团三营六连，指导员是回族。在如火如荼的革命形势影响下，柯渡的 70 多个回族青年，秘密串联，参加了三支队二十三团，被编为一个回族排。

1949 年下半年，三支队在寻禄巧交界地区打击地方反动势力，摧毁伪乡保政权，开仓济贫，发动群众参加革命斗争。先后解放了所属桂华、柯渡、郎华（可郎）、太华（款庄）、瑞和（马街）、凤仪（牛街）、上九龙（鸡街）、下麒麟（四甲）等乡，和禄劝所属的转龙（甸尾）、下九龙（狗街）、松泉（三江口）以及巧家的自强乡，从而开辟了一个游击根据地——寻禄新区。新区建立了工作团，下属 11 个乡都建立了乡政权。随之乡、村农会、妇女会、姐妹会、儿童团、乡武装也相继产生。新区工作团，向新区人民宣传减租减息，开展反"三征"，动员农民参军参战，做好迎军支前工作。1949 年 7 月，寻禄新党总支正式成立，由孙林同志任书记、赵慧珠同志任副书记。党总支成立后发展了党组织，10 月分地区设立了分支。

1949 年下半年，昆明学联派出青年学生，其他学校的一些进步学生及嵩寻游击队的部分政工人员，先后来到新区参加工作团工作。10 月 15 日，寻禄新区临时人民政府正式成立，制定了《寻禄新区临时人民政府施政纲领》，政府内设秘书、民政、财粮、教育、军事五科，成立了新区游击中队。11 月，伪县长段子良探知三支队已离开新区，就派兵骚扰八甲，窜进可郎。新区临时政府立即组织部分乡武装配合游击中队在可郎打击敌人，把敌人赶出新区，并发动群众查封了段子良在款庄的家，在狗街镇压了罪恶累累的伪区长李瑞庭。

1949 年 12 月 9 日，卢汉宣布起义，云南和平解放。中旬，滇北地工委在马街召开了第一次会议，决定组织力量接管伪县政权。当时，估计伪县长段子良可能负隅顽抗，决定将六支队二十七团 180 多人、三十二团三营 180 多人、武定游击中队 50 人、寻禄新区游击中队 50 人临时搭成一个团的架子，称为六支队二十九团。通过周密部署后，12 月 23 日和寻禄新区工作队员 80 人从马街出发当晚到达甸沙，24 日到达摆宰，25 日凌晨 5 时许到达县城。天刚拂晓，战斗就打响了。战士们越墙冲进城里，大部分守碉敌兵当了俘房。我军将伪县政府团团围住。中午 12 时，伪县长段子良迫于武装进攻和政治攻势的威力，率领官吏走出衙门，到北门外火神庙和攻城的指挥部首长谈判，接受了全部投降条件，表示愿意把县政权交给人民，从此寻甸人民获得解放。

说明：此材料主要根据《曲靖党史资料》第一集、《红军长征过曲靖地区史话》、《寻甸回族彝族自治县概况》以及县党史资料征集办公室部分原始资料整理编写。

1985 年 8 月

红军长征过云南回族地区

李清升

一、红军一方面军过回族地区概况

1934 年 10 月，红军第五次反围剿失败，被迫进行战略转移，开始了举世闻名的长征。

1935 年 2 月上旬，红一方面军首次进入滇东北的威信，经过一段时期的迂回运动之后，又于 4 月下旬分三路由黔入滇。北面一路为红九军团，经过路线是富源、宣威、会泽等地。5 月 2 日，红军攻占会泽时，回族和汉族、彝族一道，对红军表示了热烈的欢迎。在著名的"扩红"热潮中，红九军团一天多就"扩红"了 900 余名。其中有一部分回族农民就跟随红军参加了长征。回族妇女则为红军缝制衣服、挎包、粮袋等物。其余青壮年还参加了为红军运送物资的工作。

中路为红三军团，南路为中央军委纵队以及红一、红五军团。经过地区有沾益、寻甸、禄劝、曲靖、马龙、嵩明、富民、元谋等地。

4 月 30 日和 5 月 1 日，中央军委纵队和五军团先后进驻寻甸县回族较集中的柯渡坝子。在这里，红军宣传和执行了党的民族政策。一次，几位战士由于不了解回族的风俗习惯，误将猪肉带进了回辉村清真寺。当时，在清真寺里礼拜的一位 70 多岁的玉溪阿訇马有志和家住清真寺旁的金光明阿訇看到这一情况，便予以劝阻，就在这时，进来一位红军首长。据目睹这一事实的本村回族马国留兄弟回忆说，这位红军首长个子较高，身着灰色长大衣，手拄拐杖，年近 60 岁，留着络腮胡子。他问明情况后，对战士们命令式地说了几句话。战士们便立即将猪肉抬出了清真寺。接着，他对清真寺里的回族表示了歉意，解释了党的民族政策，并叫一位只有十多岁的小战士在清真寺墙上写下了"红军绝对保护回家工农群众利益"的大幅标语。

根据上述情况和后来进一步调查，笔者认为，这一位红军首长并不是平时很多资料中所说的朱德同志，理由如下三点：一是根据马国留兄弟及金光明之子金福华等提供的情况来看其装束相貌不像朱德同志。二是有的党史资料如 1984 年出版的《曲靖党史资料》第一辑中虽然记载为朱德同志，但 1979 年出版的《红军长征过曲靖地区史话》一书中却又只标明是"一位红军首长"。而 1983 年 4 月由云南历史研究所修订编著的《云南少数民族》一书中却说朱德同志与回民谈话的地点是"昆明官渡"清真寺内，但同年出版的《昆明市官渡区文物志》里《红军长征路过官渡区》一文中却无此说。这相互有出

9

入和矛盾之处，足以说明在这一点上存在着疑问。三是那位红军首长住于柯渡街和回辉村一带。因为马国留兄弟和一些现还健在的老人曾在队伍离柯渡时，看到他从村外骑上一匹"栗色大陕马"往北而去。而朱德同志的住地却是在离回辉村较远的柯渡坝东端丹桂村逃亡土豪何本思家里。当时，整个中央军委总部都设在这里。据周总理当年的警卫员范金标同志在《在周副主席身边》一书中回忆：军委总部是在 4 月 30 日"下午三四点钟进村的"，第二天一早便离开了柯渡坝子。当时，前有金沙江阻拦，后有敌军追赶，军情万分紧急，朱德等领导同志"一到就立即召开会议，部署抢渡金沙江的行动"，一直紧张地工作到深夜，是没有时间去到约三里外的回辉村的。因此，那位红军首长，很可能就是住在离回辉村不远的柯渡街红军卫生部的四老，即董必武、林伯渠、谢觉哉、徐特立中之一位。因为他们年纪较大，在长征途中工作不像军委总部的负责同志那样紧张忙碌，是有时间来处理那一类事情的。

红军在柯渡期间，认真执行了"三大纪律、八项注意"，发动广大回族群众打土豪、分浮财。全村上下，一片欢腾。据当年曾与红军有过接触的柯渡长征纪念馆馆长崔金顺同志说，红军在群众家吃住以后，都要付款或赠送物品，就是受伤掉队的战士，没有钱，也要送点东西作纪念。

红军有一匹大陕马要生小马，行走不便，就与金光明家商量，问他是否愿意交换，金同意了，红军走后 7 天，大陕马就生了一匹小马驹，使他们一家人都很高兴。

红军还对群众讲述革命道理，宣传党的政治主张，写下了很多标语口号。保留至今的，仅在柯渡坝周围村子如丹桂村、回辉村、甸尾村、凹椅子村等地的墙上就一共有"红军绝对不拉伕"、"红军绝对保护回家工农群众利益"、"欢迎贫苦农民来当红军"、"建立工农自己的苏维埃政权"等 18 条标语。

通过宣传教育，柯渡回族群众认识到了红军是自己的军队。因此，他们也待红军如家人，给红军打柴做饭、做干粮、打草鞋、看护伤病员、带路、送情报。很多回族青年，如柯渡街，回辉村的毕发斗、丁勇才、姜顺昌、毕兆图、傅尤惠、虎文斗、伍官存、傅小喜、马家选等，听了一位名叫方雄伙的红军指导员的宣传后，便参加了红军，被编入中央军委纵队干部团教导营二营一连三排七班。

当时的教导员李成芳同志接见了他们，予以亲切鼓励。回民班的风俗习惯得到了充分尊重，部队首长特意分给他们一口铜锅做饭，打土豪时，优先送给他们鸡肉、牛肉。没有菜时，就发红糖煮糖饭，深受领导的关怀和照顾，在艰苦的长征途中，回民班战士后来大多光荣牺牲，只有毕发斗至今健在，年已 72 岁。

另外，丹桂村的丁三、庵上村的杨家宾也参加了后一天到达的红五军团。后来，丁三牺牲，杨家宾长征到四川建昌后患病掉队，又返回了家乡。

红军主力离柯渡后，经禄劝、武定，从绞平渡过金沙江离开了云南。

红军走后，回族群众出于对党的深厚阶级感情，为保护红军留下的遗物和标语口号，与国民党追兵进行了机智勇敢的斗争。如金光明一家，在国民党军的强迫下，表面上答应了铲除清真寺墙上"红军绝对保护回家工农群众利益"那一条标语，但暗中却用柴草将其遮掩。金光明去世时，唯一的遗嘱，就是嘱咐其子金福华等一定要尽力将这条标语保存下去。在后来的十多年中，金福华等人克服重重困难，冒着极大风险，终于使这条标语完整无损地保存下来，使其成为珍贵的革命文物。

二、红二方面军过回族地区概况

红一方面军到达陕北后，原来留在湘、鄂、川、黔根据地坚持斗争、牵制敌人的红二、六军团也就是后来的红二方面军，也于1935年11月退出根据地，开始长征。

1936年3月20日和21日，红二、六军团由黔入滇，经过了曲靖、楚雄、大理、丽江、迪庆，其中在曲靖、寻甸和楚雄吕合一带曾与回族群众有密切接触和往来。

4月6日，红二军团攻克寻甸县城。红军地方工作部的指战员，带领群众打开土豪劣绅的仓库，分发粮食、衣物等物品；打开监狱，释放了在押犯人。在街子上，红军买东西时，对于一般商人，公买公卖；对于贫困的回族小贩，还加倍付钱，使群众深受感动。他们邀请红军战士到家里亲切交谈，帮他们做事。这一天，寻甸县城又像前次红一方面军来时一样，沉浸在胜利的喜庆气氛之中。

接着，红军邀请地方父老，召开了包括有回族代表参加的座谈会。解释了红军长征的意图是为了北上抗日；宣传了党的有关方针政策；倾听大家对红军长征的反映和建议。代表们踊跃发言，表达了人民群众对红军的敬意，提供了很多有关云南和寻甸县政治、经济、地理等方面的情况。会后，红军张贴了一张通告，其中有命令部队不准进清真寺、不准在清真寺旁和回民家中食用猪肉、猪油等规定。

由于前次红军给广大回民留下了深刻的良好印象，柯渡回辉村文化水平较高的马成元，听到红军要来的消息，便用大红纸写下了"欢迎共产党打富济贫"的标语，并把它贴在清真寺外墙上。4月7日，红军来到柯渡，回族群众除了像上次一样热情地欢迎和接待战士们外，垛山村的桂七二，柯渡街的虎小斗、马劣选、姜梭福等8人又跟着红军踏上了长征的路程。

4月9日，红军渡普渡河受阻，后面滇军孙渡纵队逼近，总指挥部即令六师东退15公里，至六甲地区阻击追敌，以掩护大部队转移。在这次激烈的战斗中，回族群众和其他民族一道，冒着枪林弹雨，到前线给红军送饭送水，有力地支援了红军作战。战斗结束以后，甜荞地、三元庄、八甲等地又有一些回族青年参加了红军。

红军离开柯渡后，经过在普渡河和富民一带的迂回战斗，于4月中旬进入楚雄州。

4月15日，红军攻克楚雄城后，继续向西转移，其中一部经过和宿营于回族集中的吕合区中屯乡、马家庄、周家冲、钱粮桥等地。当时，因国民党反动派的造谣，群众不明真相，大多外出躲避。红军找到留下的老人，耐心讲解了党的民族政策，通过他们将群众叫回，同时将土豪姚兴发、马明太、马伯良家的财物分发给群众，骡马则用来为部队驮运物资。另外，还根据大家的揭发，找到和处决了作恶多端的伪区长李应泰。

当时，红军中有一队骑兵，战士们特地请群众指明土豪的田地后，将近百匹军马赶到田间放牧，而旁边的穷人田地，则请现还居住于吕合的老区长马文开看守，没伤着群众的庄稼。事后，战士们还送了他一斗米作为报酬。红军这种爱憎分明，随时注意保护穷人利益的精神，深深地感动了广大回族群众。

马家庄马凤姐、马桂花等回族妇女，看到红军战士又累又饿，便主动包元宵和烧开水给他们吃。临行时，战士们有意多付给她们很多钱，并将一个马鞍子送给马凤姐的丈夫马明义做纪念。

11

钱粮桥现年 65 岁的马兴凤,为红军带路直到南华沙桥。分别时,一位"留着八字胡,身边放着电报机、架着天线"的首长亲切地问他敢不敢独自一人回去,并送给他一块银元,一本"红军读本"和一把防身的匕首。

在这几个村子里,红军严明的组织纪律也给群众留下了深刻的印象。如一位小战士在土豪家吃完饭后,将一个精致的瓷碗摔掉,当即受到了红军首长的批评。接着,又耐心地对他讲述瓷碗虽是土豪家的东西,但现已归公,就应当爱惜公物的道理。

50 年来,类似这样的小事在吕合区回族村中广泛流传,激励着人们产生对红军的无限怀念之情。

4 月 19 日,红军进入大理州,在经过宾川今州城区龙邑乡、东庄一带回族村时,战士们也同样认真地执行了"三大纪律、八项注意"。通过宣传教育,使外出躲藏的群众返回家园,安心从事春耕生产,受到了当地回族群众的欢迎。

22 日,红军攻克宾川,稍息休整后,从鸡足山下北上进入丽江纳西族地区以及迪庆藏族地区,胜利结束了在云南省的长征。

三、红军过回族地区的历史意义

红一方面军和红二方面军两次经过回族地区,所到之处,打击贪官污吏和土豪劣绅;打开监狱,营救无辜受害的回族和其他民族群众。进行广泛的革命宣传,播下了革命火种,沉重地打击了国民党反动派的统治,在我省回族人民心目中留下了极其深刻久远的影响。只有在红军到来之后,广大回民才第一次认识到,红军与国民党军队是不同阶级、不同性质的军队;认识到自己贫困的根源以及红军革命武装斗争的道路才是争取各民族解放的唯一正确道路。第一次感受到党的民族政策的温暖和体会到了军爱民、民拥军活动的意义。在红军革命精神和长征胜利的鼓舞下,觉悟了的回民不断踊跃参加革命队伍并发挥了积极作用。如转战各地的游击队以及后来合并发展起来的滇、桂、黔边区纵队中的滇东北六支队、滇北独立团里,就有很多回族战士在战斗着。他们在红军走过的地方,与当地反动政府英勇斗争,为配合解放军解放云南作出了贡献。

50 年来,红军经过地区的广大回民,一直保持着当年与红军建立起来的深厚阶级感情。很多老一辈回族群众,几十年间一直把红军留给他们的什物当作珍品而代代相传。一直到最近几次人民政府征集革命文物时,他们才依依不舍地献交出来。至今陈列在丹桂村长征纪念馆里的红军遗物,大多为各地回族群众所献交。

每年,当地回族村寨的共青团、少先队组织,都利用红军烈士墓、纪念碑以及长征史料等对青、少年进行爱国主义教育,使他们更加珍惜今天这来之不易的和平幸福生活,激发起建设四化的雄心壮志和革命干劲。

在军民共建社会主义精神文明的今天,今日长征路上的回民村寨,军民关系更是空前巩固和发展。如柯渡区的当地驻军,继承和发扬红军光荣传统,多年来积极帮助回族群众贯彻落实党的各项方针政策,支援柯渡区人民兴修水利,发展生产,做了无数的好事,有的战士还为此牺牲了自己宝贵的生命。仅 1984 年以来,柯渡军民就共同建成 28 个文明村、16 个文明商店、4 个文明学校和一个文化活动中心,受到了上级部门的嘉奖。

另外，在红军最早实行的民族政策的影响下，半个世纪以来，柯渡地区回族与周围的彝、苗、汉等民族兄弟一直和睦相处，从未发生纠纷，在民族团结方面也取得了显著成绩。1984年9月，柯渡区被评为民族团结先进集体，光荣地出席了云南省民族团结表彰大会，成为全省的先进典型。

在红军经过地区的广大回族群众，必将在今后的社会主义四化建设中继续谱写新的篇章。

云南回族人民的好儿子马登云

杨丽天　马　燊

一

　　昆明西北郊，在那苍松翠柏、群山环抱的黑龙潭公园内，有一块历代为人们交口称颂、令人瞩目的凸字碑（已列为重点文物保护）。碑的正面刻有"龙泉观通妙真人祠堂记"，背面龙飞凤舞的刻有古字符文。多少年来，那古朴苍劲的字体，若隐若现，时凸时凹，妙趣横生，使得许多游人在碑前流连忘返。游人如果细心的话，就不难发现碑文的落款处有"清嘉庆年指挥史武俊马铉监造"的字样。马铉即马登云烈士的先祖，当时由清朝廷派任云南军队指挥史之职，统领军队，于清嘉庆年间，屯田驻军于昆明西北郊黑龙潭，马铉监造凸字碑是理所当然的事。至于碑文的内容及立碑时的历史不是本文涉及的范围，这里就不详述。

　　在黑龙潭凸字碑亭东南处约300米，新近修起一处烈士陵园，那庄严肃穆的墓地，让人肃然起敬。这就是1984年初，云南省人民政府为马登云等3位烈士举行迁葬仪式，重新修葺一新的烈士墓地。马登云烈士墓是云南人民经常凭吊的历史之墓，也是云南回族人民永远怀念的心中之墓。他们之间虽然有点风马牛不相及，却又存在着密切的"亲属"关系，马登云烈士墓和马铉所立的凸字碑南北相望，一为人赞赏，一为人敬仰。如果马铉有知的话，他会怎么看呢？他会把马登云看做家庭的"叛逆"，还是看作是后世子孙的骄傲？我们想，就历史的必然来看，马铉也会不得不承认，马登云烈士"生的伟大，死的光荣"，历史是会作出公正的结论的。

　　马登云出身于封建官宦家庭，先祖是波斯人，到中原做官经商，先于西北陕甘一带，后落籍于山西潞州府，明朝初期先祖随征南将军沐英驻军云南，任指挥史，统管军队，相传几代，直至清朝嘉庆年间马铉为止。马铉之后马肇奎（马登云之曾祖）考中前清进士后，被朝廷委以宁夏府台之职（今宁夏回族自治区范围）。马肇奎之子马敏斋，即马登云烈士的祖父在云南回族中也是一位有影响的人物，在清朝光绪年间任过厘金总办（这是云南较早的一个税务机构）。辛亥革命时，他积极拥护，并被蔡松坡（即蔡锷）委以宣抚史之职，民国成立后曾任云南锡业公司总经理、省政府高等顾问官、省议会议员等职。民国初年马敏斋任云南回教俱进会会长和云南回教振学社社长，为发展云南回民教育他也做过不少益事，曾先后派了几批回族青年赴埃及开罗爱资哈尔大学留学，学成而归现在尚健在的还有纳忠、纳训、林仲明等人。

14

二

马登云烈士出身于这样一个虔诚的信仰伊斯兰教的封建官宦家庭，为什么会成长为一个唯物主义者，一个英勇献身的坚强的共产主义战士，这不得不从各方面的原因来分析。

一是从他当时所处的历史条件来看，那是轰轰烈烈的大革命时代。1921 年中国共产党成立后，党领导下的新民主主义革命正在风起云涌，席卷全国，国民革命军挥师北伐，势不可挡。革命潮流也涌向云南，在云南各族人民中引起了巨大的反响。当时年轻的马登云烈士在省立联合师范学校读书，是该校学生会主席，可以说是年轻一代知识分子的优秀代表，是最容易接受革命理论的先进分子。革命风暴的影响，对于马登云较早的参加革命无疑是起着决定性的作用，这也是他接受党的教育的开始。

二是马登云烈士的大哥马会云当时受"五四"运动的影响，在北京、上海等地求学时，就参加了革命活动，曾和旅京的云南籍学生杨文清等一起参加过党的外围组织"新滇社"。1923 年马会云转入上海大学，由瞿秋白同志任系主任的社会学系就读，1924 年加入共青团，同年加入共产党。北伐时，由党组织派到黄埔军校和国民革命军第二军某团党代表办公室工作。在此期间马会云和马登云保持了经常的联系，马登云首先读到的进步刊物如《新青年》、《向导》、《语丝》等，都是马会云寄给马登云烈士的。可以这样说，马登云烈士参加革命加入共产党的直接启蒙者是马会云。

三是马登云烈士在革命思想的熏陶下，在党的教育下于 1926 年加入了共青团。1927 年马登云在联师毕业，他曾参与反对云南地方军阀唐继尧的活动，他还联系并组织了部分进步的人民团体代表，在宜良创办了一个进步刊物《挺进》，不断地揭露反动军阀统治云南的种种罪行，号召全省各族人民团结起来，为争取人民民主革命的胜利而奋斗。此时，王德三等同志受党中央派遣回滇，成立了中共云南省省工委，并在云南学生中成立了第一个共青团支部，马登云任组织委员。这期间，马登云和其他同志一道做了大量的组织发展工作，相继建立了十多个基层支部，发展团员近百人，为云南共青团组织的发展奠定了基础。在革命风暴的洗礼中，他锻炼得更坚强、更成熟了。1927 年蒋介石发动了"四·一二"政变，大肆逮捕并杀害共产党人。云南的反动派也伺机镇压革命运动，杀害共产党人。就在白色恐怖之中，就在革命处于危难时，马登云烈士却在"四·一二"大屠杀开始后第二个月，即 1927 年 5 月毅然加入了中国共产党。从他入党的时间就可以看出，当时他已经是个坚定的共产主义战士，是一个坚定的唯物主义者。他已经完全摆脱了家庭的影响和宗教的束缚，走上了政治舞台，成为一个光荣的共产党人。他代表的不仅是云南回族劳动人民和无产者，同时也代表着云南千千万万劳动人民和无产者。他是云南回族中最先觉悟的无产阶级先锋战士，他用自己年轻的生命，用鲜血谱写的云南回族人民参加民主革命的历史篇章是值得颂扬的。

三

马登云烈士入党后，受党组织的派遣到昆明附近农村，开展农民运动，创办农民夜校，组织农民协会。1927 年 12 月，马登云从农村返回昆明向省委汇报工作时，因叛徒告密被捕，因于"省模范监狱"。在狱中他始终严守党的机密，反动派未从他口中得到只言片语，体现了一个坚强的共产党人的高贵品质，后经党组织和他祖父马敏斋的多方营救，于1929年初出狱。出狱后，他立即和党组织取得联系，并在回民办的明德小学任校长，以作掩护，继续从事革命活动。1929年7月11日昆明发生火药爆炸大惨案，上千间房屋被毁，死伤若干人，数千人无家可归。同年8月，蒋介石派其亲信王柏龄到昆明进行"安抚"，但是他此行的目的还不在于此，而是想笼络云南地方军阀，相互勾结，继续镇压云南人民正在发展的革命运动，8月31日王柏龄在云南讲武堂发表公开演说。为了揭露蒋介石的阴谋，根据党组织的布置，在王讲话的同时，马登云等同志在大会上散发传单，和敌人展开面对面的斗争，激怒了敌人，第二天就将马登云等8位革命同志逮捕并杀害。就义时，马登云烈士大义凛然，不断地高呼："中国共产党万岁！""共产主义万岁！"表现了一个坚定的共产主义战士的大无畏的精神，牺牲时年仅19岁。为了革命，为了云南人民的解放，马登云烈士献出了自己年轻的生命。

马登云烈士虽然光荣牺牲了，但是他的崇高的形象却永远留在云南人民的心中，他所献身的光辉事业像"星星之火"一样在云南人民心中点燃燎原。和他战斗过的同志，及其他的亲属中受到他的影响，从而参加党，走上革命道路的也大有人在。解放前，云南回族人民中知道马登云烈士的亲属和同志从来都把他的受害不仅看做是反动派对革命志士的屠杀，也看做是对回族人民和对少数民族的迫害，把马登云烈士看做云南回族中的杰出人物，每年都在纪念他。解放后，党和政府正式决定马登云为革命烈士，对他的亲属给予抚慰，重新安葬和建立了马登云烈士墓，恢复了马登云烈士的历史地位。

马登云烈士的一生虽然短暂，但他是战斗的一生，光辉的一生，他在云南回族近代史中应该占有光辉的一页。

1985年10月写于昆明

马登云烈士革命事迹简介

马晓谷

马登云，回族，1908 年 5 月 8 日出生于昆明东寺街一个回民家庭。由于当时腐朽的政治局面，人民的深重苦难，给他幼小的心灵播下了反抗压迫、寻求真理的种子。

1923 年，他毕业于太傅坊小学（即景星小学）后，进入艺徒养成所（即现在的师院附中）学习印刷术，结业后转入开智印刷厂当印刷工人。1924 年入成德中学，不久转入当时有进步思想的杨文波任校长的昆明八属联合师范学校学习。这个学校是 1924 年才开办的一个初级师范学校，学生来自昆明、昆阳、富民、武定等 8 个县考选的部分青年，其中多属农民，毕业后回乡担任小学教师。学生多是奋发上进的，多数同学来自异地，彼此交往甚少。当时，登云为开展革命工作，广泛地联系同学，传播革命思想，在同学中影响很大，以后他被选为学生会主席。因同学们来自贫苦家庭，读书供给艰难，他发动同学积极开展勤工俭学，在学校担任勤杂工务，解决衣食学习用款。随之与几个同学在成德中学大门口仓内创办民众学校，以宣传革命思想为主，兼为在校同学实习，锻炼演讲口才以适应毕业后的教学需要。登云协助学校举办时事演讲会，每周开会一次，每次三四人不等，会后由同学们敞开思想，进行讨论。在会上他首当其冲地发表演说，鼓励同学，做出了示范，内容以宣传革命思想为主。会议结束由他总结，奖优纠偏，鼓励同学们的革命热情。他的总结，使同学们深受感动，播下了革命种子。

当时他的两个哥哥已在广州、上海投身革命，不断为登云提供革命文学著作，使他有机会接触革命前辈创办的《新青年》、《向导》，鲁迅的《语丝》等进步刊物，为他提供了思想熏陶的条件。这些革命的作品，提高、巩固了他革命的意志，提供了革命的方法和理论，增强他在革命斗争中识别敌友，从而能更加坚定地抵制反动思潮，宣传革命思想，组织革命力量。在地下党组织同志们的热心领导下，方向明确，信心倍增。登云不断地深入群众，把革命的火种播开。当时，云南军阀唐继尧为维护其独裁统治，大力宣扬"国家主义"、"国家主义党"，到处宣传呐喊，联师一历史老师为迎合唐的反动统治宣传的需要，在课堂上贩卖国家主义货色。登云早已读过恽代英、肖楚女等先烈关于国家主义是反动货色的文章，知道所谓"国家主义"的本质是反共反人民的破烂货，有的同学不明真相，亦易混淆视听，登云义愤陈辞，驳斥历史老师谬论的反动性。指出，这论调是和当时反帝、反封建、反军阀的要求背道而驰的。登云在课堂作有理有据的驳斥后，同学们深受启发，纷纷发表意见，这个配合唐继尧作反动宣传的老师不仅灰溜溜逃走，甚至不敢再来上课了。登云在校为革命而斗争事迹尚多，此不过为一例子而已。

"五四"运动前后，学生爱国运动逐步进入高潮，至 1926 年后得到进一步的发展，学生联合的组织成立了。登云代表联师参加了省学联,他们团结各校师生,积极推动全省学联活动。

1926年下半年,登云离毕业只有半年时间。当时全国革命蓬蓬勃勃进入高潮发展的时候,地处南方的两广已经统一,国民革命军在广大人民的支持下开始了北伐(第一次革命)。登云团结了一些思想进步的同学在联师组织了"青年读书协进会",学习革命理论,参加这个组织的有30多人。当时是组织大家看书、读报、关心时事,接受新思想,引导同学走向革命。每周开会一次,讨论时事,交谈读书心得。为了让同学们多获得一些广州革命根据地的真实情况,他想方设法订了一份广州版的报纸。唐继尧对广州版的报刊、书籍采取了封锁查禁政策,登云了解到汕头出版的《岭东时报》不受注意,不被查禁,还有上海版的《商情报》也不时刊载广州各地革命根据地的新闻,他推荐这个组织的成员订阅这两份报纸,以满足当时极端困难情况下对革命知识和时局了解的要求,确亦取得良好的效果。

登云组织的青年协进会的成员,通过对时事的研究讨论,对当时报刊中论及的各种主义,以及马克思主义以前所论的空想社会主义、无政府主义等都进行热烈的争论,对当时的克鲁泡特金的无政府主义也加以认真的研究。学习中对同志们循循善诱,认真比较。以和蔼、虚心的态度引导成员讨论,帮助同志们认识科学社会主义,有些同学从而坚定了革命信心,坚定了为革命献身的精神,为中国革命下定决心。有的一心希望中学毕业后,投身到广州革命运动中。马登云是这一批有志于革命青年中的先进分子,1926年加入了共产主义青年团。入团后,他将当时的进步刊物《中国青年》、《向导》、《新青年》等介绍给青年读书会、协进会几个成员,并介绍了5个青年协进会成员参加共青团的革命活动。

1927年1月,登云从联师毕业,各县同学返回原籍,他和少数同学还留在原校,继续进行革命工作。当时地下党组织在李鑫、吴澄同志的领导下,正在积极进行推倒唐继尧的工作,登云等亦以青年团和学生会组织积极配合党的工作,参加秘密倒唐活动。倒唐成功后,四军长在宜良召开会议,向他们反映各族各界人民的意见和要求。登云以学联会代表身份到宜良参加会议,他代表学生向新的当权者提出了废除唐政府的各项反动政策,保障各界人民民主权利。他和一部分人民团体的代表在宜良办了一个临时性的刊物《挺进》,揭露唐继尧统治云南的各种罪恶,号召全省各界人民团体团结起来,积极投入反唐斗争,争取云南人民民主革命斗争的胜利。这个活动对当时彻底摧毁唐继尧的军阀独裁统治起了一定的推动作用。后来这个刊物因为种种原因只出了两期就停刊了。

云南"二六政变"以后,云南人民的民主革命运动有了很大的发展,王德三、赵琴仙同志经组织派遣来云南,1926年下半年由广州回滇,扩大了云南党的组织。1927年春成立了中共云南省临时委员会。当时"左派"国民党组织、各界人民团体组织有了很大的发展。在党组织的领导下,共青团组织也得到整顿和发展,在学生中建立一个团支部,赵琴仙同志担任团支部书记,登云担任组织委员,负责在各校发展团员。他领导学生进行革命斗争异常认真努力。经过两个月活动,建立了近10个基层支部,发展团员70余人。革命工作更深入了,这些与赵琴仙、马登云的充分努力分不开。

1927年5月,马登云光荣地加入中国共产党。这时,昆明、嵩明等县农民运动亦有了很大发展,需要得力的党员去组织农民协会。组织决定调登云赴嵩明,在中小学担任一部分课程,掩护革命活动。他经常深入农村,组织宣传工作,筹备组织农民协会,开办农民夜校,深入调查了解农村的各种实际情况,经过半年多的工作,嵩明的农民协会有了很大的发展,直到1927年底,国民党反动派大举"清共",白色恐怖笼罩云南全省。

1927年12月的一天，登云到昆明向云南省委汇报请示工作，走到威远街底，即被龙云的"清共"委员会特务逮捕。他被敌人戴上镣铐，禁押在"模范监狱"。一年多的时间，在敌人的威胁、利诱中，他对党、对革命事业忠贞不贰。家中祖父年已98岁，父亲病残在身，但他们对登云的革命行动是支持的。父亲从昆明东寺街家中行路提饭，送到数里之外的钱局街"模范监狱"。昆明工人群众早已熟悉登云，出于对他崇敬和热爱，看到他病残的父亲送饭不便，附近兵工厂的工人王维显大叔就负责送饭给他。在党组织和老祖父的营救下，1929年反动派释放了马登云。

出狱后，登云未被反动气焰压制，他继续从事革命活动。组织上派他到金碧路回民清真寺内的明德小学担任校长职务。这所学校学生纪律松弛，教师教学马虎，马登云到后，以身作则，以他革命青年的气概，朝气蓬勃，在学校管理和教学上都负责认真。与同学们同时作息，打扫校舍，辅导功课，讲革命故事，为同学们清洗个人卫生。星期天他率领学生到附近农村，帮助农民种田、种地，培养学生的劳动精神。在他的热忱带动下，其他教师也纷纷振作，认真教学。登云在课余时间继续从事革命活动，组织同学们阅读进步书刊，张贴革命标语，假期中他到近郊农村调查了解农民生活，向他们宣传革命道理，作出详细的笔记。基于他工作的目的是为传播革命种子，学校经费困难，他不接收学校任何报酬。

1929年8月，蒋介石派他的亲信国民党伪中央委员王柏龄来昆明，表面是对昆明的"七·一一"火药爆炸事件数十名难民进行所谓的"慰问"，实质上是拉拢云南的"土皇帝"龙云，加紧镇压云南人民的革命运动。1929年8月31日，王柏龄要在云南讲武堂操场上发表一次公开讲话。党组织获此消息后，组织一部分同志准备到会场散发传单，揭露王柏龄的反革命阴谋。开会那天，同志们身藏传单进入会场，当王讲得高兴时，会场一角响起了鞭炮声，闻似枪响，会场秩序大乱。与此同时，会场的几角同时出现了传单，使反动派的大会再也无法继续下去。反动派大为震怒，当即进行严密侦察搜捕，马登云、秦美、甘汝松、田定邦、李凤友、李兴垣、李有才、龙振华8位同志先后被捕入狱。马登云是在明德小学办公室被特务用布紧蒙脸，拉到张凤春警备司令部后，反动派迫不及待地于9月2日将8位同志同时杀害。在刑场上，马登云高呼："中国共产党万岁！""共产主义万岁！"刽子手们以枪戳命跪，登云坚决在反动派屠刀下站着牺牲，当时刽子手们在他的浩然正气中，以枪乱击他头部，将他的头全打烂，群众震愤。他们的革命精神拨动着在场的广大人民心弦！在党组织的领导下同志们进行顽强斗争，登云在被敌人迫害中，宁死不屈的精神，深刻印在昆明革命人民的心中！敌人震惊，革命斗争更加深入，它象征了革命的胜利。在敌人强大的武力镇压中，党组织无时不考虑到长期斗争的策略。虽然眼望自己年轻的同志无辜地牺牲于敌人的屠刀下，但当时还不是公开党组织的时候，同志们不得不忍受着极大的愤怒和痛苦，踏着亲人的血迹，沿着革命的道路，将革命进行到底。

滇南鸡街、沙甸地下党工作回忆

纳忠发

一、转移农村　开展农运

1948 年 7 月间，昆明大、中学生轰轰烈烈开展的"反美扶日"运动，遭到国民党反动派的残酷镇压。"七·一五"事件后，大批的革命青年学生，纷纷转移到农村，在地下党组织的领导下，有的参加边纵游击队，有的从事地下斗争工作。我是在昆明读书时参加"反美扶日"学运后，于 1948 年 9 月转回家乡——蒙自县沙甸村①，在当地鱼峰小学任教。开初，我一方面以教书职业为掩护，团结师生，在校内教唱革命歌曲；一方面催促我的一位从昆明转到建水工作的战友，帮我接转"民青"的组织关系。1949 年 1 月初的一个傍晚，鸡街②火车站机务段张仁德同志受上级党组织的委托，到沙甸与我接上了"民青"的组织关系。此后，我在蒙自（地下党）县委的领导下，由赵希克、陈古今等上级同志联系，在沙甸、鸡街开展党的农运工作。

沙甸是回族聚居的一个大村庄，那时有 4000 多人口，因当地总耕面积很少，严重的地租剥削和高利贷剥削，以及反动政府的苛捐杂税，使农民口粮长年短缺，不少人家还得兼营副业或小商贩维持糊口。回族的风俗习惯、心理特征、虔诚的伊斯兰教信仰等，在这里都具有本民族的独特表现和反映。这里是抚育我生长的地方，故乡的深情吸引着我，有苦难中的农民，还有我那熟悉的许多父老，小时候的同学、老师和朋友们，这一切，对我在沙甸一带开展党的地下工作，提供了有利条件。尽管村里的封建势力与反动政府互相勾结，作威作福，压榨人民，但我们在地下党的领导和群众的支持下，终于在交通沿线的民族村寨打开了工作局面。

---

① 沙甸，个旧市辖区。1950 年属蒙自县，1975 年划归个旧市，1984 年改镇。位于市境北部，距市区 20 公里，面积 15.1 平方公里，人口 1.2 万人。辖沙甸、新沙甸、金川、冲坡哨 4 个乡。修订注。

② 鸡街，个旧市辖镇。1950 年属蒙自县，1975 年划归个旧市，更名鸡街公社，1984 年改区，1987 年置镇。位于市境北部，距市区 18 公里，面积 72.1 平方公里，人口 2.6 万人。辖鸡街、兴业、小芭蕉、龙潭、棚旧 5 个行政村。修订注。

二、宣传革命思想　发动农村青年

当时党组织指示，在农村发动群众，必须深入农民交朋友，以群众喜闻乐见的各种形式，向群众宣传教育，启发他们参加革命。有一次，县委领导赵希克同志到沙甸，在我家里研究工作时，记得他曾对我讲过一句话："敌人说我们无孔不入，我们要做到无空气不入！"这一席话，不仅对我是一种鼓励，也帮助我打开了工作思路。我根据沙甸青年农民较多的特点，而且有相当一部分读过小学，有的还读过初中；有的人虽有爱国抱负，或有其人生的不同理想，但在那黑暗社会的苦难折磨下，他们还找不到生活的曙光，常处于苦恼和彷徨之中。我首先从农村知识青年入手，交知心朋友，团结他们，宣传革命思想。那时候，上级党组织经常发给一些学习宣传材料，如铅印的《新华通讯》，还有刻印的《解放消息》，以及零星的一些重要材料和文件（如党章等），都是非常宝贵而又十分保密的。我们在要求进步的青年中，以不同的方式、方法，宣传推翻蒋介石政权的黑暗统治，宣传消灭封建剥削制度，反对国民党反动政府征兵、征粮、征税；宣传我党领导下的解放区人民从黑暗走向光明的美好情景，以及解放大军在全国战场频传捷报的大好胜利形势，从而启发群众"打倒蒋介石，建设新中国"的思想，激励农村青年起来革命。记得在当时一份刻印的宣传材料上，有一组打倒中国四大家族的顺口溜，其内容是："打倒蒋介石，人人有饭吃！打倒宋子文，人人活得成！打倒孔祥熙，人人穿新衣！打倒陈立夫，人人得读书！"这是十分鲜明生动而又通俗易懂的。在农民中宣传，不论男女老少都比较容易接受，宣传者也便于结合实际去发挥。

在交朋友、个别学习和谈心的基础上，同年2月，经上级组织批准，由我在沙甸发展了第一批"民青"盟员（王汝忠、王汝良、纳玉文3人）。这为以后工作的深入开展，准备了一定的干部力量。

三、建立群众组织　教唱革命歌曲　发展革命势力

当时我在鱼峰小学教语文，还任教全校音乐课。当初只利用我教师的身份，在校内教学生唱革命歌曲，跳集体舞。例如当我教《金凤子》这首歌曲后，学生很喜欢唱，就连校外农民也喜欢听，有的青年听会了，就在村里唱开了。歌词内容是："金凤子那个开红花，一开开到穷人家，穷人家要翻身，一定要翻身……"这首歌不仅是曲子简短，且格调新颖，有民歌风味，更主要的是歌词明朗，表达了穷苦农民要翻身解放的心声。我还教了一首青年集体舞曲，内容是："年轻的朋友赶快来，忘了你的烦恼和不快。千万个青年一条心，唱出一个春天来！"同样，校外青年听了也很喜欢。我们按照党组织关于采取群众喜闻乐见的形式做宣传的精神，在当年的初春，以鱼峰小学为基地，组成了农村青年歌咏队；对喜欢打篮球的青年，则帮助他们组织了"鱼峰"、"黑黑"两个篮球队。从此以后，每天傍晚，青年男女们都来小学相聚，教室里革命歌声嘹亮，球场上笑声朗朗，他们不但憧憬着光明的未来，而且要为明天的胜利而斗争。

我们的群众队伍扩大了，为巩固和发展群众组织，决定先重点抓好歌咏队，调整组织，

加强领导。我与王汝忠等同志商议后，把歌咏队取名为"圣风合唱团"。取名为"圣风"是指神圣的革命之风，吹到了农村。对于敌人，也可以用宗教含义作解释。叫合唱团，是显示人多和团结的力量，并非搞四部合唱。大约是4月间，选王汝忠同志为团长，由于女青年不少，副团长选积极分子严兰仙同志担任，选曲、教歌则由我负责。我们以"民青"成员为骨干，动员有进步要求的农村男女青年参加（对少数当权者子女中那种不可靠的人，我们则摒于门外），从而把合唱团置于党组织的领导之下。参加者最多时达六七十人，坚持常来的有50多人。除街子天和农忙时外，每天晚饭后大约5点半至8点，都坚持活动。如像王恩良、金福成、陈维松、王应龙、王振福、林正雄、马正、严兰仙、王霜棣、林月辉、林爱春、王广生、王菊英等，都坚持参加活动。

当时教唱的歌曲，都是革命的、健康的。许多歌曲是我在昆明参加学运后带下去的。我不仅负责选曲、教歌，也刻钢板，有时为赶上第二天发新歌曲教唱，常在夜里刻蜡纸。往往是唱完一张，又印发一张，零零星星地发，青年们感到不易保存，并建议刻印一个封面，把已唱过的歌曲由自己装订成册。后来，我设计刻印了一份封面及所唱过的歌曲目录发给大家，同志们都很高兴。如今，我手头还保存着一份。这个封面所设计的图案和内容是：正面以唱过的一首《青春战斗曲》的歌名作为封面名称，并在上方横刻着那首歌名的5个大字，下面是夜色黑暗的天空，但有3颗星星显示着黑暗中的光明，接下来是浩浩荡荡的革命武装游击队伍，从山谷中开出来，唱着嘹亮的歌勇往直前！旁边还有一个合拍的指挥者。最后落有1949年7月，圣风合唱团印。封面的背面，印着已唱过的24首歌曲目录，如《青春战斗曲》，它的第一句歌词是"我们的青春像烈火般的鲜红，燃烧在战斗的原野……"还有《你是灯塔》、《兄妹开荒》、《好地方》、《金汁河》、《豌豆秧》、《再见之歌》、《团结就是力量》等，都是很好的歌曲。其中只有两首是格调低、不健康的，这是当时小学里一个有嫌疑的教师提出来教唱的，为了应付当时环境，才把它选入，但在目录上专门注明"特选"二字。这个封面和所唱的歌曲，虽然时间已过去35年了，它不但为我们作了历史的见证，而且让当年的战友们看后，我想，一定会在心灵上激起青春的烈火，为社会主义祖国现代化建设，谱写出新的凯歌。

圣风合唱团成立半年多（1949年4—10月）以来，成了团结、教育青年革命的群众性外围组织，是培养青年积极分子和骨干的一个阵地，也是我们打开工作局面的一个群众基础。特别是我们把公开的、合法的斗争与地下的、秘密的教育活动紧密结合，不仅使大家受到革命思想熏陶，还通过个别串联谈心，传看革命书刊等办法，发展了一批革命青年入"民青"，有的还入了党，许多人在后来的革命中成了骨干。

然而，合唱团的建立和发展并不是一帆风顺的，敌人总是要捣乱的。9月初的一天，在沙甸三岔街头出现了一张"白头贴"，贴者当然不敢落名，上面写有几行无耻谰言，是对我合唱团的团长、副团长进行人身攻击，以诬蔑合唱团。尽管上面未直接写出政治性的内容，但总是敌人的一种捣乱和破坏。我们立即布置"民青"同志提高警惕，了解敌人动向；一方面在合唱团内辟谣，鼓励大家继续办好，同时准备反击。继后在10月初的一个夜晚（回忆是回族的把斋月），我们组织了一次示威游行，由王汝忠、王恩良、金福成等同志率领，有40多男青年参加，举着扎有圣风合唱团字样的大灯，队伍整齐地行进在村头至村尾的街道，高唱革命歌曲，大长了革命的威风，灭了敌人的气焰。此后，由于全国形势的胜利发展，需要扩大农村的发动工作，合唱团的活动，就只有停顿下来。

四、尊重民族习惯　做好统战工作

因为工作的需要，我经常到蒙自县城找县委领导赵希克同志请示汇报工作，并带回任务和一些学习宣传材料。每当我在他家里谈完工作，向他告辞的时候，他总是热情地向我解释说：由于民族习惯不同，不便留我在他家里吃饭。有两次，他竟从自己衣袋里掏出两个半开，一定要我收下，并叮嘱我到西门石墙子外（那里有回族馆子）吃了饭再走。他这样尊重民族习惯，使我很受感动，对于我在沙甸一带开展工作也有启发。我们党不论在爬雪山过草地的艰苦长征中，或是在困难时期的陕北根据地，都十分关心少数民族，尊重回族的风俗和信仰。

沙甸不仅是回族聚居的大村，而且过去的宗教教育也比较发达，有的长者曾到陕甘宁一带学习阿文经典；有的曾远洋到开罗留学，汲取阿拉伯文化，成为有名的学者，如马坚等人。当时沙甸大清真寺里，每天做礼拜的人也不少，寺内还有 30 多个年轻的"哈里发"（指学习阿文经典的大学生）；还有一所私立的养正学校，也是培养宗教人才的，但在教学上引进了阿拉伯教学的一些方法，有青年学生 30 余人。这些青年学生，有来自外地的，更多的是本村人，大都家庭贫寒，由学校或寺里供给伙食费。他们有的想从事宗教职业，有的想扩大知识面，以寻求其他谋生出路。为了使地下党的工作在回族中深入一步，开辟另一个立足之地，我们在一部分要求进步的"哈里发"中，开展了宣传发动工作，启发他们自觉参加革命。但是，我们从不做违反民族风俗习惯的事，更不说刺激宗教感情的话。我们既尊重自己，也尊重自己的民族和人民。为了推翻国民党反动派对各族人民的压迫、剥削，清真寺的"哈里发"也参加革命了。在养正学校、沙甸清真寺以及鸡街的清真寺里，都有革命的积极分子。例如：金福成、纳汝堂、马正、马云、金同璠等，都投入了当时的革命斗争活动，有的还参加了"民青"。像金福成同志是参加"民青"较早的，他积极、热情，为党组织做了不少工作。

为扩大反蒋斗争的革命势力，有利于地下党工作的开展，我们按上级指示，注意做好统一战线工作。当时，我以教师的身份，经常与当时的鱼峰小学校长马鸿兴接触，以搞好关系，向他做些个别宣传。我曾从揭露国民党报纸虚假捏造的新闻报道入手，让他知晓我军在解放战争战场的胜利形势，使其头脑清醒一点。尽管他家是地主，又与恶霸镇长王世琦有联系，但他为人比较正直，不愿作恶干坏事。所以，对我们在小学办合唱团，开展各种活动，从未干预和非难过，而且还给过不少支持。例如，他从王世琦镇长处要来一架旧钢琴，从江水地搬来后，就放在小学里给合唱团使用。还有一件事，县委的陈古今同志曾向我布置一项任务，说组织上要派一位同志来沙甸与我们协同工作，要我设法安排一个教师职务才便前来。经我向马鸿兴校长推荐，结果不到半个月的时间，他就欣然同意了这位连我也不相识、不知名的人来任教，而且还要我催促他快来。1949 年 7 月底的一天，我按上级约定的地点，到了雨过铺附近的马房村，陈古今同志才把和鉴洋（党员）介绍给我。当天，我就领着和来到沙甸，与我们一道开展工作。一个陌生的人能闯到沙甸任教——搞党的地下工作，如果没有较好的群众工作基础，没有做好上层工作，在解放前的沙甸，则是很难想象的。在鱼峰小学内部，我们也注意做好与其他教师的团结合作关系，许多老教师，如林兴德、王仕荣等，都对我们的工作不同程度地从旁支持过。只是有一个教师，是我们所警惕的嫌疑分子，对他则采取了斗争并观察其行踪的办法；另一方面，我以教师的同事身份，与他周旋。

此外，我们还以王广生同志在王世琦家任家庭教师的机会，侦察当时敌人的动态，了解乡镇保甲等活动情况。

五、积极发展"民青"　慎重建党

"民青"是"民主青年同盟"的简称（地下斗争时也用英文 M. C 简称）。它是云南地下党省委直接领导下的革命青年组织。参加组织的盟员要为反帝、反封建、推翻蒋政权，建立新中国而奋斗；要服从组织，保守秘密，参加具体的革命活动。当时入"民青"的成员，一般都经过教育、个别谈话，本人有革命要求，才由介绍人去发展。据当时组织指示，盟员编小组一般不超过 3 人，保持"横不越组，纵不越级"的原则，以防敌人破坏而影响整个组织成员的安全。后因革命工作发展的需要，有的就未编小组，主要是单线联系，有时还有某些交叉和越级的活动。在沙甸发展的"民青"盟员，除首批由我发展的 3 人外，大约是 4 月间，由王汝忠发展了金福成；5 月，由纳玉文发展王广生；6 月，王广生又发展王菊英。以上 6 人曾编为两个小组：王汝忠、金福成、王汝良一组，由我负责召集。这个组对工作的研究，推动任务的完成，做得较多。另一组是纳玉文负责，与王广生、王菊英联系，都是女同志。随着我们工作的深入，在 5—7 月的 3 个月，又发展了一批。5 月间，我发展王恩良入"民青"后，要他多做西园一带的青年工作。以后，他和王汝忠又先后发展了王正福、杨德荣、林正雄 3 人。大约是六七月，金福成和我发展了纳汝堂、马正才、马云 3 人；与此同时，王汝忠还发展了王应龙、林幼全、王汝弼、陈维松等 4 人入"民青"。8—12 月期间，因为开辟农村新据点，任务较多，故发展"民青"较少，只先后发展了马开富、白子良、白汝义、马合昌、林文苍等 7 人。此外，鸡街有"民青"成员 4 人，是张仁德同志 7 月调离鸡街之前负责发展和联系的，有火车站机务段的巨炳灿、许学周、雷义中，还有鸡街小学的王琴英（是 1949 年 5 月由个旧党组织转来的）。总计在沙甸、鸡街发展的"民青"盟员共28 人。由于党的工作处于地下活动，加之有关同志（王汝忠、王广生等）已故，所列名单难免有个别错漏之处。

沙甸的建党工作，是在发展"民青"的基础上开展的。时间虽较晚，但工作慎重，截至解放为止，共发展党员 5 人。1949 年 6 月初，赵希克同志给我看了一本油印的党章，与我谈了党的一般知识，使我进一步提高了对党的认识，扩大了革命眼界，找到了我所追求的理想——为共产主义奋斗的目标。我写了入党申请书交党组织后，6 月 27 日下午，赵希克同志从蒙自专程到了我家并对我说，上级党组织已批准我入党的要求，今天要宣誓，他作我的介绍人。我当时很激动，便两人起立，由我宣读了他写在一张纸条上的誓词。记得誓词内容是："我志愿参加中国共产党，承认党纲、党章，服从党的决议，遵守党的纪律，保守党的秘密，为实现共产主义奋斗到底！宣誓人纳忠发，监誓人赵希克。"接着他用火柴把那纸条烧了后，又给我谈了些教育和鼓励的话，其中有"农民的疾苦，便是我们的疾苦"，这一句，使我感受很深，至今难忘。他还一再叮嘱，不论在任何情况下，都要保守党的机密，并要我记住介绍人和入党时间。我记住了，这是我终生难忘的一天！当我 1947 年 10 月在昆明入"民青"时，也有过难忘的岁月，然而，这一次珍贵的回忆，却使我更加怀念赵希克同志。虽然他已含冤逝世 30 多年了，但他的音容笑貌，至今还在我身边回荡。他是当时县委领导人中与我联系最多的一个。尽管我与他在地下革命时期的接触只不过一年，但是他那积极认真，吃苦耐劳，思路灵活，富有创见地为党工作的精神；他那团结同志，待人热情，举止大方，机动灵活的好作风，至今还使人怀念不忘。

我入党后一个月（即 7 月底），和鉴洋同志调到沙甸，至此，我们有党员两人。后来又发展王汝忠同志入党。由于他入"民青"后工作积极，敢于斗争，任劳任怨，联系青年，经我的介绍，并根据上级党组织批准，在 8 月底的一天，我与和鉴洋替他办了入党宣誓手续。另外，是发展关口村的李家福（彝族）入党。这是我们开辟农村新据点后，先后派王恩良、和鉴洋同志去工作时，经组织同意，由和鉴洋做介绍人，于 10 月间办理了李家福的入党手续，并由和鉴洋与他单线联系。同年 11 月，经区委讨论，由我介绍金福成同志入党。

六、成立鸡街区委　开辟农村新据点
发动农民　配合大军南下歼敌

1949 年 9 月的一天，陈古今同志到沙甸，当晚在王汝忠家召集我们党员开会，参加的人有我和王汝忠、和鉴洋 3 人。会上，古今同志传达了县委的决定及工作部署。他说，由于形势发展的需要，县委决定成立中共蒙自县鸡街区委会。委员会由到会的 3 人组成：和鉴洋负责农运和宣传，王汝忠负责武工及青年工作，我任书记负责全面工作兼管组织工作。会上还布置了今后工作，主要是向鸡街、沙甸附近一带的各村农民发展组织，调查敌情。此后，我们按上级指示，开辟附近农村新据点，并分头由和鉴洋、王恩良继续到关口村组织了以李家福、李贵友为主的农民"弟兄会"；小芭蕉则由和鉴洋、王应龙与当地小学教师和农民交朋友，并组织了农民"弟兄会"。冲坡哨由林幼全负责，哨上、团坡由王汝忠和我负责。鸡街由金福成向王琴英等同志负责联系布置。我们在发动农民的同时，调查敌情，为组织武装力量作准备。曾先后调查了鸡街地区的铁路、公路的桥梁、涵洞和要道口方位，敌人武装数量和驻扎地点，乡镇保甲人口情况、村落分布等，并绘成草图，写出材料，报交了县委。在发展农村据点方面，由于开展的时间短，加之回族的同志到外族村寨，不仅生活不便，有的村寨还有民族隔阂，因而村落据点尚未形成。特别是我解放大军进军大西南后，对国民党军队追击犹如秋风扫落叶。12 月 9 日，卢汉宣布起义，敌人驻开远的二十六军以及李弥残部第八军，都往滇南一带流窜，调动频繁。在这一新形势下，为配合大军南下歼敌，经上级同志与我们商量，打算通过统战工作，把王世琦伪镇长手下的 20 多支枪的武装争取过来。但因主客观条件和工作还不够成熟，我们又通过其他渠道继续搞枪支。还设法弄炸药，准备必要时破坏附近的交通桥梁和涵洞。紧接着，在我解放大军迅猛神速南下歼敌的进军中，我们又接受了上级任务，对敌人开展政治攻势，以秘密方式，向鸡街较远地区的各乡、镇长，投递了我解放大军给他们的信。内容是晓以我革命的胜利形势，要他们立功赎罪，协助我军追歼蒋军，解放云南。一方面，我们组织人力，把我解放军宣言和"三大纪律八项注意"的内容抄贴在村落街头，向农民宣传，欢迎大军，迎接解放。

1950 年 1 月 15 日，蒙自县城解放。1 月 17 日，我解放军在追歼敌军途中，到达鸡街火车站时，突然遭到由开远往南逃窜的敌军袭击，在我军勇猛战斗下，当日击退了敌人。在激烈的战斗中，鸡街车站机务段司机王明山同志（沙甸回族）及其助手，冒着枪林弹雨将列车冲出车站向蒙自驶去，拉来了援军。当天下午，沙甸、鸡街等村镇农民和职工，积极给大军筹粮做饭，女的煮，男的挑，把热气腾腾的饭菜和茶水，分头送给了解放军。我们还给部队介绍敌情和地形，有的协助部队抬伤员，支援了部队次日往建水方向继续追歼残敌。

鸡街解放了！沙甸解放了！农民欢天喜地。1月下旬，我们迎接了由县委派来的群运（武装）工作队40余人进驻沙甸。在鸡街区委的共同配合下，向沙甸、鸡街附近农村宣传党的政策，开展群运工作，得到了回族群众的好评。2月间，群运工作队走后，我们又迎接解放大军的一个营驻扎沙甸。部队军纪严明，秋毫无犯，尊重回族风俗习惯和宗教信仰，帮助回民做好事，受到了群众的拥护和爱戴。记得在一次拥军慰劳中，回族妇女就给解放军做了几百双布鞋。为表达各族人民得解放的喜悦心情，感谢党和解放军的恩情，全村回族及附近村寨的彝族、壮族和汉族人民与解放军一起，共2000多人聚集在沙甸大操场，在人群欢笑和锣鼓声中，召开了"庆祝解放，军民联欢大会"。

沙甸解放后，有近百名回族男女青年，在地下党员和"民青"成员的带动下，为了革命的需要，他（她）们冲破了传统习俗的禁锢，离开了家乡，纷纷参加党和政府的各项工作，为党输送了一批民族干部。几十年来，他们在不同的岗位上，为革命事业作出了一定的贡献。

阿佤山班弄回族历史调查

马绍忠

一、走向阿佤山

1873 年，以杜文秀为首的回民起义军失败以后，起义军将领马二将军①率领一支起义队伍，冲破敌人的包围和堵截追击，撤退到镇康小勐统，又继续遭到清军的围剿。清军血洗了小勐统、竹园、窝托 3 个村子，居住在这 3 个村里的回族群众被烧杀殆尽。马二将军带领起义队伍拼力冲杀，突破敌人包围，最后剩下 80 人（男 60，女 20），来到了果敢地区，② 后又沿南汀河西行，到了滚弄江的三江口，暂时避难。为了寻找一个安身立命的地方，他们派出代表，向当地佤族首领拱别部落③的王子请求划给一块安家生产的地方，并愿意当该部落的臣民。但拱别王疑虑较大，不肯答应。他们又转向帕冷的"波朗"（拱别王的一个属官）请求，波朗向拱别王献计说，可以利用回族征服其他不服从管理的民族。当时因那衣的景颇族和户板的傣族不肯向拱别王交纳门户钱，有反拱别王之意。拱别王接受了波朗的这个建议，即向回族方面提出两个条件：第一，要帮助拱别王征服那衣和户板；第二，要老老实实，服从拱别王管辖，不得反叛，并安心生产，做守法的百姓。要做到这两条，才允许在拱别部落范围内住下来。在当时没有出路的情况下，回民接受了这两项条件。随后，他们为拱别王征服了户板的傣族，将那衣的景颇族驱赶到滚弄江以西。回族虽然取得了胜利，但却与这里的傣族和景颇族结下了仇恨，成为后来的隐患。那衣、户板被征服后，拱别王一方面很高兴，一方面又对英勇善战的回民产生了新的疑虑，撕毁了原来的协议，仍坚持不肯收留这些回民。还是帕冷的波朗答应收留下来，指定到他的领地范围内一块叫黄树窝箐的地方安家落户。这里是一片荒僻的山沟，只散居着很少的几户佤族。回族在这里定居下来后，波朗为了加强管理，委任马二将军为这里的头目，共管辖 15 个村寨。马二将军率领的起义队伍在阿佤山定居，初步有了一个落脚的地方。这个消息传开后，云县、凤庆、临沧、镇康等地逃

---

① 马二将军，名马麟玉，保山人，杜文秀的部将，曾镇守腾冲，英勇善战。
② 果敢地区位于镇康县境外，属缅甸版图，为汉族聚居，与镇康县接壤。果敢汉族历来与我国境内汉族保持着经济、文化和婚姻等方面的联系。
③ 拱别部落是阿佤山区一个较小的佤族部落，位于我国班洪境外，与我国班洪、班老地区接壤，原属中缅未定界地区。1960 年中缅定界后，为缅甸版图。

27

出来的回民，纷纷向这里搬迁，于是就把这个地方通称为"搬拢"（即各地回民搬拢集中到一起）。其他民族也跟着这样叫，由于民族语音的差别，就演变为"班弄"或"邦弄"，"班弄"由此而得名。

二、生根开花　繁荣兴旺

回民在班弄定居以后，由于他们在文化知识和生产、生活技能等方面较当地其他民族先进，经济上发展很快。他们开垦农田，发展粮食和各种经济作物，从事手工业、运输业、商业、开矿业等，生活逐步富裕起来，人口增长也很快。许多回族男青年找不到对象，就娶了果敢的汉族女子和其他少数民族女子为妻，和其他民族结为亲戚。加之经济、文化方面的互相往来日益频繁，回族和其他民族的关系有了改善和发展。回族的文化也得到了恢复和发展，这里建起了清真寺，开办了阿文学校。

马二将军担任班弄头目十余年，认真履行自己的职责，深得帕冷波朗的信任。他病故后，其子马美廷年幼不能继任，由马美廷的舅父马黑子继任。时值1900年中英第一次边界会勘，英帝国主义分子挑拨回族与佤族的关系，唆使拱别王杀害了马黑子，回族方面保持了克制，没有发生大的矛盾。由马美廷的另一舅父丁阿德出任代办。丁阿德死后由马美廷继任。马美廷很善于经商，有相当雄厚的资本，在政治上也很善于结交应酬，搞好各方面的关系，在回族中享有较高的威望；还受到拱别王的喜爱，后来就入赘拱别王家，与拱别王的女儿结了婚，与拱别王的关系更进一步密切起来。但民族上层之间的关系是复杂的，拱别王死后，其妻与部下（秘书）暗中勾搭，排斥马美廷。马美廷秘密派人将其秘书杀死，引起王妻大为不满，不仅仇恨马美廷，对整个班弄回民也视为眼中钉。她下令在滚弄江勐弄渡口加重对回族商人征收渡船税，并不准驮运货物的骡马上船，有意进行刁难。马美廷进行报复，派人将守卫渡口的头目杀了，由此引起了双方冲突。1926年，拱别部落上层统治者派出佤族和傣族武装，攻打班弄，马美廷联合汉族宋中福等人的武装进行抵抗，随后击败了拱别、帕冷的武装，并烧毁帕冷寨，赶走了拱别部落新上任的年幼王子，自己取而代之，当上了拱别王。进而又进一步占领了整个班况地区，[①] 成为班况部落总王，回族势力空前强大起来。马美廷经营的商业也日益兴旺，除经营马帮运输和商业外，又向英国资本家借债数万卢比（缅甸货币），积极开发银矿。就在这个时候，抗日战争爆发了，日本帝国主义占领了缅甸，进而又把它的魔爪伸向了阿佤山区，回族和佤、傣、景颇、汉等各族人民奋起抵抗。国民党第二十一集团军于1943年2月委任马美廷的四子马义昌为"抗日游击支队司令"，率领由回族和其他民族人民组成的700多人抗日武装力量，在当地开展游击战争，有力地打击了敌人，使日本侵略者无法立足。这个时期班弄回民在政治上、经济上继续发展，达到了鼎盛的时期。班弄这个原来无名的小村子变成了一个十分繁荣的小集镇，号称"小上海"，共有500多户，2500余人，连同马美廷父子统治下的拱别、班况部落在内，成为当地在政治上、经济上具有相当独立性的实体。但由于各种复杂的原因，特别是民族关系处理不当，马美廷父子的统治是很不稳固的，随着各种矛盾的激化，出现了严重的危机。

---

① 班况部落是阿佤山区一个较大的佤族部落，对周围较小的部落有一定的号召力。小部落对大部落有一定的依附关系，故大部落的王子称为总王。这个地区原属中缅未定界地区，现属缅甸版图。

三、可怕的悲剧　沉痛的教训

1946 年 7 月的一个晚上，当班弄 2500 多回民进入梦乡以后，在不知不觉中，一场可怕的悲剧发生了。一支由佤族、景颇族和汉族地霸武装联合组成的大规模武装力量，在夜幕的掩护下，包围了班弄。在占领附近有利地形后，于黎明前向班弄发起总攻，各种武器一齐开火，接着冲进去大肆烧杀、抢劫、强奸妇女等。从睡梦中惊醒的广大回民毫无准备，不知所措，有的还没弄清是怎么回事，就无辜地送了命。回族首领马义昌想抵抗已来不及，只得和群众一起，四散奔逃。繁荣的"小上海"在顷刻间被瓦解了，回族人民辛辛苦苦经营了 70 多年的成果遭到抢劫或摧毁。许多未逃出的回民遭到"坑杀"，制造了骇人听闻的"坑杀回族"事件。在这次事件中，惨遭杀害的回民达 400 多人，回民的财产被洗劫一空，仅马美廷一家就损失现金和财物数万元、骡马 500 多匹，枪支子弹无数。这些财产大部分被汉族恶霸地主李文焕所抢夺。逃跑出来的回民，多数逃到耿马、镇康等地，一部分逃到了滚弄江以西，进入缅境班阳、班伞一带。马美廷及其子马光荣、马义昌等人退往果敢，其家属进入镇康。马美廷父子三人在果敢境内又被景颇族武装捕获，马光荣和马义昌被杀害于岗勐，马美廷被押送到腊戌投入监狱，1948 年由缅政府下令"驱逐出境"，回到祖国，定居原籍保山。

一场经历了 3 代人、73 个春秋的由失败走向胜利，又从胜利走向失败的历史悲剧就这样结束了。从班弄回族兴衰的历程中，有许多教训是值得总结的。这场悲剧为什么会发生？有各种复杂的原因。当时班弄处于两国未定界地区。当地缺乏一个有效的政府，帝国主义、国民党驻军、汉族地霸和当地少数民族上层统治者几种势力交织在一起，反动势力从中挑拨离间，激化民族矛盾，这是主要原因。但是从回民自身来总结，是有许多沉痛教训的。其中最主要的教训就是和其他民族的关系处理不当，主要责任是回民中的当权者不能正确对待其他民族。当初，马二将军带领回民武装，帮助拱别王征服户板傣族和将那衣景颇族驱赶到滚弄江以西。70 多年后，他的两个孙子被景颇族武装杀害，儿子被投入监狱，这种因果关系，绝不是偶然的巧合，其中是有深刻教训的。当初的行动是出于万般无奈，但后来没有注意采取适当措施，与这两个民族改善关系，消除隔阂。而使冤仇一直保存下来，以致受到报复，这是非常遗憾的。另外，当班弄回民强盛起来以后，当权者慢慢地骄傲和腐化起来，对其他民族缺乏平等相待的态度。突出的是马义昌在抗日战争胜利后，自命有功，盛气凌人，称霸一方，做了许多不该做的事。第一，以武力征服拱别，夺取拱别王位，进而占领整个班况，当上了班况总王。并扩大自己的统治范围，把自己变成了当地佤、傣、景颇等民族的统治者。第二，加重了对当地少数民族人民的剥削。马义昌为了自己挥霍享受，加重了对各族群众的派款。在市场上加征大烟税，每百两收税十两，这不仅引起当地各族人民强烈不满，还引起了到当地做大烟生意的汉族地霸、商人的反感。第三，还把手伸到了不属他管辖范围的班洪地区①。到班洪地区以低价强买大烟，引起了班洪佤族上层和群众的不满。由于以上几

---

① 班洪地区历来属于我国领土，新中国成立前是阿佤山区一个较大的佤族部落，对其他较小部落也有一定的影响，国民党政府曾委派班洪部落王子为"班洪总管"。1933 年反抗英帝国主义侵略的"班洪事件"就发生在这里。新中国成立后是云南省沧源佤族自治县的一个区，叫班洪区，现在又划分为班洪、南腊两个区。

个原因,加之汉族地霸奸商李文焕趁机挑拨离间,他对班洪王说"回族势力大了不得了,现在他们已篡夺了班况的王位,将来班洪也有危险"等。在他的煽动拉拢和秘密串联、策划下,一支由班洪、班况地区的佤族、景颇族和汉族地霸武装联合组成的队伍形成了,给班弄回民带来了毁灭性的灾难。在民族关系上出现这样的悲剧是十分沉痛的,教训是十分深刻的。造成这次灾难,汉族地霸奸商李文焕起了极坏的作用,但回族当权者没有处理好本民族和其他民族之间的关系,这是最大的教训。本来,回民移居阿佤山,对沟通各民族经济、文化联系,开发阿佤山区,起了积极的作用,是受到当地各族人民欢迎的。回民和当地各族人民的利益是一致的,是可以长期友好相处的,这场灾难是不应当发生的,但是由于回民中的当权者不能正确对待其他民族,以致酿成大祸,这个教训是深刻的。

四、结论是正确处理民族关系

从班弄回族兴衰的历史经验教训中,我们可以引出一条重要的结论,即处理好回族和其他民族的关系,是回族生存和发展的前提和条件。在我国回族高度分散,与其他民族普遍杂居(有些小聚居也是在大杂居这个范围内)的情况下,更应当把这条结论作为座右铭。这条结论在今天社会主义祖国大家庭里,仍有现实意义。在我国现实社会里,已经消灭了阶级压迫和民族压迫,各民族的根本利益是一致的,不存在根本的利害冲突,各民族的关系是平等、团结、互助的社会主义民族关系。国家的法律保障各民族的平等权利和人身安全的权利,历史上发生的那种一个民族消灭另一个民族的惨痛事件不可能再发生。但是如果不注意妥善处理新时期的民族关系和民族问题,民族之间的矛盾和冲突,还是随时有可能发生的,产生械斗和流血事件也不是不可能的。

根据社会主义建设新时期民族关系中出现的新情况和新问题,参照历史上的经验教训,今后在处理回族和其他民族的关系上提出以下建议和意见。

第一,首先必须明确树立在我国回族和其他民族互相离不开,永远离不开的思想。从我国回族的产生和形成700多年来的历史证明,它的存在和发展,离不开汉族和其他少数民族的帮助和支持。在云南,回族人民和其他各族人民很早就建立了和平相处、友爱相助的好传统,为共同开发云南边疆作出了积极的贡献。在共同反对帝国主义、封建主义和官僚资本主义的斗争中,并肩战斗,互相支持。特别是19世纪中叶,清廷执行反动的民族政策,使用武力镇压和屠杀回民时,广大汉族和其他少数民族人民跟回民一起奋起抵抗。以杜文秀为首的包括回、汉、彝、白等各民族联合的起义军,给反动统治者以沉重的打击。在回民遭到残酷屠杀时,许多地方的汉族同胞冒着生命危险,掩护或护送回民死里逃生,这种大恩大德,广大回民是永世不忘的。这里需要纠正一种流行的说法,所谓"咸同年间,汉族杀回族"这种说法是不对的。当年屠杀回民是清廷下的秘密命令(即所谓"滚单"),由各级地方官吏指挥,派出地方武装(包括一些汉族地主武装)执行屠杀任务的,这是基本的事实。至于那些地方官里有满族、有汉族,奉命执行屠杀任务的地方武装人员也主要是汉族,这是不奇怪的,不能改变清廷镇压和屠杀回民这个性质。因而不属于"汉族杀回族"这样性质的问题。正确看待这个问题,对消除历史隔阂和搞好今天回族与汉族的关系,意义是很大的。其次,回族善于经商和从事手工业、畜牧业,其主要特征是商品经济比较突出,其商品购进和销售的主要对象是汉族和其他少数民族。在商品经济的市场上,回族和其他民族早就形成了一个互相依存的整体。因此，回族商品经济的存在和发展，有赖于汉族和其他少数民族经济的发展，这种互相离不开的经济关系，历史上如此，现在和将来更是这样。另外，在文化上，回族历来接受汉族的文化。移居到少数民族地区的，还接受少数民族文化，但同时又保持着自己的特点。历史上，回族中出现过不少政治家、军事家、思想家、科学家、诗人等。云南著名的有赛典赤、郑和、杜文秀等，他们的作用和影响，远远超出了回族的范围。他们不仅是回族的杰出代表，而且是全中国的或中华民族的杰出代表。回族文化是祖国光辉灿烂文化的重要组成部分，文化上的这种特殊关系，更突出表现了互相离不开的特点。总之，回族是在我国特定历史条件下产生的一个具有自己特点的民族。它的产生、存在和发展，都和我国其他民族有着极为复杂和特殊的关系，历史已经注定了回族和其他民族的关系只能是和睦相处、团结互助的关系，而不能有别的关系（例如互相压迫与剥削的关系）。历史的经验也是早已证明，在民族关系上，合则两利，离则两伤。这是我国社会发展的客观规律，是不以任何人的主观意志为转移的，谁违背了这条原则，谁就会受到历史的惩罚。

第二，在处理回族和其他民族的关系上，双方都有责任坚持平等、团结、互助的原则。但从回族方面来讲，需要自觉坚持这样几条：一是要谦虚谨慎，对其他民族要诚恳相待，互相尊重，友好往来。要克服盲目的优越感，特别是当自己强盛和繁荣富裕起来的时候，更要注意谦虚谨慎，不要忘乎所以。二是在风俗习惯和宗教信仰上要互相尊重，对其他民族的风俗习惯和信仰不能歧视和讥笑。三是在经济交往中，要坚持平等互利，公平交易，买卖公道，互相帮助，走共同富裕的道路。党的政策允许一部分人先富起来，也包括允许一部分回民先富起来，这是正确的。让一部分人先富起来的目的，是为了带动更多的人也逐步富裕起来，最后大家都富起来。现在一部分回民地区已开始富起来，这是大好事。但是不要忘记在可能条件下，应该尽力帮助和团结周围其他民族也逐步富裕起来。发展经济，要坚持按经济规律办事，以产生经济效益为准则，以发展社会生产力为目标。要打破民族界限和地区界限，凡是适宜和其他民族联合共同发展的项目就要大胆联合，不要排斥其他民族。新时期民族团结的内容最主要的就是在经济上互相帮助，团结合作，共同繁荣发展。那种民族自私主义，损人利己的行为一定要避免。四是要树立法制观念，一切言论行动要在政策和法律允许的范围内。在各种交往中，民族之间发生一些矛盾是不可避免的，发生矛盾时，要平心静气，按照政策和法律的规定，本着民族团结的愿望和目的，双方友好协商互谅互让，实事求是地加以解决，绝不可感情用事。遇到什么不公平的事和受冤屈的事，要诉诸法律，不要诉诸武力。坚持以上这些原则，回族和其他民族的关系就会越来越好。这是回族人民的根本利益所在，也是各族人民共同的根本利益所在。

让历史上民族关系中的不幸永远成为过去，让社会主义新型的民族关系永放光芒。

南华县五顶山瓦谷佐村
回族社会历史调查

马维良

  五顶山，解放前称为南山，是哀牢山脉的中段。这是一片连绵起伏的山区，居住着彝、汉、回等民族人民。五顶山区现有100多个自然村，4320多户，15 542人；而回族不同程度地聚居在瓦谷佐、柳德、丰丛、苍普塘、上村、上落堡、下落堡、马鹿塘、上柳德村、梅子树、海丫口11个自然村中，共192户1092人，在高山区或半山区与汉彝民族人民杂居着。在整个五顶山区居住着的彝、汉、回等民族村寨，都是电力、饮水、温饱尚未完全解决的贫瘠山区。

一、瓦谷佐村概况

  瓦谷佐，是五顶山区牛丛乡的一个回族聚居村。全村现有32户185人，除25户回族聚居外，还杂居着7户汉族。汉族住户住在村的南头，与回族住家分开。

  瓦谷佐村坐落在力佐山的半山腰，属北亚热带气候；力佐山下是礼社江，江对面的山村是大理州弥渡县，所以瓦谷佐村是处在2州2县交界处。近几年，由于交通发展，已修通了南华县城至马街区公路，公路经过瓦谷佐村后山梁上，每日有客车往来，简易车道已修通村里，交通闭塞状况有所改变。

  瓦谷佐村的气候，除可以大量种植水稻外，还可以种植烤烟、甘蔗、花生、棉花等经济作物。但由于缺水，主要种植包谷、小麦，所以村中回族与山区彝、汉民族一样，粮食以包谷为主。解放30多年，人畜饮水未解决，要到两三里路外的山箐背水。1984年，在县民委帮助下，用金属水管把水接到村中，解决了村民们日夜盼望的一大问题。近几年，由于承包责任制后，粮食生产有了较大发展，又学会了种烤烟等经济作物，所以人民生产生活有了改善。

  由于南华县大多数山区电力未解决，瓦谷佐村至今未通电，每到夜晚，对面弥渡县山寨电灯亮堂堂，而南华山区却一片漆黑。在瓦谷佐村中，有的人家买点煤油点灯，但大多数人家仍然是用松明点火，日出而作，日落天黑就寝。现代化的起码要求——电力，还没有进入群众生产、生活领域。全乡公用的4台柴油机带动碾米、磨面，承包给4个村的社员管理。由于柴油贵（平价供应少，多靠议价油），不善于管理、修理，因此正常运转的只有瓦谷佐村这一台，80%的人家认为碾米、磨面收费高而自舂自磨，仍处于繁重的劳动中。由于没有电力，江边有水不能抽上来浇灌水稻和经济作物；由于没有电，加工工业不能发展；由于没有电，现代化生活的电视机还没有进入群众生活。30 多年来，仅有 20% 的人家有半导体收音机，有在外工作的人回村带有收录机、照相机，成为极新鲜、稀罕的事。文化生活贫乏，很少看到电影，看一次电影往往要翻山越岭才能看到。村中，老年人多为文盲，青年人读过一些书，近几年出现了个别高中、中师毕业生。整个五顶山区解放 30 多年来还没有出过一个大学生。

二、悠久的历史和文化

回族为什么进入山区定居下来？一般都认为是清咸丰、同治年间以杜文秀回族起义军为主的反清斗争失败后，被清军赶进山区。实际上回族进入南山山区历史久远，据民间传说和碑文考证，早在元、明时，南山的回族先民们就随回回军进入云南，进入南山镇守、屯田。元史记载，回回军与蒙古军一起进入云南，大量的回回人或为农、为商和伊斯兰学者。回回军的民屯及活动的区域多与蒙古军相同。当时在威楚路（楚雄地区）有回回军驻守，其后元朝实行军屯、民屯的 12 个地方，威楚路就是重要的一个。① 而自古以来，南华地处云南驿道要冲，清咸丰《镇南州志》曾有镇南州"虽非四塞雄区，实为九州要冲"的描述。② 南山是当时古驿道必经之地，又是军事镇守之地。所以，据柳德村回族老人马尚成和上落堡村马洪玉讲，我们的祖先是从回回国随赛典赤进入云南，后被赛典赤派来镇守南山的一位武将，住下来后屯田，由一个老祖发展成了马姓七支人，而逐渐分散到南山各回族村寨。下落堡是大支，柳德村是二支，瓦谷佐是三支，牛丛营盘山是四支、五支……据老人们讲，当时是以柳德村为中心，其后子孙繁衍发展而迁到各村。柳德村外两三里处，有回族古老坟山一大片，古木参天，周围还有石栏杆。坟山经过 1958 年修水沟、"文化大革命"期间"破四旧"的破坏，许多古老重要的碑文已不见了。据老人们说，他们见过有几尊老巴巴坟（即老祖坟），比康熙、乾隆年间还早，有一尊是第一个老祖从回回国来，死后葬下，今被破坏，碑文不在了。但是从残留的一些碑文中仍可看到，南山回族先民们历史的久远。残留的一位老夫人之墓的碑文载："原命生于康熙四十五年（1706 年）八月十六日，大限卒于乾隆五十二年（1787 年）十二月二十八日。"从残存的马映公、马映喜两兄弟碑文看：马映公生于清乾隆四年（1739 年）五月初五日，死于清乾隆五十六年（1791 年）正月十四日。本人是大清待赠恩进士。马映喜碑文："原命生于乾隆三年（1738 年）吉月吉时，大限卒于乾隆四十年（1775 年）十一月十三日吉时。"本人没有什么头衔，但其伯侄，举人其昌，监生正昌，举人自昌。说明了当时文官武将，进士举人辈出，回族的兴旺发达。据马洪玉老人讲，小时听老爸（祖父）讲，当时柳德村回族在杜文秀起义前是 600 多户的大村子，瓦谷佐当时就曾有 200 多户。当时回族商业发达，在柳德，瓦谷佐村有几家大马帮、来往于省城（昆明）、大理和到缅甸、暹罗（泰国）之间。当时柳德村兴旺发达，至今村中还留有跑马道、演武场。原清真寺规模宏大，有可容纳上千人礼拜的大殿和叫拜楼，大殿和叫拜楼的屋顶都是琉璃瓦。在当时琉璃瓦只有省城昆明有，坟山的大理石碑也只有到大理才能买到，如果当时南山回族的政治和商业经济不发达，是没有能力，而且也不会允许建筑那么大片回族

---

① 《云南简史·元代云南的屯田》，109～126 页。
② 《楚雄自治州概况》，289 页。

坟山群和规模宏大的琉璃瓦清真寺。后来清咸丰、同治年间，杜文秀、李文学起义军失败，清真寺被清军烧毁，至今还留下了琉璃瓦残片和大石墩、大石条。在瓦谷佐村杜文秀起义前有大清真寺，就在今天村中大榕树下边，起义失败后被清军烧毁，至今大殿门口的大石条和大殿、耳房柱子的石墩还残留着。当时回族村寨兴旺发达，人才辈出，至今在老人中还流传着原来的回族村："上落堡出的真心豹，下落堡的小肥羊，沙塘朗的白米庄。"说的是上落堡村多出武将，拉弓使箭耍刀能手；下落堡村生产发展，商业兴旺，富得像一只肥羊；沙塘朗原来是一片荒芜之地，回族先民们进入后艰苦开发，兴修水利，几代人后沙塘朗多水田，成为山区的白米庄。

在柳德村外回族坟山上，有马良骥、马良禄弟兄之墓。马良骥生于清乾隆十九年（1754 年）二月初八日，死于道光二十九年（1849 年）十一月十八日。共四世。马连春、马在春老人，至今还在瓦谷佐村，证实了五顶山区回族老祖起源于柳德村，后来几支人发展、迁往各村的历史。据瓦谷佐村附近的大平掌汉族村寨鲁家的人讲，老辈子人传下来说，我们的老祖是明朝时从南京应天府大坝塘柳树湾当兵进入南山的。祖辈来时，周围村寨已有"回子"居住。可见，回族进入南山的历史久远。

三、彝、回、汉各族人民联合
起义进行反清斗争

清朝中期，由于清廷的民族压迫屠杀政策，激起了云南各族人民的反抗起义斗争。咸丰六年（1856 年）爆发了以滇西杜文秀为首的回民起义，联合了汉、白、彝、傣、景颇等各族人民，在大理建立了起义政权。与此同时，哀牢山彝族农民李文学在太平军将士王泰阶（汉族）、李学东（四川彝族）的帮助下发动了反清大起义，在弥渡县密滴林设立帅府，建立革命政权，联合南山（哀牢山中段）一带的彝、回、汉等各族人民共同起义。李文学起义军和杜文秀起义军联合，李文学成为杜文秀起义军的十八大司之一，共同进行反清斗争。当时南山回族人民积极参加了起义军，成为李文学起义军中的一支重要力量。当时杜文秀起义军镇守南州城，与清军对峙，李文学起义军的将领杞彩顺（彝族）镇守南山，互为犄角之势，共同抗击清军，巩固革命根据地。至今在南山彝、回两族人民中还流传着许多彝回两族人民共同斗争的动人传说。如现在红土坡区"旗插胯"村名的来由。这个村原是彝、回两族人民世代友好杂居一起，起义时共同战斗在一起。一次清军突然来袭击，在反击清军时，扛旗的起义军回族战士牺牲了，起义军旗子倒下去，一个彝族兄弟骑着马冲上前，接过起义军倒下去的旗帜，双手舞刀，忍痛把旗子插在大腿上，鼓舞了起义军彝回兄弟一起奋力冲过去打垮了清军，从而转败为胜。至今在彝回老人中都说，红白旗时起义和起义失败，付出牺牲代价最大的是我们彝回两家。所以至今彝回两族人民互相见着都以"本家"、"亲家"相称，洋溢着这种共同战斗情谊。李文学、杞彩顺在南山建立起义政权的十多年中，他们领导各族人民发展农业生产，开采铁矿、铅矿，制造兵器。当时起义政权执行"庶民原耕之地，悉归庶民所有"的政策，分田给农民耕种，年收取所获物二成作军粮，使生产发展，人民生活在战争环境中得以改善。他们注意商业，发挥回族善于经商的特点，搞马帮运输，既活跃了山区经济，又支援了战争，当时南山一带出现了"一方乐利"的局面。

1864 年，太平天国革命失败，清军在镇压了太平天国起义军后，得以集中兵力对付滇西杜文秀、李文学起义军。1872 年，清政府派杨玉科率领 10 万清军，围攻大理杜文秀起义政权，李文学率起义军 3000 余人驰援大理。由于敌强我弱，李文学起义军失利，大部分壮烈牺牲，李文学也被叛徒出卖英勇就义。李学东上将军继续领导李文学起义军与清军坚持斗争。1872 年 12 月，清军攻陷大理，镇压了杜文秀起义军后，随即集中兵力对付哀牢山（包括南山）起义军，经过反复激战，李文学起义军所建的都督府相继失守。至今在五顶山（南山）一带，彝回老人中仍传说起义军与清军激战的事迹。在牛丛、金宝山顶一带有起义军驻守的军事要地——营盘，起义军经过激战，最后全都壮烈牺牲的"万人坟"等。当时回族聚居的柳德、牛丛、瓦谷佐村，也是起义军驻守的重要据点。

马洪玉老人讲：听老辈子人说，清军开始进攻柳德村，被回族起义军打败，后来又从墨江一带调来大批清军。在敌强我弱，层层被围的情况下，起义军经过激烈战斗，大部分人壮烈牺牲，清军进入村中大杀（杀死了所有的老人、儿童）、大抢（抢了财产和青年妇女）、大烧（整个村寨房屋和清真寺被烧毁）。有几百人冲出了包围，逃跑到了李文学起义军的中心区——弥渡的多衣厂大庙和帅府的天生营，但都被清军全部杀了，至今还有坟地在。现在牛丛、瓦谷佐村回族的后代，都是当时清军大屠杀下虎口余生发展起来的。

就以马连春（78 岁）、马在春老人的家族史说，马连春曾祖父时是两弟兄，大哥已结了婚，儿子 3 岁，弟弟未婚。当时父亲和两兄弟也参加了起义军，在清军进攻瓦谷佐、牛丛村时，父亲、母亲和哥哥战死，弟弟被打散流落在外，许多年后才逃回瓦谷佐村中娶妻生子，忍辱负重，艰苦创业，至今在上村和瓦谷佐已成为马姓一大家族。大哥年轻的妻子被清军张贡爷（汉族）抢到祥云县团山村为妻，她年仅 3 岁的儿子被清军士兵（汉族）抢到巍山抚养。大哥的儿子在巍山长到十五六岁时，旁边的人告诉他，他家原在南山，是回族，姓马，他是被拣来抚养的。有的人还告诉他，他的亲生母亲被抢到祥云。他十七八岁时恢复了民族意识，决心寻找母亲，就逃出了巍山，在附近帮人赶马。他的母亲被抢到祥云前所团山村，被迫做了张贡爷的妻子。但她坚持不改口（不吃猪肉），否则就上吊。张贡爷被迫同意让她单独做饭吃。儿子赶马到处寻访，终于在团山村找到了母亲，母子俩抱头痛哭，张贡爷无子收留了他，取名张惠庭，母子俩在一锅吃饭。张惠庭二十几岁长大成人后，不愿再过屈辱的生活，决心恢复自己的民族，他逃出了张家，帮回族商人赶马走"夷方"，节衣缩食，渐渐地自己也买了两匹马随马帮做生意，并在赶马帮中学会了兽医，到 40 多岁时在蒙化北门外水坝子石锅头（赶马商人汉族）家与其女儿结婚。石锅头女人也是杜文秀起义失败后逃来的回族妇女，其女儿也是回族后裔。张惠庭结婚后，为照顾母亲，就在祥云前所街开了个小铺子，当兽医。妻子生下了两男三女，其后又招了个姑爷，儿子恢复了马姓，取名马似龙、马似昌、马似林。在张贡爷死后，他把母亲接到前所街住，恢复了全部回族伊斯兰教生活。1922 年母亲死时，张惠庭把母亲埋在祥云城回族坟山上，张惠庭的后代马家在祥云和前所已发展成了一个大家族。解放后，马家子孙在党的民族政策光辉照耀下，绝大多数都参加了工作，在政府、军队、大学、医务和企业单位服务。至今南华瓦谷佐村还留下了马似龙父亲、祖父原来住家被清军烧毁的残墙断壁的地基。其后瓦谷佐的亲友在祥云前所找到了他们，希望他们回村去，但是马似龙父亲、祖母的坟已埋在祥云，而且祥云前所是坝区小市镇，更好做生意、谋生活，也就没有回瓦谷佐了。

村中另一马姓家族是马兴堂家。马兴堂在义军失败前是沙塘朗村人，原姓赛，据说是赛典赤后代，起义失败后，马兴堂一家大难临头，妹妹被清军抢到景东做妻子。本人虎口余生，事平后逃到了瓦谷佐村隐姓埋名，改姓马，结婚后生了 3 个儿子。由于赶马帮做生意很快就发家致富，其后占领沙塘朗的清军官吏刘炳勋听得马兴堂还在，就派兵来抓。当时马兴堂带着马荣恩、马银恩两个儿子逃跑到缅甸，而在家的老儿子却被吓死了。过了许多年后，马兴堂在外做生意发了财，买通了镇南官方，才得以在瓦谷佐村生存下来。其后在景东找到了丢失的妹妹，已是清军一官员的妻子，生了3个儿子。在清官员死后，马兴堂把妹妹接回了瓦谷佐村，恢复了回族伊斯兰生活。

据老人们说，老辈子人讲，在红白旗事变后，虎口余生的回族群众陆续回来。但原来的回族寨已被清军官兵占领，他们占有好田好地，回来的人只能向他们租佃。有些大地主豪绅致富，就是靠屠杀起义人民，用鲜血染红了他们的红顶子，靠霸占"逆产"发富，如沙塘朗的清军刘炳勋和柳德村的李茂大地主豪绅就是这样发家的。当时瓦谷佐村的马兴堂和上落堡的马洪光等人去镇南州和省城告状，清政府害怕没有土地的回民再"闹事"，以所谓"安抚"为口号批准还了一些坟地，还要每年向镇南州红学宫交租。据老人们回忆说，由于起义失败，彝、回两族人民损失惨重，大伤元气，瓦谷佐村至清末民国初年只有十二三户人家。但是回族不但是一个英勇斗争的民族，而且也是一个在恶劣环境条件下适应性极强的民族。祖辈们忍辱负重，艰苦奋斗，团结生聚，清真寺被清军毁了，回来的人们就搭起茅草房礼拜。经过几年后，他们又发展了大马帮走"夷方"，到缅甸、泰国做生意。有的读书，清末时，瓦谷佐村中又出了读书人。尽管在山区多是草房和土掌房，但仍有4家盖起了飞檐斗拱的大瓦房，1922年前后又在村中盖起了大瓦房的清真寺。在解放前夕，瓦谷佐已发展到了20多户人家。

在南山，彝、回、汉各民族长期友好相处，共同开发了南山山区。经济文化上长期交流合作，人民之间形成了亲密的关系。其后由于清廷的挑拨离间、压迫屠杀政策，激起了彝、回、汉各族人民联合起义的反清斗争，斗争中形成了更亲密的战斗友谊，以至起义失败后，汉族劳动人民冒死保护了回族人民。如马连春祖父起义失败逃散到麻线廷汉族村寨，被汉族罗家以儿子身份保护下来，与其子罗正兴、罗正有、罗正明结为兄弟，起义平息许多年后才回到瓦谷佐，从此汉族罗家与回族马家世代结为亲戚相互往来，这是民族关系的主要方面。另一方面，由于清政府的挑拨屠杀政策，造成了回汉两族人民之间的民族隔阂。起义失败后，清军中的许多汉族官兵作为占领者，霸占了回族产业。由于大汉族主义长期形成民族之间的仇视，其后回族中上层人物由于经济的发展、政治上崛起，瓦谷佐村解放前的马乡长，反过来又以地方民族主义报复、欺压汉族人民。解放前，回、汉两族人民之间长期形成紧张的民族关系，在以私有制为基础的剥削制度下，是不可能形成民族之间平等团结的民族关系的。

四、解放后三十多年曲折发展的道路

在中国共产党领导下，1949年南山回族人民与全省各族人民一起获得了解放。在党的民族平等团结政策光辉照耀下，回族人民与各族人民第一次掌握了自己的命运，真正成了国家的主人。解放初，党在民族杂居地区注意培养回族干部，在各民族中进行了民族平等团结的教育，进一步消除了历史上遗留下来的民族隔阂，各族劳动人民在党的领导下，亲密团结。1952年，回族与各民族人民一起进行了土地改革，彻底废除了"官田"、"逆产"，对回族人民来说不但是一次农民翻身，回族贫下中农分得了土地、房屋、牲畜和生产生活资料，而且是一次彻底洗刷回族百年耻辱的民族大解放。在回族内部也按土改政策划分了阶级成分，当时瓦谷佐全村 20 户，划出了地主 4 户、富裕中农 2 户、中农 6 户、贫雇农 8 户。土改中，党和国家对回族的一些特殊问题给予照顾，如保护清真寺，尊重回族人民的宗教信仰和民族风俗习惯；对出现某些偏离政策的现象及时作了纠正，从而保证了回族地区土地改革的胜利完成。在土改后，瓦谷佐回汉农民根据自愿互利的原则，又组织了互助组、初级社，1957 年实现了高级社。在办社中，培养回汉两个民族的干部尊重回族风俗习惯和宗教信仰。在社会主义工商业改造中，注意了回族特点，把马帮组织起来，为供销社和国营商业驮运百货、日用品和生产工具，为活跃山区经济，发展农业生产，作出了积极贡献。1957年前，全村粮食和各种作物生产大发展，村后山上是一片茂密的森林，常有野鸡、野兔和虎豹出现。由于有了森林，村后就有常流水，草场宽阔，村中牛羊成群，出现了生产发展、民族团结、一派兴旺发达的景象。

可是 1957 年后期至 1958 年，在反"右"、反地方民族主义斗争和"大跃进"以及后来的"文化大革命"中，由于"左倾"思想影响，使南山回族地区社会主义革命和建设出现了曲折的道路。

1979 年以来，在党的十一届三中全会精神的指引下，党中央和省委对山区少数民族采取了一系列政策，大大调动了山区人民发展生产，开展多种经营的积极性。1981 年，瓦谷佐村和五顶山全区一样，改变了过去旧的生产关系，实行了联产承包责任制，使生产得到迅速发展，生活有了很大改善。以 1985 年为例，人均口粮 423 斤。扣除各种费用外，全村纯收入24 643元，年人均纯收入 144 元。这在整个乡来说是发展较快的村，高于全乡人均口粮374 斤、纯收入 118 元的水平，全村大多数人家基本上能够吃饱。1985 年，全村 25 户回族，宰了菜牛 55 头，户均 2 头多。如马连贵家 11 口人，宰了 4 头菜牛。就是近 10 年来未宰菜牛的困难户马廷科家，1985 年第一次宰了菜牛。全村 1985 年至 1986 年新建瓦房 39 间（9户），居住条件正逐步改善。瓦谷佐村能有这样的变化，主要是从山区的实际情况出发，从当地气候、土壤等自然条件出发，种植了烤烟，这是一项经济效益很高的经济作物。在保证粮食生产的情况下，这项收入把全村农业经济搞活了。如 1985 年，全村种烤烟16 739斤，收入13 386元，占总收入的三分之一，超过粮食收入，有的人家仅烤烟就收入 3000 元。还有发展了畜牧业，1985 年全村养牛 93 头、羊 74 只，仅畜牧业收入10 941元，占总收入的四分之一。这在当地来说，回族较汉、彝民族发展快，但南山回族与坝区交通沿线的回族比较，还是比较穷困的地方。

从五顶山区的牛丛、瓦谷佐回族村看，商品经济很不发达，除种植业和畜牧养殖外，其他经营不多。如牛丛乡，小百货经销户 3 户，柴油机粮食加工 4 户，开旅店（7 张床）1户，运输专业户（承包拖拉机）1 户，除拖拉机运输专业户因本人会开、会修，比较赚钱外，其他专业户由于不善于经营，都没有什么发展。在瓦谷佐回族村除了一户粮食加工专业户外，没有其他专业。由于商品经济不发达，农村集市很少，五顶山区政府所在地五天一街期，多是农产品之间的相互调剂，瓦谷佐群众去赶集，除把多余的粮食谷子等拿去卖外，没有什么东西可交换，回来时买点自己没有的农产品、种子、日用工业品等。据乡长和村长介绍，群众粮食已开始吃饱，但不稳定，一遇自然灾害，许多人家就要缺粮。群众的衣服、被盖还不多，温饱问题还没有完全解决。有的人家两三人才有一条被子，每人一年最多只能增添一件上衣或一条裤子。我们到村中许多人家，连凳子都没有，只有木头当凳子。有的亲友热情地请我们去吃饭，只有自产的鸡肉、煮牛干巴和腌腊鹅，自种蔬菜两样，而且只有小碗，连大碗和瓷盘也没有，说明他们生活虽有改善，但还没有完全摆脱贫困。

展望五顶山区，特别是回族村寨，发展潜力很大。从瓦谷佐村来说，地处亚热带，气候、土壤自然条件好，交通条件如有改善，除粮食可以大增产外，还可以种植各种经济作物。但这些潜在的优势，由于缺水而不能充分发挥，而缺水的关键又是电力。如果电力解决了，不但解决生活用电，而且有了电就可以从礼社江边抽水上山，不但可以增加水田，提高单位面积产量，可以逐渐由吃包谷为主向吃大米为主转变，改善人民生活。而且可以大种烤烟、甘蔗等经济作物，就可以带动一系列加工工业的出现和发展。有了电，群众家里的收音机、收录机、电视机才能使用，反过来又可以促进精神文明建设和智力开发，改变山区愚昧落后状况。科学文化知识打开人们眼界，反过来又进一步促进人们生产上新的要求，向生产的深度和广度进军。

五、宗教信仰和民族风俗习惯

瓦谷佐村回族人民和整个南山回族人民一样，世代虔信伊斯兰教，恪守伊斯兰生活，凡是大的回族村中都有清真寺、有阿訇，而且一个村有好几位阿訇。党的十一届三中全会后，贯彻落实了宗教政策、民族政策，人们心情舒畅地举行宗教活动。在瓦谷佐村，每天可以看到老人们在清真寺进行5次拜功，星期五主麻日参加聚礼的更多些。每天天亮前，老吾梭在村中敲着锣，催促人们起来晨礼，也是告诉人们天亮了，起来准备生产。随着礼拜的人从清真寺出来，村中的一缕缕炊烟升起；随着太阳升起，儿童赶着牛羊去放牧，男女们忙着下地，呈现了村中一种宁静而繁忙的生活景象。

瓦谷佐村回族每年都过开斋节、古尔邦节和圣纪节。这一天，大家欢聚一起宰牛宰羊、煎油香，欢度节日。他们在当地也过春节、中秋节。春节时也贴对联，但不贴门神。对联上也反映了穆斯林的特点，如上联："主大能恩赐风调雨顺"，下联："好政策带来五谷丰登"，横联："丰衣足食"。村中回汉杂居，过节时邀请汉族同志参加，汉族家说亲嫁女也请回族同志参加，互祝节庆。

在婚姻上，回族基本上保持族内通婚，在南山回族村寨之间选择。瓦谷佐村近年有好几个姑娘嫁到楚雄、巍山一带，但外地回族姑娘几乎没有嫁进山区的。村中有汉族到回族家上门，一般都遵守回族生活习惯。

伟大的航海家郑和及其家世

马继祖　郑云良

郑和（1371—1435 年）是我国伟大的航海家，他于明永乐三年（1405 年）至宣德八年（1433 年）的 28 年里，7 次远洋出海，遍访了亚非 30 多个国家和地区，4 次横渡大西洋，最远航程到达东非南纬 4°以南的麻林（今肯尼亚），总航程约 7 万海里以上，相当于绕地球 3 周有余。郑和的航海活动，丰富了我国航海地理和天文导航等科学知识，畅通了中国到亚非各国海上的"丝绸之路"，为密切亚非各国的友好交往，促进经济文化交流和华侨的移置都作出了巨大的贡献。研究郑和的航海活动，不仅对研究中国的航海史、发掘祖国光辉的古老文化有重要意义，而且对目前我国实行"对外开放，对内搞活经济"政策的了解和认识也具有十分重要的意义。

目前，对郑和问题的研究，虽有巨大的进展，但在一些问题上还需进一步努力。本文拟对郑和及其家世问题进行一些粗浅的探讨，以求得大家的帮助和指导。

一、伟大的航海家郑和

（一）郑和的家庭出身

据明朝资善大夫礼部尚书兼左春坊大学士李至刚于永乐三年（1405 年）端阳为郑和父亲马哈只撰写的碑文《故马公墓志铭》记载：郑父"公字哈只，姓马氏，世为云南昆阳州人。……娶温氏，有妇德。"马哈只的"祖拜颜，妣马氏……父哈之，母温氏。"因此可知，郑和的曾祖父名拜颜，曾祖母为马氏；祖父哈只，祖母温氏；父亲姓马，哈只，母亲温氏。据考："哈只"，非人名，它是阿拉伯语的音译。按伊斯兰教规定，力所能及（经济条件许可）的穆斯林，应到伊斯兰教的圣地天方（今沙特阿拉伯麦加和麦地那）朝觐（朝圣），叫朝哈只，到过天方朝觐的人回国后，即被人尊称为"哈只"。郑和的祖父和父亲都到过天方朝觐，被人尊称为"哈只"，所以哈只和马哈只不是他们的名字。

关于郑和的父辈，因为《明史郑和传》、《故马公墓志铭》和云南《郑和家谱》都没有详细的记载，所以众说纷纭，有说郑和出身贫困，有说他出身富裕。直到 1983 年，在北京和云南先后发现《抄郑氏家谱首叙》和《赛典赤家谱》后，这些问题才逐渐得到解决。

据《赛典赤家谱》记载:"伯颜①的长子米的纳②授滇阳侯,次子赛曲烈·赛尔班丁授江西左丞。后荣禄大夫,河南省平章政事,三子赛木马儿,授临安总府。"家谱接着写道:"三十五世:长子米里金(郑和父亲马哈只),授云南行省参知政事,袭封滇阳侯,即在昆阳住家;次子砂的奴,举神童进士,临安府都税院史;三子蜜鲁丁,授云南廉访使知事。"因此可知,郑和的祖父是拜颜的长子米的纳,授滇阳侯;郑和的父亲米里金,袭封滇阳侯;郑和的两个叔祖父和两个叔父都是元朝大臣,叔父砂的奴还是神童进士,真是一门显贵,官势显赫。郑和就是出身在这官势显赫的王侯之家。

如上所说,有人根据《故马公墓志铭》的碑文,说郑和父亲姓马名哈只是错误的,但根据《赛典赤家谱》说郑和父亲姓马名米里金也是错误的。因为自唐宋年间伊斯兰教传入中国后,中国回民一直有用伊斯兰教圣贤之名给小孩命名的习惯,小孩出生后,请阿訇或精通阿文的长者给小孩"开荤"(喂蜜水或糖水),同时用一伊斯兰教圣贤之名给小孩命名,谓之"取经名"。郑和祖辈乃西域人士(见下文),所以父亲、祖父、曾祖父等在《赛典赤家谱》中都用西域名字记载,郑和父亲既然姓马,说明至少在这一代已改用中国名字,而米里金乃郑父经名,他的学名还不得而知,有待以后考证。

(二) 郑和的北上

在封建社会,阉割了,入宫为监,是把"父母的遗体糟蹋了",被认为是不体面的事情,为一般士大夫阶级不耻为之。郑和既然出身王侯之家,怎肯不远万里,北上入宫为监,这也是大家所关心的问题。

对这个问题,我国著名历史学家吴晗有过推测,说郑和是明洪武十四年(1381年),傅友德、蓝玉、沐英征云南时被俘虏阉割的儿童。后来李士厚先生对此又作了论证,他引用《玉溪方志通讯》1983年第一期载的《道光江川县志读后》一文,文内引《江川县志》载:"江川人杨祖乡,于元朝末年,经梁王(即元朝封在云南的把匝剌瓦尔密),把本郡事,以能干著称,其子白兴、白旺年幼。洪武十四年(1381年),傅友德、蓝玉取云南,父子相失,祖乡逃往元江死亡,兴、旺被永昌侯蓝玉掠入京,明太祖奇之,拔为近侍,历官都监、左监,永乐元年赐姓白,奉使访建文,密为保护。至元江,收函其父骨,葬于江川洛左村,设置守冢一家而去,碑铭今在。"

上文说明,洪武十四年(1381年),傅友德、蓝玉征云南时,江川县杨祖乡,因是元朝之臣,明军南下,逃匿元江,儿子白兴、白旺被掠入京,作秀童献与明太祖,下宫为监,于永乐元年,赐姓白。郑和祖父和父亲都是"滇阳侯",为元朝大臣,明军南下,怎能幸免,难免本人逃匿,侯府被劫,儿子被掠,郑和与白兴、白旺一样,当秀童献与明太祖,入宫为监。后来的太祖赐与燕王朱棣出镇北京时,被带往北京,和白兴、白旺一样,郑和也于永乐二年(1404年)正月初一,赐姓郑。

由此可以得出:郑和是洪武十四(1381年)年被蓝玉掠入南京献与明太祖的秀童,以后明太祖赐与朱棣,随朱棣到北京的太监。

---

① 伯颜:《故马公墓志铭》中所说的拜颜。
② 米的纳:郑和的祖父哈只。

（三）郑和的立功和赐姓

据郑和父亲马哈只墓前碑文《故马公墓志铭》载：郑父"公子哈只，姓马氏，世为云南昆阳州人……娶温氏，有妇德，子二人，长文铭，次和。"说明郑和姓马，名和。碑文接着写道："和自幼有材志，事今天子，赐姓郑。"说明马和的姓"郑"是天子赐给的。在玉溪石狗头村发现《郑和家谱》后，这一事实有更为明确的记载，该家谱写到："公和始于永乐二年正月初一，御书郑字，赐以为姓，乃名郑和，选为内宫监太监。"这说明，赐姓郑的时间是永乐二年（1404年）正月初一，永乐帝亲手写了"郑"字，赐以为姓，"马和"始改名"郑和"。

至于永乐帝为什么不赐姓朱，或者和白兴、白旺一样赐姓白，这里便没有交代。查《明史·郑和传》载："初事燕王于藩邸，从起兵有功，累擢太监。"这说明郑和在"靖难之役"中，"起兵有功"。但立功和赐姓有无关系呢？这里便无交代。最近在北京发现一份《抄郑氏家谱首叙》，对这一问题有较明确的记载。"首序"写到："维时马三宝承袭，即擢兵部尚书，太祖颇依重之，后数功于郑州，因赐姓郑，改名为和，后事成祖，努力王事。"这里兵部尚书不确，数功于郑州，应为"立功于郑州"。据李士厚先生考证："燕王朱棣由燕京起兵后，转战河北省的正定，山东省的德州、济南一带，因铁铉盛扼守济南，屡战不决，最后同姚广孝的建议，由淮北凤阳一路，直取阳州，进攻南京，并没有经过河南郑州，查《明史》成祖记载：'建文元年（1399年）十一月，（燕王）与李景隆战于郑村坝（今北京大兴县东），王与精骑先破其七营，诸将继至，景隆大败，奔还'。"这是关键性的一战，燕王亲自出马，大败李景隆，使李景隆奔还德州。郑和在这次战役中立了功，因此，明成祖即位后，为纪念他在郑村坝战役中的战功，赐姓郑，从此马和改名郑和。

（四）郑和下西洋

1. 郑和下西洋的目的

郑和下西洋的目的据《明史》中的《郑和传》载："成祖疑惠帝亡海外，欲踪迹之，且欲耀兵异域，示中国富强，永乐三年六月，命和及其侪王景弘等通使西洋。"由此可知，永乐三年（1405年）六月，命和及其侪通使西洋的目的是："踪迹建文"，"耀兵异域"和"示中国富强"。

明惠帝建文元年（1399年），燕王朱棣（即明成祖）起兵，声称"靖难"，于建文四年（1403年）攻陷京师，夺得帝位，据说当时"宫中起火，帝（惠帝）不知所终"。有人说惠帝在宫中自焚而死，有人说建文帝"削发披缁"自"地道出也，踪迹甚秘"。总之，建文帝下落不明。忠君是封建社会的基本思想，篡位自立的明成祖对下落不明的建文帝不能不有所顾虑，于是"文皇帝遣胡濴托访张三丰为名，实疑其匿地方起事，至遣太监郑和浮海，遍历诸国，而终不得影响"。至永乐二十一年（1423年），故回朝向明成祖汇报寻访建文帝的情况，"至是疑始释"。由此可知，踪迹建文是郑和下西洋的目的之一。至于"耀兵异域"和向异域"示中国富强"两点，从郑和船队之大，兵卒之多，船队兵力之强大和郑和船队在和异域交往中的"薄来厚往"，维持大明至尊的宗主关系，及以"怀柔远人"为主的策略上来看，这两点是兼而有之。说"耀兵异域"、"踪迹建文"和"示中国富强"都不是郑和下西洋的目的，似有点偏激。

但是，说上述三点是郑和下西洋的唯一或主要目的，这也是片面的。因为朱棣很清楚，即使惠帝逃亡海外，也不可能东山再起，同时，他也没有乘机扩张领土的野心，所以郑和下西洋的主要目的应该是政治性的，即改变由明初海禁政策造成的中外关系疏远的情况，恢复和发展明王朝和海外国家的政治联系。具体地说，从政治上看，朱棣是为了进一步巩固强化他对国内的统治，借以提高他在国外的威信，扩大他的政治影响，同时，对逃居沿海岛屿的海外臣民的反抗活动加以安抚或镇压。从经济上看，他要满足一些新贵，特别是王公贵族和勋爵们的奢侈享用，郑和出使30余国，"所取宝物，不可胜计"。

2. 郑和下西洋的历史背景

明朝初期，统治阶级吸取元末农民起义的教训，采取了一些有利于农业、手工业发展的措施，如奖励农业、屯田开荒、减免农民的税务徭役，下令"减省役，使农不废耕，女不废织"。同时明政府又实行驻军屯田。据《大明会典·屯田》记载："初令诸将分屯于龙江（南京西北郊）等处，后设各卫所，创制屯田，以都司统摄……军士三分守城，七分屯种，又有二八（二分守城，八分屯种）、四六、一九……皆以田土肥瘠、地方冲缓为差。又令少壮者守城，老弱者屯种，余丁多者亦许，其征收则例，或增减殊数，本折互收，皆因时因地而异云。"《明史·食货志》说："于时，东至疗左，北抵宝、大，西至甘肃，南尽滇蜀，极于交趾，中原则大河南北，在在兴屯。"洪武时，屯田面积为9000万亩，占全国垦田数十分之一，可见规模之大。

明初，政府推广植棉，棉花种植从江南推广到华北各省，在全国范围内普遍种植起来，棉纺织成了农民的主要副业，棉布成为我国人民的主要衣料，与此同时，在明初的30年间，全国开塘堰40 000多处，疏通河道4000多处，修导坡堤5000多处。这些水利工程发挥了防涝抗旱的作用，保证了农业的稳步上升，促进了社会安定和工商业的发展。

洪武十九年（1386年），明太祖接受工部尚书秦逵的意见，下令改革工匠（即被政府拉去服苦役的工匠）服役制度，工匠获得一些自由，每个有"匠籍"的工匠，在京师只要每月在当地服役10天，叫"住坐"；在外地，每隔1～5年到京师服役3个月，叫"轮班"；其余时间可以自由生产。后来，随着手工业发展，工匠要求获得更多的自由，他们争取到可以用纳银来折代服役的权利，南匠每人每月服役折银九钱，北匠六钱，叫"输班"。这样手工业者可以进行劳动生产，劳动积极性提高，使明朝的纺织、冶铁、铸钱、制瓷、造船等手工业都比过去有显著的进步。当时，中国是世界上经济比较发达的国家，强大的农业和手工业，特别是造船工业的发展、指南针的应用、航海知识和其他科学知识的积累和应用，给郑和下西洋提供了物质条件，是郑和下西洋的历史背景。

3. 郑和下西洋所经过的国家和地区

据《明史·郑和传》记载，郑和七次下西洋，"所历占城、爪哇、真腊、归港、暹罗、古里、满剌加、勃泥、苏门答剌、阿鲁、柯枝、大葛兰、小葛兰、西洋琐里、琐里、加异勒、阿枝阿丹、南巫里、甘把里、锡兰山、喃勃里、急兰丹、忽鲁谟斯、比剌、淄山、孙剌、木骨都束、麻林、剌榆、祖法儿、沙里湾泥、竹步、榜葛剌、天方、黎伐（代）那孤儿，凡三十余国"。

查占城即今越南南部，暹罗即今泰国，满剌加在今马来半岛马六甲一带，榜葛剌就是今天孟加拉国和印度孟加拉邦一带，古里、柯枝、小葛兰都在印度尼西亚南岸，小葛兰在最南端，就是印度西南海洋的魁郎，柯枝就是今天的柯钦，古里就是今天的科泽科德，归港即今印尼巨港，锡兰就是今天的斯里兰卡，阿丹即今亚丁，忽鲁谟斯在今伊朗波斯湾口阿巴斯港南部的岛上，木骨都束和不剌哇都是非洲东海岸，木骨都束就是今天的索马里摩加迪沙，麻林即今肯尼亚的马林迪一带，天方即今沙特阿拉伯的麦加、麦地那。

从上述国家的分布看来，郑和下西洋到过中南半岛、南洋群岛、伊朗、阿拉伯湾、波斯湾、亚丁湾等地，从第四次下西洋开始，郑和曾 4 次横渡印度洋，到达非洲东岸，最远航程到达东非南纬 4°以南的肯尼亚，总航程 7 万海里以上，相当于绕地球三周有余。他对中国航海事业作出了巨大的贡献，也是世界航海史上的伟大壮举，郑和不愧称为伟大的航海家。

4. 郑和的船队

据云南《郑和家谱》记载，郑和出使西洋，所载人数为："钦差正使七员。副使监丞十员。少监十员。内监五十三员。都指挥二员。指挥九十三员。千户一百零四员。百户一百零三员。舍人二员。户部郎中一员。鸿胪寺序班二员。阴阳官一员。阴阳生一员。医官、医生一百八十员。旗校、勇士、力士、军力、余丁、民稍、船辩、书手共二万六千八百零三名，以上二万七千四百一十一员名。"《郑和家谱》接着写道："又拨宝船六十三号，大船长四十四丈，阔一十八丈；中船长三十七丈，阔一十五丈。"《明史·郑和传》亦载："造大舶，修四十四丈，广十八丈者六十二。"由此可知，郑和船队大号宝船长 44 丈，宽 18 丈。考明代造船习用准尺，准尺 1 尺合 0.342 米，则大号宝船长 151.8 米，阔 61.6 米；中号宝船长 136.5 米，阔 51.3 米。关于郑和宝船的吨位，据交通部科学研究院水运研究所水运史组的同志的计算，宝船为沙船型，据现代沙船比例推算，大号宝船长 440 尺，满载水线长 303.6 尺，最大吃水 19 尺，船宽 180 尺，满载水线 176 尺，宝船排水体积 25 627 立方米，即排水量为 2.5 万多吨。郑和乘如此大船，四次横渡印度洋。据史书描写，其庞大的船队，在印度洋洪涛接天，巨浪如山的大风浪下，仍能够云帆高张，昼夜星驰，涉波狂澜，若履通衢，适应了变化多端的气候，战胜了惊涛骇浪，打开了通往非洲的航路。

哥伦布航行美洲，旗舰 100 吨，长 24.5 米，宽 6 米，其他两舰 50 吨、40 吨，人数 1000 多人。达·伽马绕好望角，船只 120 吨、100 吨、50 吨，人数 160 人，时间在郑和下西洋后大约 100 年，和郑和的船队相比，真是望尘莫及。由此可知，我国明代的造船技术、航海技术确居世界首位，为西方各国不能比拟，郑和的航海活动为震惊世界的伟大创举。

二、郑和的家世

（一）郑和的后裔

1. 云南郑和后裔

郑和生于 1371 年（洪武四年），于 1381 年（洪武十四年）被蓝玉掠入南京，作秀童献与明太祖。当时郑和 10 岁，估计在郑和 10～11 岁时，即被阉割，入宫作侍童。如此小小年纪，即被净了身，入宫为监的郑和，怎么会有后代，这也是大家关心的问题。

据《郑和家谱》记载："至宣德六年，钦封公三保太监，公以兄文铭之子立嫡，名赐，该显官焉。"这说明宣德六年（1431 年），郑和被封为三保太监后，以其兄马文铭之子为嫡，取名郑赐。郑赐字恩来，生二子，长子郑万选，次子郑廷选。

《郑和家谱》以郑和为一世祖，郑赐为二世祖，郑万选为三世祖，记述了从郑和到郑兴旺兄弟之间的十六代的家世。目前郑和的云南后代分布在玉溪县州城、大营村、石狗头村、昆钢等地，现在已繁衍到第十九世，十六世以后是根据在昆钢工作的郑洪祖、郑云良兄弟（郑和第十八世孙）提供的材料添上的。现列表于后，供大家参考。（见表 1）

表 1　郑和家谱

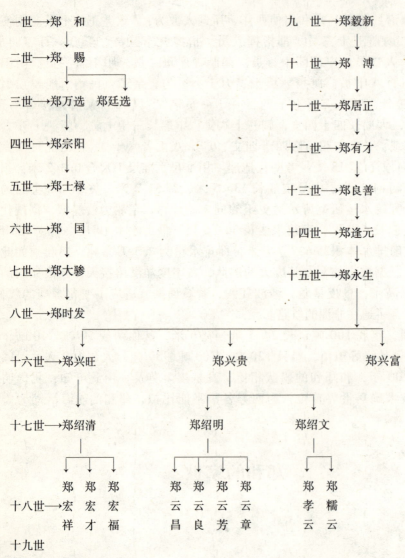

一世→郑　和　　　　　　九　世→郑毅新

二世→郑　赐　　　　　　十　世→郑　溥

三世→郑万选　郑廷选　　十一世→郑居正

四世→郑宗阳　　　　　　十二世→郑有才

五世→郑士禄　　　　　　十三世→郑良善

六世→郑　国　　　　　　十四世→郑逢元

七世→郑大骖　　　　　　十五世→郑永生

八世→郑时发

十六世→郑兴旺　　　　郑兴贵　　　　　　郑兴富

十七世→郑绍清　　　郑绍明　　　郑绍文

十八世→郑宏祥　郑宏才　郑宏福　　郑云昌　郑云良　郑云芳　郑云章　　郑孝云　郑糯云

十九世

2. 南京郑和后裔

南京有郑和后裔。据南京郑和第十九世孙郑自强同志的调查，南京后裔现存 350 人。这 350 人中，从南京调到外地或在外地出生的 108 人，现在南京生活的有 242 人。

南京后裔保存的家谱，据最近发现的《抄郑氏家谱首序》记载："迨经癸丑，发逆之变，室家荡然无存，宗族闲散，□□削平。"说明南京郑氏家谱在咸丰三年（1853 年）太平天国入南京时被毁坏。"首序"接着写道："彼得知根源者，仅有一二，今恐岁月淹流，久而失传，遂□□之典焉，是以为序。"说明南京保存的家谱是在同治三年战争结束后，一二故老根据旧谱重写的，并且"是以为序"。这种重写的家谱，据郑自强称南京曾保存过3本，郑流洪家保存过一本，这一本是在抗日战争时期丢失的；南京长乐路96号郑流荐家保存过一本，这一本是在"文化大革命"中被当作"四旧"烧掉的；郑自强的二叔郑流华家保存过一本，这一本是在20世纪50年代末，被两个自称是（北京）民族文化宫的人拿走。

这本家谱，郑自强、郑自胜兄弟和郑自强的堂弟郑自明都曾见过。据郑自强称，家谱是一本长方形的，面积比字帖大，约长330厘米（尺寸记不清），上下封面封底是木板制成，封面刻有"咸阳世家宗谱"字样，里面白纸黑字，毛笔书写。

家谱虽然丢失了，但郑自强父亲郑流荣留下的家谱中记叙的二十代人的排行字辈的一首诗："大尚存忠孝，积厚流自宽，繁衍更万代，家道泰而昌。"再根据郑鹤声教授的《郑和下西洋资料汇编》里《郑母毛太君碑》中的记载："郑和第十三世孙存念，十四世孙思忠、效忠、唯忠、体忠。"推出南京郑和后裔第十三至二十一代的家世见表2。

表2　郑和后裔第十三至二十一代家谱

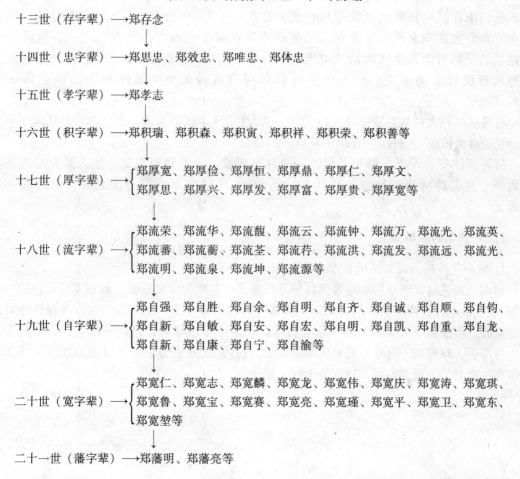

十三世（存字辈）→郑存念

十四世（忠字辈）→郑思忠、郑效忠、郑唯忠、郑体忠

十五世（孝字辈）→郑孝志

十六世（积字辈）→郑积瑞、郑积森、郑积寅、郑积祥、郑积荣、郑积善等

十七世（厚字辈）→郑厚宽、郑厚俭、郑厚恒、郑厚鼎、郑厚仁、郑厚文、郑厚思、郑厚兴、郑厚发、郑厚富、郑厚贵、郑厚宽等

十八世（流字辈）→郑流荣、郑流华、郑流馥、郑流云、郑流钟、郑流万、郑流光、郑流英、郑流蕃、郑流薇、郑流荃、郑流荐、郑流洪、郑流发、郑流远、郑流光、郑流明、郑流泉、郑流坤、郑流源等

十九世（自字辈）→郑自强、郑自胜、郑自余、郑自明、郑自齐、郑自诚、郑自顺、郑自钧、郑自新、郑自敏、郑自安、郑自宏、郑自明、郑自凯、郑自重、郑自龙、郑自新、郑自康、郑自宁、郑自渝等

二十世（宽字辈）→郑宽仁、郑宽志、郑宽麟、郑宽龙、郑宽伟、郑宽庆、郑宽涛、郑宽琪、郑宽鲁、郑宽宝、郑宽赛、郑宽亮、郑宽瑾、郑宽平、郑宽卫、郑宽东、郑宽堃等

二十一世（藩字辈）→郑藩明、郑藩亮等

目前，十八世至二十一世均在南京生活，他（她）们子孙繁衍，人数众多。十五至十七世是他（她）靠记忆提供的祖辈，但因为南京郑氏家谱遗失，从郑和到第十二世孙的家

世无法知道。这就产生两个问题：

第一，上述南京郑氏是否真是郑和后代。这一问题，上文已经阐述，他们是郑和后代无疑。此外，南京郑和后裔还指出，南京回族姓郑的有三种情况：一是桃园郑，二是象房郑，三是马府郑。马府郑就是郑和的后代。郑自强的姑妈郑玉珍（80 多岁）对此记忆犹新，她说："马府街有房七十二间，郑氏祖祖辈辈都住在马府街，郑自强的曾祖父郑积森童年就住过马府街。我们是郑和的后代。"

第二，南京后裔是谁的后代？对这个问题，南京后裔认为，他们是郑和哥哥马文铭的后代。郑自强写道："郑和在国内的后裔有两大支脉，云南《郑和家谱》写的：公以兄文铭之子立嫡"，这一支是郑和第二养子的后裔，现在云南昆阳。而我们是南京马府郑，则为郑和第一养子，即"以其兄马文铭长子立嗣，移居南京马府的后裔"。这种说法，虽不无道理，只是没有根据。据李士厚先生著《伟大的航海家郑和》一文里所说："《家谱》另有一页，记载郑和之兄，二世祖讳文铭，不改姓，仍姓马，生二子，长子移南京三山街，名曰马府□□，次子移居□□。"因此移居南京三山街的马文铭长子，应该姓马，不姓郑。

对南京后裔是谁的后代的问题，李士厚先生又有两种说法。据《航海杂志》记者陆新扬同志在《一位终生研究郑和家谱的学者》一文[1]中写道："李老（李士厚）结合明史，再研究郑和家谱，见载有'郑和题准世守南京三山街礼拜寺'之说，这就推断出廷选的子孙可能是世守南京三山街礼拜寺的。"文章接着写道："经过反复考证，李老写出有说服力的论文，认为南京现有郑和后裔是无疑的属郑和第二孙子廷选一系的。"

可是在《伟大的航海家郑和》一文里，又说："《家谱》又载，文明四世孙廷选生子二人，长子移居柯渡（寻甸县），次子移居武定。"

两种说法似有矛盾，两个儿子，一个移居柯渡，一个移居武定，怎么又肯定南京郑和后裔"无疑的属郑和第二孙子廷选一系的"。所以南京后裔为谁之后，尚需进一步考证。

（二）郑和的家世源流

1. 郑和是普化力国国王所非尔的后代

前面已经说过，南京郑和后裔保存的郑氏家谱已经遗失，郑自强二叔郑流华保存的一本于 50 年代末期，被两个自称是（北京）民族文化宫的人拿走。郑和第十九世孙郑自强对此十分关心，多次到（北京）民族文化宫找寻。家谱已无法寻觅，但在民族文化宫阅览室的同志帮助下，却找到一份手抄的郑氏家谱首叙。《抄郑氏家谱首序》详细地叙述了从所非尔到郑和的家世，为阅读方便，特列表于后，见表3。

---

① 载《航海杂志》，1983（6）。

表3　所非尔到郑和的家世

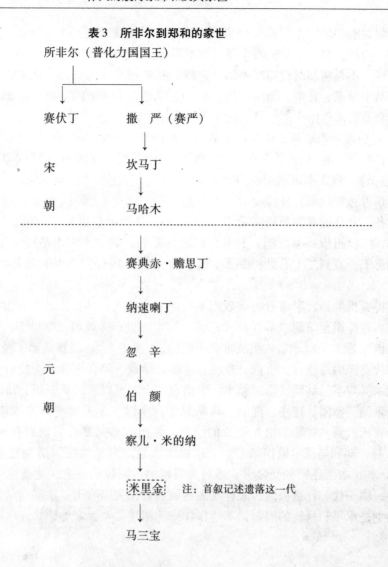

表3说明，郑和的六世祖是元朝名将赛典赤·赡思丁。十一世祖是宋神宗时归附中国的普化力国国王所非尔。考赛典赤乃元朝名将，成吉思汗西征时以千骑从太祖来华，曾任成吉思汗御前随从，有卓越的军事、政治才能。《抄郑氏家谱首序》写道："帝特命驻镇咸阳，为都诏讨大元帅，授上柱国左丞相，封咸阳王，仍管平章政事，□室张史馆，图绘麒麟阁，赐玉、赐剑、赐带。"赛典赤驻镇咸阳（在陕西），封咸阳王，任云南行省平章政事。而《故马公墓志铭》记载，郑父马哈只的祖父拜颜，即郑和的曾祖父是拜颜。而拜颜（即表3中的伯颜）是赛典赤第三世孙，所以郑和是赛典赤六世孙。这一事实比较容易让人接受。

至于郑和是所非尔十一世孙的问题，因为宋史对所非尔于宋神宗时归宋的事实无文字记载，所以比较不容易让人们接受。但《抄郑氏家谱首序》对此有比较详细的记载，首叙一开始就写道："吾郑氏自宋以上，吾不得而知。宋神宗熙宁三年，由西域天方国普化力国王，因被邻国侵略之，不忍以土地之故而害人，舍国适宋……从之者五千余人，驼马五千余，请臣于宋，神宗喜其有爱民之心，兼有归诚之义，授公为本部正使总管氏……始封宁彝侯，元丰三年……加封宁彝庆国公，公遂家焉，卒赠朝奉王。"上述记载，足以说明所非尔归宋一事，决非臆造。不仅如此，李士厚先生在云南通海县纳速拉丁后裔聚居的纳家营访到乾隆年间立的一块《皇明敕封世袭锦衣卫纳永阶之墓碑》,碑文首称:"粤稽我纳氏宗谱,远祖肇自西域,自所非尔入贡中华,受爵泰命。"李士厚先生接着写道:"可见所非尔入贡中国一事,不是明朝时代郑氏家谱才记载,而是元朝时代的纳氏家谱里早已记载,并流传后世的,其中世系、官爵,历历可数,显然是前辈流传下来的谱牒,断难凭空臆造。"由此可知,郑和是所非尔第十一世孙,也似无疑义的了。

2. 郑和是大西域圣王穆罕默德第三十七世孙

无独有偶,在《抄郑氏家谱首序》发现的前后,又发现 2 本《赛典赤家谱》和 1 本《赛氏总谱》,这 3 本家谱记载内容基本吻合。其中一本《赛典赤家谱》乃中央民族学院回族中年学者林松收藏,并转交给李士厚先生的。据李士厚先生称:"这本家谱,世系完全,事迹详备,乃是确有渊源的实录。"这本家谱,从一世鼻祖穆罕默德,二世祖尔里,三世祖侯腮你,四世祖依补喇西墨,五世祖以思马爱勒,到二十六世祖所非尔,三十一世祖赛典赤·赡思丁,直到三十七世祖郑和。《赛典赤家谱》有力地说明郑和乃穆罕默德第三十七世孙。

值得一提的是,家谱后的《咸阳王祧记》记载着:"宋,二十六世孙、朝奉王所非尔,谨藏谱。自鼻祖至圣起二十五世。""元,三十一世孙,咸阳王赡思丁,谨纂辑。"说明《赛典赤家谱》原本是所非尔从西域带到中国后,"谨藏谱",而赛典赤·赡思丁"谨纂辑"的。以后历代赛氏后裔重订、重修、参阅、述序、珍藏,都有记载,而最后一代乃民国。五十三世孙叙永县知事马毓麟,珍藏原本。家谱自三十七世以后,从明朝、清朝到民国,一直有郑氏后裔重编、参阅、述序、谨录、珍藏原本。所以,今天《赛典赤家谱》的发掘,绝非偶然,乃赛氏后裔一贯珍惜祖先荣誉的结果,献出家谱是赛氏后裔对科研的贡献。从《赛氏家谱》看,郑和是穆罕默德第三十七世孙无大疑。只是这位伊斯兰教圣祖,至今还流传于世的 30 本《古兰经》的受命者,地居大西域的古阿拉伯圣王,至圣穆罕默德的后裔,于什么年月,哪一代,什么原因,怎样从大西域到普化力国为王。这些问题,由于作者时间、精力,特别是水平和材料的限制,不能作详细的阐述,希大家见谅。

1985 年 5 月 7 日

杜文秀起义历史资料八件

马 元

编者按： 这里发表的 8 件历史资料：《杜文秀与"白旗"革命政权》，记述了杜文秀大理政权 18 年的革命斗争史，史事多据亲身参加或亲历这一运动的咸同遗老的口述，并参考数十种文献，有较大的参考价值。《林则徐与白绫血书》，为研究云贵总督林则徐于 1848 年"审办""永昌屠回惨案"的重要史料。《毛玉成》记叙了他同情回族人民被无辜杀戮，他曾试图制止这种屠杀，但未获成功，死于乱军之中。《沙铁嘴与李四狗》记述了回族"无行"文人沙铁嘴与汉族在籍官吏李四狗之间勾心斗角的争斗，乃至发展到李四狗勾结官府杀害回族人民的经过。《刘尚中》、《杨承露》是大理政权两个重要人物的简介。《朱庆椿》是清朝官吏朱庆椿被俘后，在大理受到礼遇的情况。《张谓川》是杰出的白族将领大司卫姚得胜的后裔张谓川的点滴情况。作者马元，字一波，大理回族民间学者，1974 年病故，以上资料写成于 20 世纪 50 年代末。

一、杜文秀与"白旗"革命政权（上）

杜文秀（1823—1872 年），字云焕，号百香，保山回族，为板桥杜姓遗腹子。母适金鸡村杨姓，六月而生文秀，因随杨姓，取名杨秀。生而颖悟。10 岁能文，13 岁入邑庠，因功名有望，杜姓出而争执，经主考官询明确为杜姓遗腹子，判令归宗，并代更名文秀，为读书之便，移居县城。

1845 年乙巳（道光二十五年）四月，板桥汉、回青年唱秧歌互相嘲笑，结党斗争，形成香把会与回族人之对立。以万林桂为首之板桥香把会，于械斗受挫后，迁怒良善，屠杀村中回族，并焚毁清真寺。板桥与金鸡村相距咫尺。金鸡村练首沈聚成为七哨香把会总大爷，板桥之斗波及金鸡村，青年好事者成群结队，互相寻衅。于火把节晚跑马冲突，回族青年打死沈聚成门徒，凶手脱走，于是金鸡村 200 余户回族全部被屠，清真寺被毁。逃出青年邀请勐缅起义军报仇雪恨，进攻金鸡村，为沈聚成所败，退居勐庭寨。同年九月初二夜，迤西道罗天池与练首沈聚成合谋，暗调七哨团练进城，屠杀保山城内及四乡迁避进城之非武装回民 8000 余丁口。精壮青年有素习拳棒者，利用习武器械奋勇抵抗，作困兽之斗，来往冲突，结成长队，杀开血路，冲出城门。文秀亦乘机追随众人，逃得性命，家中人口大部被屠，家产被掳掠，孑然一身，无所依归，逃至蒙化，得各地回族之救济，乃与同时逃出之丁灿庭、木文科、刘义等人至昆明，会同在昆明读书之白廷飏、白廷赞弟兄，向云贵总督贺长龄提起控诉，结果冤不得伸，贺长龄反变本加厉，对起义报仇难民进行武力镇压。乃与丁灿庭等不辞劳瘁，万里跋涉，进京叩阍，清廷接受控诉，调陕西巡抚林则徐为云贵总督，前来查办保山惨案。林则徐到滇，要表示大公无私之超然态度，宣布"只分良莠，不分回汉"，为办保山案纲领，结果仍为哨霸魔爪所左右，主犯沈聚成纵释，以在监病故上报；罗天池仅予革职永不叙用处分；杀人凶手办罪者少、释放者多。并以安抚为名，驱逐保山残余难回于瘴毒区官乃山，更冤杀为保山回民申诉之各县回族士绅 76 人，流徙 100 余人。① 回民冤上加冤，仇上加仇，被杀者含恨地下，生存者疾首痛心，叩阍之结果如此，更复向谁诉申？

文秀在林则徐之高压之下，书写遂断甘结，然心中愤懑难平，且尚被强迫贱价出卖产业，勒迁官乃山。文秀不愿俯首贴耳受"抚"而迁往瘴毒区潞江坝官乃山以受死，乃逃往四川，暂避成都，流浪数年后返滇，潜居蒙化，与蓝金喜、马金保、马朝珍等组织忠义堂于小围埂；与杜万荣、杨德明、刘纲等组织永胜堂于红岩，结纳豪俊，收购武器，待机举义。

1856 年丙辰（咸丰六年），石羊厂案发生，楚雄、昆明相继屠杀回族。楚雄之杀，为厂霸与官府互相勾结；昆明之杀，则直接由云南巡抚舒兴阿主持。回族中有识人士，皆看清情况，认为已无法申诉，亦不能以道理论争，为争取生存，乃纷纷起而自卫，蔡发春等首难于姚州。八月，大理官绅合谋灭回之变作，群众虽奋勇抵抗，然众寡之势悬殊，势已危殆。适下关汉绅谋杀马名魁（即马三进士）之阴谋未遂，名魁走蒙化搬兵求救，文秀与忠义堂头领等组织义军，高举义旗，驰救大理，② 下关、五里桥同日解危，大理清军团练被一鼓荡平，并与永平、赵州、弥渡等地来援义军会师，大败张正泰清军于北郊，于是遂占据大理全境。文秀首倡团结三教，兴抗清之议。略谓清统治我华夏二百年于兹，视人民如牛马，汉回彝良民同受苛虐，被迫不能生活者，不只我族。彼利用种族界限，妄分畛域，使我自相仇杀，两败俱伤，利彼统治，众以为然。太和县令毛玉成，为反对屠杀良善回民而奔走呼吁，不幸牺牲，厚葬之，以表回氏爱戴之忱。云南提督文祥夫人，以同情回族之无辜被迫害，曾告诫参将怀唐阿勿与其事，并以库藏武器支援回族反抗屠杀斗争。至屠杀开始，回民能支持抵抗十余日之久者，职此之故。是以战斗期间提督衙门严禁侵犯，并派人严密保护，有所需求必照供给。证明义军虽属草创，然有组织、有纪律，爱憎分明，此"忠义堂"结盟有以致之也。

大理初定，地方安抚、军事部署均大量需要人才。结盟诸头领皆不识字，难孚众望，于是众人共推杜文秀为领袖，称总统兵马大元帅。于九月二十五日就校军场筑坛拜帅，正式就职。并设文武职官，各司其事。授张子经为总理军机正参军，马国忠为总理军机左参军，马印图为总理军机右参军，吕藩为军师，马金保为中军将军大司军，杨荣为骠骑将军，杨德明为左军将军，宝文明为右军将军，马天有为前军将军，马朝珍为后军将军，刘纲为平东将军，陈义为平西将军，马良为平北将军，朱开元为平南将军，蓝金喜为奋勇将军，马安国为都掌教，管理宗教事务。其他文职有参军、参谋、参议、主政、司务、承审司等。武职有将军、都督、翼长、中郎将、统制、指挥、领军、先锋等。宣布革命满清，下令改正朔、蓄全发，用明朝衣冠，白色旗帜，以提督署改作大元帅府，筑紫禁城周围二里，并于上下两关各筑长城一道，自苍山麓直达洱海滨，以巩固防务。实行征兵制，三户一丁，汉、回、彝青年一律征召，"读书为儒之家勉应门户"。分兵籍为若干衔，有大理衔、上八乡衔、蒙化衔、永

---

① 详情见拙作《林则徐与白绫血书》一文。
② 详见拙作《咸丰丙辰大理事件真相》一文。

昌衙、江迤衙、江外衙、迤东衙、川陕衙、六省衙等，最盛时期有六十四衙。回、汉、彝人民一律平等待遇。委派职官，汉回同用；招待宾客，汉回同席。回犯法罪从加，汉犯法罪从减，以防止回族人民借势欺凌他教人民也。

"诉讼速审判，禁羁押"。以承审官专司其事。除清暴政，免征丁银苛杂，奖励耕作。农人无力者发与子种，贷与耕牛。田税改征实物，以便储备军粮。开邓川盐井以供民需。与缅甸、四川通商，交流物资。商贾进口，征税百分之七。出入财货派兵护送，如有损失，按值偿还。公布《管理军政条例》70 条，上下遵循，内外肃然。农民殷实，商业繁盛，民用以足，是以人皆畏法，"道不拾遗，夜不闭户"者十有余年。管子所谓"衣食足则知荣辱"，数百年来未尝有也。

帅府成立未及半载，附近州县相继攻克，地方秩序逐渐恢复，流散人民大部归来。缙绅学者素来不仇视回民者，知义军统帅有方，对彼等无敌视之意，皆相率归来，大部以礼徵辟，授与文武官职。如赵州解元尹建中，举人袁彬、下关廪生马璈、文生苏攸元，太和举人李伟、李华、贡生李煃照、文生黑锦荣、张映月、浪穹贡生杨立臣、蒙化举人陈廷用、贡生杨蔚云等愿参加革命，皆授与参军、参谋等职。不愿参加者亦不相强，确已做到虚心接纳，尽力团结。各县知名人士，大部皆已参加，不曾受职者仅寥寥数人而已。

当此之时，云南提督文祥自姚州回师驻云县弥渡，遣人护送文祥长子至祥营，附寄文夫人亲函。祥知家属无恙，并得悉因官绅合谋灭回，激成事变，回族群众为求生存而被迫抵抗。且苍洱间人才荟萃，兵力雄厚，兼有两关之险，非姚州可比，是以暂时观望按兵不动。不期蔡发春于姚州出险后，得某土司之助，于缅甸购获龙头火镰枪 400 支，募得彝回义勇军 2000 人，分兵出龙庆关与定西岭，并联络终南山起义彝帅李文学，共起哀牢山蒙乐彝族义军合击清军。1857 年（咸丰七年）夏，回彝义军两面合围，分股截击，清将福兆、福升各营全部被击溃，向镇南、楚雄窜逃。[①] 杜帅得知两路义军空前胜利，遣使邀请蔡、李两头领莅榆共商大事，并愿以元帅位让发春，发春坚辞不受，两人皆愿共事，并听驱策，同抗满清。于是拜发春为扬威大都督，总督全部军事。文学为总理南山军务大司藩，两人所部将领皆授将军、都督等职。俘虏何有保部属岑毓英甘愿受降，亦予收录，授职参谋。文学返南山，发春留榆编整营伍，以 10 人为什，以什长领之。10 什为棚，以先锋领之。3 棚设一领军为长，领军以上由统制、中郎将率领；以参军、参谋、司务等佐理营务，定时操演，练习战阵，并准备战守工具、帐棚、辎重等，诸事齐备。发春亲统大兵万人南征，预约李文学军袭取南涧，一战攻克蒙化。不数月景东、云州、顺宁相继克捷，降者优抚之，罪恶深重者歼除之。收获军辎器械无数。降虏俘练，愿革命者皆编入营伍，有众 3 万人。又以李国纶统兵 3000 攻拔右甸，复南向略取缅宁，与顺云协副将魁昌相持，互有胜负。

1858 年戊午（咸丰八年）冬，张正泰再犯大理，杜帅急令调兵回援。发春以李国纶、马得重、马旭等分守顺云、右甸，亲统大兵不分星夜回救大理。幸张正泰中杜帅缓兵计，按兵不动。发春兵至，四路合围，突然猛击，张正泰全军覆败，仅率十余骑遁回鹤庆。

1859 年（咸丰九年），发春统兵东征进兵三姚、白盐井等地，所到克捷。同时魁昌进犯云州，为李国纶、马得重等所败，窜回缅宁。

张正泰既败，无力再战，派其部属董家兰、段文藻、和耀曾等于宾川，潜渡洱海，偷袭大理，战败，退扎新溪邑。义军军师吕藩以未得实权为恨，阴往附之，欲借敌力夺取权位。

---

① 详情见拙作《蔡发春传》。

杜帅命陈义、保文明统兵击破之，董、段被击杀，和耀曾窜走，吕藩被擒杀之。张正泰因勒索摊派，奸淫抢掳，鹤、丽、剑各属人民不堪其扰，剑川知州胡廷良、鹤庆知州干经元，与其部属王玉文、杨举等合谋刺杀之。并杀其父都司张洪勋及家属20余人。其弟遇泰与部将姚得胜、康春林、宋时盛等率余众奔大理，降于义军。杜帅以遇泰为征南大将军，得胜为骁骑大将军，康春林、宋时盛等皆为将军。对所部严予整编，加强训练，盖正泰军组织复杂，多散兵游匪，向无纪律，今既参加革命，不能复放荡不羁也。

1860年(咸丰十年)春二月，发春既定三姚，回师顺云，南下克缅宁，魁昌战败死。滇缅沿边各土司望风款付，皆善予抚慰，各授宣政司抚彝将军都督等职，滇省西南部大部肃清。

三月，云南提督褚克昌大兵西犯，来势甚凶，连陷镇南、云县、红岩等地。杜帅以马金保、杨得明扼定西岭，俯瞰红岩，马春林、虎应龙自邓川南下防宾川。陈义、保文明东渡洱海守挖色、向阳。发春分四路回援，会师云县，大营扎弥渡。时东南义军领袖马如龙以两次攻省为克昌所败，闻克昌倾全力西上，乃统所部义军，自新兴、易门取广通、出楚雄，以邀褚军后路。因楚雄城坚障固，防守甚严，一时攻不下。褚克昌自镇南回援，如龙反为所困，西来祈援。发春亲率精卒锐兵往救，一战击破克昌主力，克昌向镇南溃走，乘胜攻拔楚雄。清军宜良练头李芳园、赵炳南、澂江练头洪志舒、晏兴齐、路南练头毛德胜、张福等以李芳园为首率全部团练请降，发春受之，并善予抚慰。乃与马如龙约，以后行兵互相联系，彼此呼应，分享各盐井权利等。如龙东返收取滇中，发春率李芳园等降将及降练西上，攻取镇南。

当此之时，马金保、杨德明已复红岩。马旭、马国春等已克安南关普棚、云南驿等重要据点，阵斩清将张福保、陈开榜、杨有才等。困副将张玉柱于云县城，玉柱弹尽粮绝，以城降。克昌至镇南，闻玉柱被困，驰往援救，中途闻玉柱已降，而马德才与李文学部复自一、二、三街袭取镇南，迤西道宋延春与守将李发明等弃城走。克昌进退失据，窜走宾川，技穷力竭，被歼于宾川属之大新村，降俘者以万计，缴获军辎器械无数。众将回榆献俘奏凯，杜帅亲率文武郊迎，欢宴于帅府，并派员犒劳士卒，大加赏赍。杜帅谓众将曰："此次战役，乃大都督指挥有方，将士效命，歼彼凶顽，使胡虏丧胆。然此乃初步胜利，不能以为满足，尚盼诸将勿以小胜而骄，仍应兢兢业业，再接再厉，达我目的，解民倒悬。满清不灭，吾辈终难生存也。"发春曰："仰占元帅威灵，将士同心，劲敌歼灭，强虏授首，发春何能？如元帅钧谕，前途艰巨，愿与同胞共勉之。腾越、保山为对外，交通孔道，急宜打通，加强贸易，增进税收，采办军需，充实物力，蓄兵养民，实所利赖。中(甸)、维(西)、鹤、丽为我后方，后方肃清，进取方无后顾。当乘此得胜之师分途攻取，滇西统一，根本巩固，进取退守，权衡在握，此机不可失也！"杜帅以为然。诸降将亦优与接待。以李芳园为大翼长，镇守楚雄，以便与东方义军联系，赵炳南、洪志舒为大参军，张玉柱为翼长，晏兴齐、毛翔林、张福为都督、参军等职，降兵按籍编入各衔，严加整训，以备出征。

冬，以虎应龙、保文明统兵万人取永北，陈义、朱开元统兵万人攻保山，以马金保、杨德明、张遇泰、姚得胜、马天有、马春林等分兵取鹤(庆)、丽(江)、剑(川)、中(甸)、维(西)各属。北路各军皆先后奏捷，各县相继攻拔，唯西路失利，陈义等退守永平。发春谓杜帅曰："保山有高黎贡山之险，澜沧江之阻，仰攻甚难，宜以自顺云侧击为主，永平牵制其东，更分兵一路取云龙，得云龙控其北，则保山无不下矣。"乃派杨荣统兵五千取云龙，陈义、朱开元仍统兵万人攻取杉阳，发春驰回云州，率诸将自耿马、镇康取施甸。

1861 年（咸丰十一年）春二月，各路大军皆旗开得胜，会师保山，围攻永昌府城。五月，知府官正伍、副将福申等举城降。李国纶、马清攻龙陵，亦降其城，于是以马兴堂统兵两万取腾越，总兵明庆，同知周力墉无力抵抗，率军民迎降。权绅刘光焕抗拒，率练据古勇，兴堂久攻不下，发春亲往指挥，因窥察敌营地形为流弹所伤殒命。杜帅闻之，伤痛逾恒。文武将无不痛哭零涕，杜帅即以马兴堂守腾越，马国春、段成功守保山。诸将各回防地，练兵养民，以俟大举。为怀念发春战功，杜帅以女凤杨妻发春子廷栋，并以袭扬威都督职，人皆称为小扬威。

滇东南义军领袖马如龙，于秋后第三度再攻昆明，清大吏以何有保养子何自清为将，署云南提督，与如龙相持，久攻不下。时岑毓英自大理逃归，仍走倚何有保，任宜良县典史，继权宜良县事。自清署提督，毓英得预军务，随自清攻陷路南州，以署州事。不两年即保署澂江府，代自清运筹帷幄。见与马如龙相持日久，乃说自清以高官厚禄为饵，招降如龙。时徐之铭以云南巡抚兼署总督，为自清挟持，拱手画诺而已。自清以毓英策，之铭乃以毓英为使，诣如龙营招降。谓如龙若能降清，决保授临沅镇总兵，署云南提督。如龙为利名所动，竟尔降清，时 1862 年壬戌（同治元年）春也。

如龙叛变，革命政营分化，清大吏利用"以回制回"政策，复迫之西征。如龙乃遣保山回弁马载堂来议和，杜帅留而不遣。秋又遣杨振鹏来招降，谓清廷有意招抚，不咎既往，许以南甸，干崖地居回族。文人多主和；武将多主战，和议不成，振鹏返昆。三度复派武进士田庆余西上一再招抚，仍未达成协议。于是杜帅以杨德明为大司马统兵南征，以蔡得春统江外之众副之，时景东得而复失，德明以朱开元与李文学部合取景东，杨荣取碍嘉、新平，德春自缅宁取威远，德明自恩乐取元江，皆下之。深入迤南，势如破竹。威远、镇沅、他郎、思茅、普洱相继攻克。1863 年（同治二年），清将田仲兴统兵救迤南，德明与镇沅彝族（应为哈尼族）义军领袖田四浪合击仲兴，大破之。车里宣慰司归款，进大象 2 头，送回大理。冬，以大翼长李玉树、大将军张润、马标、马敏功、田四浪等分兵守思普，德明凯旋归，玉树与张润后皆叛降清。

十二月，镇西将军陈义、右将军保文明以不满现实，发动政变，谋刺杜帅，相与至帅府请求谒见，被拒，乃夺门而入。杜帅觉二人来意不善，乃于后门出走，避于安西将军杜义宅。时马旭、马得重等奉命出征，帐篷未齐，驻军城西，闻变驰援。以一将统兵护卫，数人分兵围帅府，陈、保二人被执，杀之。以功加马旭为大司阊；马德重为大司征；梁国玉为大司成；马国春为大司戎；马兴堂为大司平。杀乱党马春林、马国富、王廷銮、范文光、段名馥、赵润、张彩等十余人。

1864 年（同治三年）春，马如龙既署提督，保岑毓英署布政使。毓英以收复迤西自任，统兵西犯，以杨振鹏取姚州，以钱大川、李占先取宾川、窥赵州；以文占麟、彭子祥自永北窥鹤、丽。自统大兵连陷广通、楚雄，进围镇南，前锋已陷英武关、普棚。杜帅以杨荣、米映山、段成功援姚州；以李芳园、马国春、马兴堂援宾川；李国纶、刘应贵、刘纲援鹤、丽；复以马德才、马清，合李文学部自南山一、二、三街援镇南，侧击清军，大破毓英、斩首数千级，俘虏无数。毓英负伤遁走禄丰；杨振鹏在姚州被擒；宾川李占先、钱大川亦被击溃。永北于上年得而复失，李国纶等与鹤庆守将刘诚、丽江守将姚得胜等击败文占麟、彭子祥，乘胜收复永北城，阵斩清将张愉、张书铭等。俘虏同知朱庆椿送大理，杜帅劝之降，授予靖北参军职，不受。杜帅谓左右曰："人各有志，不能强也，宜善待之。"使居太和县参军衙内。至庚午岁（1870年）杨玉科再陷鹤庆，满清学台汪某广西人，随玉科至鹤庆主持大理棚乡试。杜帅以庆椿与彼同乡，主动遣人送之至鹤庆与汪偕归，时庆椿年已八十，居大理十余年矣，人皆以杜帅为仁厚长者云。

各路大军奏凯回榆，杜帅以功升马德才为大司徒、杨荣为大司衡、米映山为大司勋，李国纶为大司空、段成功为大司疆、李芳园为大司寇、马清为大司令、刘诚为大司政，刘应贵为大司农、姚得胜为大司卫、刘纲为大司隶，其他各级将领官兵皆大加升赏有差。滇西五府三厅州县既已全部统一，大参军张景星（景东汉族举人）等上书劝进，请进位改制。杜帅批示云："览所呈进位改制一禀，具见尔等气愤风云，志安社稷。具良、平之卓见，负冯、邓之远谋，允为一代功臣，不负千古奇遇。但自古运景命而握乾符者，德当迈众，才必超群。若本帅论德则薄，论才则疏，既不能祖述于唐尧虞舜，又不能效法于汉祖、明宗。良因妖官，误国殃民，陷生灵于火，是以本帅兴师举义，救世道之颠危，正期除暴安良，保全万姓，敢望推尊加号，媲美三王！然当此哀鸿遍野之秋，亦愿切中原逐鹿之想。唯愿尔等文武同心，务慎终于厥始；君臣交敕，期尽人以合天。异日若果天心别注，本帅亦不敢辞也。至衣冠原有古制。自胡人以外夷之装变中国之服，左衽遗羞，等威莫辨。遂使凝旒端冕之风不复见于今日。正笏垂绅之度，徒想象于形容。况已分职设官，不宜从权取便，矧当出师振旅，尤宜别嫌明微。及今改制，允属合宜。但事为大体所关，岂可轻率从事。应如何因革，如何分别之处，仍仰军机会同各员会议拟呈。至举行之期，以明年元旦日为始也。凛之。"

秋，设置内阁，总理军政。以马仲山为总理内阁军机大冢宰。以明略大参军赵亭飐（龙陵汉族附生）、武略大参军赵文伸（太和县汉族文生）、裕略大参军李伟（太和县汉族举人）、雄略大参军杨立臣（浪穹白族贡生）、英略大参军马玉书（太和回族文生）、抚略大参军黑锦荣（太和汉族文生）、宣略大参军文萃（永北汉族贡生）、远略大参军李墩（顺宁汉族）、智略大参军赵炳南（宜良汉族）等为内阁参军，共参机要。

岑毓英既败，复遣马复初西来议和。复初大理人也，幼习经典，学贯中南，曾留学天方近10年，为回教中著名经师。教学于新兴，门徒遍三迤，德高望重。清廷利用其声望，笼络回族群众，予以钦赐二品伯克，滇南回回总掌教职。毓英曾利用之以服杀总督潘铎之马荣。今复遣之西上谈和，和议内容，主要是息兵养民，清廷予杜帅一世职，如土司例。以楚雄为界，文官申请委派，武职自行任放。协议不成，有将领尚以武力胁之，复初愤而返省，杨振鹏亦被释东归，于是有出兵之议。

大冢宰马仲山，荐白牛厂课长常和于杜帅，谓和有王佐之才，可大用。杜帅召归，优礼甚渥。询以进取方略，和曰："昆明为全滇省会，军政重地，宜全力取之，统一全滇为根本，然后分兵出黔、桂，会师中原，进取北京，所谓'擒贼先擒王'，此上策也。四川天府之国，沃野数千里，若取以为根据，养精蓄锐数年，出汉中、定三秦，占黄河上游，据崤涵之固，拥益形胜之地，进与满清逐鹿中原，此汉高祖之业，中策也；边区十八土司多已款付，宜善为抚之，进而规取□□，统一□□，另立□□，不与满清争衡，此下策也。"杜帅曰："上策力所不逮，下策有似怯懦，宜取中策。"授和经略大参军职，以衰老辞，不受，仍居榆城。马仲山及内阁参军有数人皆和弟子，仲山等时来往于其门。有疑难事，辄请教之，为内阁之咨询人物云。

冬十月，中郎将杨玉科叛于维西，陷鹤庆城，北方震动，告急书速至。玉科丽江县兰坪人，随姚得胜投效张正泰，为得胜马伕，正泰死，随得胜降义军，以勇敢善战拔之为先锋。征思、普之役，拨归大司马杨德明部，随军南征，以功升中郎将。至是统兵六百援维西，时守维西者为武勇都督李祖裕。玉科至，隶祖裕军，一日与祖裕围火塘议事，骤起以佩刀砍死祖裕举其首示众军，士卒骇惧不敢动。遂统其众径趋鹤庆。守将武烈将军宋时盛、中郎将马连元等以友军来往不作防，玉科突然闯入衙署，杀死时盛、连元，以鹤庆叛，分兵犯丽江、剑川。大理得报，杜帅急调马国春、杨德明、米映山、刘诚，分数路进讨。并以李国纶自永北，李芳园自云龙出兵合击，玉科军大溃，仅以身免。鹤庆、维西相继收复，北路又复肃清。

1866 年（同治五年）春，清提督马如龙率杨振鹏、马青云、马忠、合国安等统兵西犯；并以田仲兴、李锦文，自滇南犯威远；以杨盛宗、和耀曾自川境犯永北。马青云等攻镇南，马德才、杜义婴城固守，日久不下。马金保、马应良守姚州，与杨振鹏相持。米映山、杨荣、马国春、杨德明等分路出击。马旭与李文学部仍自南山出一、二、三街援镇南，大破清军，如龙及诸将败走昆明，南路田仲兴、李锦文亦为马得重、马标、段成功、田四浪等击败。北路守永北者为前凝大将军虎应龙，杜帅调刘诚，姚得胜援之，杨盛宗、和耀曾亦败退归衙坪。

1867 年（同治六年）夏，以大司政刘诚统兵五万出川，以大司农刘应贵、大司卫姚得胜为副，攻克木里、帽壳、盐井、盐源等地。降清将易成煋、刘名杨向建昌进军。继以集中全力取昆明，奉命旋归。盐源等地回族，畏兵退后被殃，悉迁永北，俘虏木里喇嘛活佛送至大理，杜帅礼遇之，后仍派兵送归。

先是川境捷报频传，杜帅令内阁商议，继续出兵援川。咸以自永北出师，路途险阻，运输困难，粮运不济，则难望有功。自姚州出会理，为南诏出川路线。取成都应以此路为主，运输亦较永北方便。然昆明仍为清军盘踞，楚雄以下旋得旋失，后路有被邀截之虑。今东方回族将领，多有西附之意。岑毓英出征猪拱箐，云南巡抚刘狱昭远在贵阳，云贵总督张凯嵩逗留夔州。马如龙西犯挫败，锐气已衰，孤军守昆明，此机不可失，当以全力取之，统一全滇后，再议进取之策。若坐失良机，江南肃清，清廷有余力以援，滇外清军源源而来，则形势转变，对我未觉有利也。故此时出川之兵以罢为是，乃召刘诚旋师。

为准备出兵昆明，杜帅召集文武会商攻守部署，决定以大司戎马国春、大司藩安文玉、大司疆段成功、大司征马德重统兵三万，以大参军杨崇章为参军，取楚雄、南安、易门、昆阳、晋宁、呈贡，扼昆明南路；大司衡杨荣、大司勋米映山、大司阃马旭统兵三万，以大参军黑锦荣为参军取定远、罗次、禄劝、武定、富民，扼昆明北路；大司政刘诚、大司令马清、大司隶刘纲统兵三万，以大参军李煋照为参军，取黑井、琅井、广通、禄丰、安宁、碧鸡关，控昆明西路；扬威大都督蔡廷栋、大司徒马德才、大司平马兴堂、大司寇李芳园、内阁大参军奎谱等统兵五万为中军，取大姚、元谋、嵩明、杨林，断清军粮道，阻昆明东路；以大司卫姚得胜、大司旅马锡晋、前凝大将军虎应龙统兵三万为游击之师，诸路应援；以安西将军杜义、大参军尹建中守镇南；大司军马金保守姚州；后军将军鲁国祥守大姚，巩固后方，保护粮道；更以大司空李国纶守腾越；大司马杨德明守永昌；大司武马年玉守龙陵；智略大参军赵炳南守云龙；大将军黑耀武守永平；大司农刘应贵、宣略大参军文萃守永北；靖北大将军洪志舒守维西；裕略大参军李伟、右部大将军马有富守鹤庆；龙骑大将军马荣耀守丽江；明远大将军雷耀龙、明征大参军魏良守剑川；镇北大参军刘尚中、勤远大将军李占魁守浪穹；大司骑马国玺守邓川；仁勇大都督刘贵守宾川；骁骑大将军丁再兴守云县；大司定马天玺守赵州；虎骑大将军杨仁雄、武都督马映发守蒙化，龙骧将军马开远、右卫大参军袁彬守景东；大司营马云骧守云州；大司智马安邦守顺宁；大将军杨德恒守缅宁；并以大司藩李文学部戒备南涧、景东等地,以防敌人自滇南窜扰。分拨已定,马仲山以告常和。和曰:"小杨威后起之秀,诸将不甘居其下,虽兵多将广,指挥不一,则难望有成。昔安史之乱,唐九节度之败,以郭子仪、李光弼等名将且不免,今不能不慎之于始也,望劝杜帅亲征,以重其事。"仲山以告杜帅,帅曰:"余已虑及此,然苍洱为我根本。陈、保之变,前车在鉴,势难轻离。今以风杨女儿代余行,监各路军。"乃誓师于校军场,杜帅亲率文武参加,宣读誓师文曰:

此次出师本为兴汉,戒勿滥杀,如临其境,如遇其民,各当发明宗旨,但得回汉一心以雪国耻,是为至要。统兵官等须知仁义之师,以道德为甲胄;以亲爱为戈矛;以相应为攻击。我军有三事焉:始则锄满,次则拊汉,三则除奸。而彼军反对,然后戈矛相见。彼杀我先杀;彼止我先止。战胜攻取之际,毋肆掳掠,毋贪财货,毋凌妇女。遇官吏顽梗不服者杀之;良善被挟者抚之。诸恶元凶法所必诛,严加惩办,理宜不赦。

并发兴师檄文于各地,其文曰:

总统兵马大元帅杜,为兴师五路,收复全滇,除残暴以安良善事:

窃思滇南一省,回汉夷三教杂处已千百年矣。出入相友,守望相助,何尝有畛域之分?慨自满清僭位以来,虐我人民二百年余兹矣。妖官偏袒为计,石羊起衅,池鱼皆殃。强者逞鸱张之威,弱者无鼠窜之地。尔时百姓危若倒悬,可恶妖官犹安然高枕,置苍生于不问,弃黎庶其如遗。甚至汉强则助汉以杀回,回强则助回以杀汉,民不聊生,人心思乱。

本帅目击时艰,念关民瘼,不忍无辜之回为汉所杀,更不忍无辜之汉被回所伤。爰举义师,以清妖孽,志在救劫救民,心存安回安汉,至大事之图成,唯天命之是听。无知妖官穷谋诡计,倒行逆施。杀协镇者封以协镇,杀都游者授以都游。高明退身,庸愚堕计。始也助汉以杀回,今也助回以杀汉;继也助汉以杀汉,今则助回以杀回。鸿沟之血未干,乌合之师突至。妄思螳臂以当车,奚啻鸡卵之击石。

今者小计略施,月奏三捷。雄师半出,攻收数城。然妖官未除,祸根犹在,全滇不取,亿兆难安,况乎卧榻之则,岂容他人鼾睡!用是师兴虎队,将选龙骧,粮运千仓,饷筹百万。枪炮在其前,弓弩列于后,长矛伏中,短刀相接,分五路以并进,效一怒而安民。剑戟横空,胜气腾云。千里旌旗蔽日,威镇雷动九天。以此制敌,何敌不摧;以此图功,何功不克?!

凡尔城乡绅耆,远近士民,达务知时,不乏俊杰。转祸为福,定有同心。或率众而来归,或开门而效顺,定当量才而录用,不别户而分门。自此烽烟永靖,同登衽席之安。如其天命有归,共成王霸之业,岂不乐哉!岂不快哉!若其眷恋穷城,徘徊歧路,坐昧先机,行将后悔。况天命人心去之久矣,纵背城航海亦奚以为!檄文到日,凛遵勿违!

此檄

于是诸将分头出动。

二、杜文秀与"白旗"革命政权(下)

1868年戊辰(同治七年)春,各路大军皆以破竹之势,扫荡各州县,清军练勇望风披靡,连克二十余城镇。临沅镇总兵张元林、鹤丽镇总兵杨振鹏、副将田庆余、参将马天顺、杨先芝以元谋、新兴、澄江、寻甸、昆阳等城起义。以元林为大司治、振鹏为大司略、天顺为大司理、庆余为大司抚、先芝为大司功、各率所部参加战斗。马国春等攻楚雄久不下，乃分兵取南安，同时刘诚等已克广通、禄丰，米映山等已下定远，楚雄外援断绝，李维述以城降，授振武将军，旋复叛遁归省城。马德重以负伤留守楚雄，继因伤重返云州疗养，调杜义、尹建中接防。国春等连克易门、晋宁、呈贡，与杨振鹏会师，遂围昆明。

马如龙困守昆明，兵单饷乏，然仍顽固抵抗。后为炮伤，不能战斗，向岑毓英、刘狱昭求救。毓英镇压猪拱箐陶三春苗族义军后，回师驻曲靖，清廷以张凯嵩逗留不进革职。以刘狱昭升云贵总督，岑毓英署云南巡抚。狱昭以所部湘军三万向滇推进，并求援于四川将军崇实，总督骆秉章，以提督唐友耕统帅川军进寇东川，窥昭、鲁。东、昭义军李本忠部竟为所破。毓英分兵万人进昆明助守，以田仲兴攻新兴，张保和攻晋宁，何秀林等攻呈贡，并以杨玉科绕道会理，偷渡金沙江袭苴却，断义军粮道。连陷元谋、武定、禄劝、罗次等县，继犯富民，为杨荣所败。时姚得胜、马兴堂与三角彝族领袖大都督金肇盛、武定彝族大将军唐有忠等统大兵自三姚来援，马旭、刘诚自昆明郊区抽调来会，与杨荣等困玉科军于武定。围三月，玉科粮尽援绝，溃围出走，仅余数百人窜归毓英。元谋、武定、禄劝、罗次等县相继克服。时刘狱昭已进至曲靖，亲统湘军犯寻甸，守将马天顺告急，荣与得胜，兴堂等往援，歼湘军主力于果马，狱昭残军向曲靖、沾益溃逃。于是分兵三路，得胜援澄江、兴堂援呈贡、杨荣取板桥、杨林。呈贡、晋宁相继失陷，澄江失而复得，寻甸又为岑毓英所破，嵩明吃紧。马兴堂、杜凤杨、李芳园合师，共守嵩明，时1869年（同治八年）春也。

先是杨玉科自武定溃走，以徐联魁潜伏于元谋山区，至是复陷元、武，义军后方大受威胁。杨荣攻杨林败绩，退守禄丰。嵩明失守，广通被陷，富民、楚雄、易门、罗次等城前后沦没，粮运遂断。和耀曾、张润复自川境偷袭维西，黄文学与川军李宝国部自建南寇永北。围攻昆明各部义军，信心丧失，纷纷为岑毓英各个击破，大部将领牺牲。蔡廷栋、马锡晋伪降后逃归。马兴堂、李芳园、杜凤杨伪降后被杀。段成功伪降后，与总兵杨林攻云州，杀林反正，旋亦阵亡。杨荣以禄丰孤立难守，以部属统其军降，只身潜自龙马山绕道镇南。楚雄失后，杜义、尹建中退守镇南，被李维述攻围，荣至乃助义击溃李维述，又助丁再兴击退围云南县之钱大川军，乃返大理。

当此之时，清军以刘狱昭负责迤东；岑毓英负责迤南；滇西军务委杨玉科统一指挥。玉科集中全力争夺三姚，大姚守将鲁国祥以城降。马金保壮烈牺牲，姚州遂陷，白井丢失，玉科遂进犯镇南宾川。

北路维西、丽江、剑川相继不守。永北复被黄文学及川军攻陷，刘应贵、文萃被执不屈死。雷耀龙、李占魁、魏良等叛，邓、浪、宾皆失，仅余鹤庆孤城被攻待援。南路蒙化、赵州亦为清军所围，告急求援，大理已形成四面受敌之势。杜帅为加强防守力量，以丁再兴为大司徒；刘尚中为大司寇；马荣耀为大司勋；杨仁为大司令；董飞龙为大司略；马福寿为大司值；洪志舒为大司抚，悉听杨荣节制。荣分派各将重整队伍，听候调遣。并选精卒三千人，严加整训，出救南路。

1870年（同治九年）春，荣统义军赴援赵州，奋勇作战，击溃吴廷槐、李廷标军，阵斩清将吴宝，赵州解围。又击杀清将王钟祥，破王钟英、陈裕后军于蒙化，复扫荡云弥，总兵李棠秀闻风而溃，复大败杨玉科军于云南驿，击杀副将陈长寿。乃北向规取宾川，洱海东岸各地相继肃清。败段瑞梅军于邓川，同时董飞龙败蒋宗汉军于大松甸，邓、浪两城相继克服。蒋、段二人合军退守白土营，张润、李占魁、雷耀龙等知二路兵败，自剑川来攻，与蒋、段合军，荣乃以董飞龙、那述震分两路援鹤庆，自统各路大军围蒋宗汉等于白土营。蒋、段等万之众困于一隅，内无粮草，外无救兵，宰马掘草以食，围如铁桶，突围不能，势穷力竭，遣使祈降。荣遣人驰报杜帅，大都督马祥麟（即缅宁三）说杜帅曰："杨骠骑权重矣，若再使接受四县兵练之降，将成尾大不掉之势，更难制矣。"杜帅乃遣杨镕（即老辈子）往代之，荣乃归摩用。蒋宗汉使复至，见义军主将非杨荣，以报宗汉。宗汉遣使扮作樵夫，缒岩透围出，以报杨玉科。玉科自云南驿战败后，退守姚州，知蒋、段被围，自宾川地绕出江营，谋解白土营围。然以各险要山隘皆有义军防守，无法通过。正一筹莫展之际，得宗汉报，喜出望外，乃潜师陷白衔、破松桂。鹤庆外援瓦解，城遂陷。马有富、李纬被执，不屈死。于是转攻义军粮台三营，陷之。义军供应断绝，白土营围解。浪穹刘尚中叛降，邓川亦溃，杨镕等退入龙首关，北路各县全部丧失。杨德明守永昌，为李凤翔等围攻已三年之久。马年玉以龙陵不守，退倚德明，共守永昌。杨玉科复以蒋宗汉、李应举等统兵数万西上助攻，德明等粮援皆绝。大将军马双元叛降做内应，城遂陷。德明、年玉被执，不屈死。云龙亦被陷，赵炳南仰药自杀，时1871年（同治十年）秋也。

杨玉科既于北路得手，乃以蒋宗汉等永昌得胜之众，全力攻取永平。利用马双元招降黑耀武，耀武坚持抗战，誓死不降，城破突围走漾濞，杜帅励其忠坚，升为大司武，共守漾濞。

杜义困守镇南，城陷，无援战死，尹建中被执。宾川亦溃。李维述、徐联魁等大力集中争夺云县、弥渡，疆土日蹙，情势日迫，大冢宰马仲山主张起用杨荣，杜帅召之不应。以掌教、耆老数百至摩用邀之，荣迫于众情，乃率兵再战，三败李维述军于弥渡。岑毓英于滇南肃清后上滇西督师，进驻镇南。以李维述之败，恐牵动全局，派总兵蔡标、杨国发增援弥渡。三人合军，仍为荣所败，斩首万级，收虏军辎器械无计。杨玉科为援救南路，猛攻龙首关，马锡晋、马国玺告急，荣以董飞龙、洪志舒出兵江营，大败段瑞梅军，自率劲旅自上关出击，玉科败走。

玉科用刘尚中策，诱降杨荣，荣与玉科盟于锅盖山。玉科誓保荣红顶花翎，富贵同享。此后荣作战即虚与委蛇，此进彼避，彼进此让，荣军所至，皆无激烈战斗。于二援弥渡战役中，荣所亲领敢死队三百即降于徐联魁。联魁即利用此敢死队降卒下云县城，战局于是急转直下，云弥全陷，玉科集中全力攻取漾濞。

1872年壬申（同治十一年），蒋宗汉、李应举等既陷永平，集中数万之众会攻漾濞。张润攻漾濞已两年，伤亡惨重。义军坚壁清野，固守不懈。今复增兵猛攻，先后数十战，守益坚。玉科亲至督战，败马荣耀军于合江，截断蒙化、大理援兵路线。杜帅仍自大理以丁再兴越苍山增援。后玉科购获内线，叛将以门献，城乃破。黑耀武、丁再兴等猛将壮烈牺牲者数十人。举火自焚者以百千计。双方死亡皆数万，为十余年来攻守战之最激烈者。

夏五月，玉科自宾川攻赵州，李维述、杨国发取蒙化，玉科亲统各路军分攻上下两关。下关蒋宗汉潜渡天生桥，自西面侧击，守将董飞龙以下关献，下关遂失。上关清军白花甸坝偷越苍山，洱海水军全部叛变。徐联魁自水路取弓鱼洞，皆出上关之背，腹背受敌，上关亦不守。玉科以李维述、杨国发攻蒙化不下，后路有被截之险。乃亲率精兵猛将往助，战斗相当激烈，同时大小围埂已被攻围，南涧猫街亦为所牵制，蒙城无援遂被攻陷。杨仁、李文学等将领壮烈牺牲。

两关既失，战事进入太和坝区之争夺。蔡廷栋言于杜帅曰："大理所恃者苍洱之固，两关之险。今险要既失，势难固守，幸而有精兵数万，猛将多员，宜以大司衡统兵守大理，我等将兵万人，负十日粮，保元帅突围走。自花甸坝出大小麦地，由石门井出腾冲。李国纶有万人之众，两军会师，复取保山、龙陵，接通顺云、右甸。马德重、马标等尚有精兵数万，合力保守江外之地，若能成功，则大理虽失，仍有兴复之望，万一不利，向缅甸退走，待机再举。我等在外，大理百姓不致受殃，若困守孤城，内乏粮弹，外无援兵，则同归于尽矣！老弱何辜？并罹浩劫，望元帅采纳。"大司勋马荣耀亦曰："大都督之言是也，坐而待亡，岂计之长？孰能死里求生，或可不亡也。"杨荣曰："敌人数十万之众，遍布周围，我仅有数万，焉能再分？且花甸路僻山险，易守难攻，兼裹千里之粮，何以战斗？又况元帅不能躬亲战斗，出险何易？此断不能行也。"杜帅以为然，突围之议遂寝。

马荣耀私谓廷栋曰："杨骠骑已非昔比，作战既不力，背锅亦不与硬碰。出援上关之战，董飞龙、洪志舒已败段瑞梅于江营。上关出击，背锅挫败，追奔逐北，此乃不可失之良机也。竟不乘胜收取邓、浪，使背锅安然退走，转攻云县，敢死队乃彼亲信，出援弥渡，竟尔降清，此中情节，或有不可告人者。"廷栋曰："余亦微闻之，二杨于锅盖山有私会之说，漾濞、蒙化若有得力援军，焉能骤失？赵州被围，坐观不救，其态度已明。然大敌当前，兵权在彼，殊难为力也！"荣耀曰："虽然，亦当徐图之，否则吾辈皆为虏矣！"数日后，闻荣杀其从子某于宅后，谓与人阴谋刺荣，事泄被杀。此后荣戒备森严，行踪慎秘，谋荣者皆无机可乘矣。

滇东南各路义军，皆先后瓦解，岑毓英集中全部力量于滇西。湘勇、粤勇皆经洋枪队训练者，配备曾国藩代办之新式洋枪。法国开花炮则利用法帝国主义者所派来之炮手发射。义军以劣势装备防守，且处处被动，虽坚强堡垒，亦难固守。清军南北并进，义军亦步步设防。一日杨荣快马归帅府报杜帅曰："敌人炮火厉害，作邑土城已不能守，退保湾桥一线矣。"杜帅曰："权衡在尔，各秉天良，余尚何言哉！"荣出，内室哭声大震，有人云："坏矣哉！杨骠骑心变矣！"杜帅亦默然久之。

下关既陷，小关邑村回族预埋地雷于礼拜堂阶上，派人至清营伪降，并迎请玉科亲临安民。玉科至，甫就座。父老回族暗语交谈，被叛徒马双元窃听，揣知有变，即负玉科出走。顷刻火发，全寺炸毁，玉科竟得幸免，于是小关邑、苏武庄等5村回族全遭屠洗。南北重要据点逐渐丧失，战事已逼近城郊，义军士气仍不少衰，回族军将，奉命增援前线者，皆沐浴净身、念"讨白"后出发，以示必死。一碉一堡之得失，必使敌人付出很高代价。至西北之三塔寺，西南之一塔寺，东南之丰呈庄，城南之瓦丁乡，城北之甘家村等堡垒被攻陷后始全力攻城。

清军虽有法国开花大炮和洋人炮手，然大理城乃蒙段旧都，城高陴厚，守御森严。虽搬土运石，填壕塞堑，集中火力猛攻，然城上枪炮各集，矢下如雨，居高临下，敌虏防亡惨重。玉科等乃改凿地穴，实火药轰城，东南城垣被毁十余丈，义军即以木栅防堵，仍不得入。继之东北又被轰毁数处，乃冲入数千人之众，短兵相接，争战于城东莲花池一带。义军仍筑碉垒、营栅坚守，僵持多日，虏仍不得逞。

情势日迫，杜帅乃召集文武会议于帅府，众皆无良策以支危局。杨荣曰："事急矣，敌军已入城，若继续抗战，非不能苟延时日，然终归玉石俱焚，池鱼尽殃。若元帅能亲诣敌营抵案，或冀能免老弱，将来上坟念经尚期有人，不然不堪设想矣。十余年来，荣所杀清将，红、蓝顶子车载斗量，彼等亦绝不能相容，不过先后数日仍归一途也。"各文武面面相觑，皆无一言。杜帅曰："乙巳（1845年）之难，余已脱网，苟延至今将三十年矣。余生为民，能捐躯救民，固余之愿也。孔曰成仁，孟曰取义。唯其义尽，所以仁至。读圣贤书，所学何事？刀锯鼎镬，甘之如饴，而今而后庶几无愧。"

冬十一月二十六日，杜帅阖家沐浴净身，请教长念"讨白临危"。亲视夫人等服毒自尽后，选经生二人为侍，乘轿出城。临行谓杨荣曰："本帅责任已了。此后全责在尔。十七年来，民得小康，差堪自慰，望尔庇护榆民十七天。若有不测，后世考问，亦尔当之。"轿出北门，百姓闻之，扶老携幼相送，哭声震地。有汉族父老数人拉住轿杆啼曰："我辈蒙思覆蔽，物阜人康，有如尧天舜日，群黎戴德，虽赴汤蹈火亦所甘心。今元帅孤身赴贼营，彼辈岂能相容？老民等愿躬率子弟，保元帅共守危城，誓与大理共存亡，祈元帅勿轻往。"杜帅温言慰之，有一皓首老翁不忍释手，直送至城门，始大哭而去。轿至中途，清营派来轿夫替换，径至玉科宿营地下兑村。杜帅谓玉科曰："造反者乃文秀也，千刀万剐愿以一身当之，幸勿祸及善良百姓也。"玉科问随侍经生，知途中已吞孔雀胆，毒发就义。玉科枭其首，送岑毓英行辕，随侍经生亦被杀殉难。

杜帅于保山惨案（1845年）幸脱罗网，不辞艰辛，万里风尘，赴京叩阍，冀求公理伸张，以雪同胞之恨。不期名振遐迩之封疆大吏，仍怀私意，纵囚杀良，逐难民于瘴区。历朝暴政，专制害毒，曷以增此。影响所及，少数民族被视为异类，可欺可杀，动辄成千上万之非武装人民被屠戮，置若罔闻，视人命如草营。丙辰岁，楚雄、昆明先后大屠杀案发生，各地效尤。几成遍地烽烟之势，大理官绅合谋灭回之变起，榆、关回胞各地呼吁求援，杜帅乃与马金保等组织义军驰救，既定大理，被推选为总统兵马大元帅，以革命清廷，解除人民痛苦为目的。化除民族隔阂，团结汉彝，共同战斗，三迤响应，声震川黔，除清暴政，人民康乐，是以各地弦歌称颂。如清官吏李玉振辈，虽在清廷立场上写文章，骂之为"盗"，然不曾否定其善政而书曰"盗亦有道"。试问历朝"有道"君主能有几人？足资证明遗老所称"白旗盛世"不为虚誉。惜马如龙中途叛变，革命政营分化。而汉族士大夫阶级之参加革命者，有部分不能忠诚共事，而私通清吏，暗泄机密。及军事失利，即纷纷携贰。杨荣乃掌握军权之中心人物，竟与敌勾结，事遂不可为。自古志士颁信义于天下者，成败利钝不能动其心，君子称之曰仁。盖合天理之正，即人心之安尔。杜帅为拯救回胞而举义旗，今将叛兵败，仍为拯救群众从容就义，视死如归，是其所欲有甚于生者，可谓之仁哉！

杜帅生于道光三年（1823年）十一月十八日，死于同治十一年壬申（1872年）十一月二十六日，享年50岁。

杜帅既殁，大理城内外全部战斗停止。玉科以段瑞梅率先头部队进城驻扎。杨荣命令义军集中放下武器，听候处理，并率领文武及父老欢迎玉科进城。玉科至，出示安民后仍归城外营地驻扎，勒索投诚银四十万两，谓之"买命钱"。杨荣督责地方，门摊户派，以完成之。

岑毓英行辕驻红岩，知杨荣等献杜帅以降，乃兼程至大理，驻南五里桥。命大理境内降卒及回族群众全部集中城北落阳村，予以安置。自城中分批驱遣而出者，携有军械财物，于四城门搜刮罄尽。落阳村乃数百户人口之小村，骤然集中十万之众，无处容纳。又值天下大雪，平地积雪一尺，朔风凛冽，天昏地暗，老弱妇孺难民，遍田坝，山脚皆排比冒雪而坐，啼饥号寒，声震山岳。村南里许，为南诏所筑土城，自山麓直达海滨；村北为深涧，宽不能越；西乃苍山为冰雪所冻，不能攀登；东即洱海，无船舰不能强渡，且四面皆以重兵包围，防止逃逸。

十二月十日，岑毓英行辕传称：杨荣等降将委予副将、参将等职，命至行辕谢札。杨荣等35人至五里桥全部被杀。主要者有杨荣、蔡廷栋、马仲山、马国玺、马锡晋、马玉春、马祥麟、马国庆、易成煌、刘名扬（四川汉族）、马荣耀（剑川白族）、杨德恒（云州汉族）、张星兆（汉族）等。

十一日拂晓，五里桥炮响，清兵全部出动，屠杀集中于落阳村之降卒及回民群众，同时城乡一并搜杀，汉民免死。城中仅保留所谓"良回十八家"，其他能得生存者百中一二而已。落阳村因地形险固，不易逃出，大部坑杀罄尽，逃脱出险而保全性命者仅千分之一二，内中降卒部分，亦有汉、白、彝族。

兹摘录遗老口述两则，藉窥满清专制政府屠杀人民惨状之万一。

我榆马良臣（珂里庄人），落阳村侥幸逃脱遗老之一，据述当时惨状云："屠杀开始，年轻妇女恐被辱而投井自杀，瞬息间，村中水井全部填满不能再入，欲求自尽而不得。降卒与官校皆历战阵者，不甘束手待毙，乃登高屋运石以击贼兵。石尽继之以砖瓦，砖瓦尽乃举火自焚。有两栋大屋，自晨时被攻，直至酉时始自焚死，击毙贼兵甚多。老弱妇孺，奔逃无路，唯跪地求饶，然鲜有得生者。余时年九岁，阖家十余人被驱至落阳，枪炮一响，各奔生路，父子不能相顾。余与家人离散，知难出罗网，乃以血抹衣服，卧于死尸丛中，终日不敢动，贼不察。至午夜逃出，为哨兵所俘。该哨兵乃本地北乡练勇，无嗣，欲养余为子。知余数日未食，且衣服为雪水与血浸透，战栗不敢做声，乃就火塘为余烘烤衣服，并食以干粮。次日练欲送余归彼村，途中逢他练携一童至。该童见余，相与抱头痛哭，乃胞兄良才也，长余三岁。弟兄何期又得见面，既悲父母及阖家之惨遭屠戮；又悲弟兄同为'丧家之犬'。虽得苟延性命，然为人俘虏，此后将如何生活？越哭越觉伤惨，互相拥抱不忍离开。彼练知我二人为同胞弟兄，二练协商，房余之练，愿放弃对余之所有权，使弟兄同归一处。今六十年矣（1872—1932年），惊心动魄，犹如目前，寝寐中，尸山血渠景况，仍时出现，醒来未尝不泪湿枕被也。"

马兴发哈只，亦珂里庄人，余未见其人，兹据家岳祖沙公仪亭（亦壬申遗老之一）转述云："马兴发落阳村逃出遗老之一也。丙辰年（1916年）彼自缅甸归来，邀余至落阳村万人冢扫墓，嘱雇滑竿二架。余曰：'尔我皆强健，步行可也，何用滑竿为？'彼坚持要雇，乃照办。孰知仅出城门，彼即大放悲声，痛哭流涕。至万人冢下滑竿时，已足软不能行步，始悟彼坚持乘滑竿之意也。据彼口述当日脱险情况云：'我等被驱至落阳村已两日，随身所携干粮已早尽，村中人满，拥挤不能入，大雪纷纷，无处躲避，数十或至数百人环生一团，紧靠密挤以取暖。幼孩饥啼，父母亦无可奈何。夜中冒雪兀坐，唯一片哀号啼哭声。天地为愁，草木凄悲，伤心惨目，至斯为极。时余暗约青年同伴得十一人，深夜窥探土城外守卫情形。见哨兵二人围火而坐，余与一伴越墙出。对哨兵言衣服湿透，酷寒难支，求予烘烤衣服，该哨兵应允，吾二人即同围火塘而坐。久之，哨兵已有倦容，其一已打盹。余二人骤起，夺其兵器，杀死二哨兵。其他九人见已得手，乃同越出土城，沿城山麓向南奔逃，因雪大风烈，严寒难耐，守卫甚疏，我等自四十里桥出蒙化地，走深山丛林，四无人烟之地，以树皮、草根、野山药等为食。有二人不耐饥寒冻馁死于中途，我等九人竟得逃入夷方（即缅甸），偷生异域四十余年矣。今日重履故地，昔日同难者，膏肉已作麦黍之肥。溪中血染石红，至今色犹未变，田野仍有枯骨暴露，未尽掩埋。触景伤情，怎能不令人痛哭。'"

大理城内屠杀对象以降卒为主，见新薙头者，即格杀勿论，并沿户搜杀。已驱赴落阳而未走者，皆不能幸免。据家岳祖仪亭公口述云："余时年仅七岁，与同伴孩童数人嬉游，闻枪声四起，喊杀连天，乃同避于一尼庵。不期闯入一提刀贼，余等四散惊走，被贼抓住者，一手抓住小辫高提离地，一刀砍去，头在手而身坠地，抛去小头，又抓一人，瞬息间已砍四人。最后余被抓住，同样被提，虽已离地，突然又来一贼，喝住前贼云：'此辈孩提，杀之何益？他处精壮者甚多，何愁尔杀！' 贼乃将余抛置而去。孩童如此，其他即可想而知！"杨玉科又传令，汉族人家如有隐匿回子者同罪。虽有深情厚谊者，亦不敢庇护。是以城区被杀者亦数万人之众。据《大理县志稿·人物部》载周榛卓行事略谓："城既克，死尸山积，榛意久疫方息，虑将复染，躬率乡民收埋四千有奇。"一人所掩埋者如此之多，即可想见死者之众。

岑毓英、杨玉科以杀降坑俘、屠戮非武装良民来结束大理战局。并以三乡汉人、民家人有以械弹支援义军者，杨玉科下令限三日全部驱逐出境。下乡负责人李某奉命唯谨，已实行撵逐。人民既遇兵燹，又遭转徙，因饥病、流离而死于路边沟渠者所在皆是。幸上中二乡负责人为周榛，当时在杨玉科幕中，竭力为民请命，乃得不逐（事见《巢云山馆诗存》，周宗洛书后）。

岑毓英为大理之大屠杀，恐有影响结束战争，乃致书于当时围攻小围埂之李维述（信古）、杨国发（槭斋）云："榆城为滇西祸根，杜逆戕官据城，十有七年。改衣冠、称伪号，糜烂迤西地方，扰及东南，几无完肤，罪大稽诛。今该逆虽已授首，而余党尚有数万。且蔡廷栋、马仲山、马国玺等皆凶悍异常，杜逆之子三人，仍托伊等隐藏，名则乞降，心实叵测。英到后，与云阶（杨玉科字）镇军，再四熟商，并体察情形，广设方略，先将老弱妇女遣散一万数千人出城，继由北门放出一万多人，南门放出一万余人，皆全暂居各乡，其余城内仅二万之众。云阶已亲督兵勇，扎入内城，各营官军及粤勇，四隅布扎，并严扼上下两关。于十一日五更，始设法诱出匪首杨荣等35人，到五里桥大营悉骈诛之。以炮为号，城中及上下两关，沿海一带一齐痛剿，余孽全行歼除。其举火自焚，与投海而死者不计其数，城乡一律肃清。英进城清查，又获杜逆之子三人，及该逆胞弟、妹、婿等著名巨寇一并捕获，无一漏网，实是大快人心。非仗国家威灵，天心默佑，曷以臻此。目下围埂逆匪，虽势穷乞抚，恐其闻大理消息，惧罪突窜，请阁下转谕各营，严密围攻，万不可稍加松劲。俟此间料理一清，英即亲临督剿，务期尽绝根株，永除后患耳。"①

读岑毓英此信，即可见屠杀之惨状矣。正如其所言"一齐痛剿"、"全行歼除"、"城乡一律肃清"矣。非岑毓英自夸自豪，实际亦足称"肃清"矣，不足怪也！夫杀降坑俘，自古有之。如长平之战，白起坑赵卒四十万；项羽入关中，坑秦卒20万，此皆历史之较著者也。然亦未尝波及老幼妇孺，何况事先已勒诈白银40万两作"买命钱"，已得而仍杀之，且"肃清"之，岑、杨之心尚可问乎?!

大理既已"肃清"，岑毓英亲往蒙化督攻小围埂，无功，又命杨玉科率蒋宗汉、和耀曾等往，集中"开花炮"四面环击，义军将士抵抗至最后牺牲。于是猫街、鼠街、南涧、景东相继沦没。

马标与田四浪镇守威远、他郎。同治九年（1870年）被攻破，田四浪阵亡，马标突围走云州，缅宁于同治十年（1871年）被陷。至是杨玉科集中全部力量取顺、云，马德重、马凌霄、马标等与城共存亡，无一降者。

杨玉科以徐联魁取腾冲久不下，复以蒋宗汉往助之。大司空李国纶势穷力竭，杀妻突围走乌索，据险扼守，宗汉等穴岩石以火药轰之，宁西大将军柳铁三壮烈牺牲。国纶冲出走云

---

① 《岑毓英致李信古、杨槭斋书》，见由云龙撰《桂堂余录》。

峰山，后因病不能行，为叛徒出卖，被清军都司丁衡三（丁槐）杀害，时同治十三年（1874年）四月事也。至此"白旗"18年之革命斗争才告结束。

资料来源：

清咸丰、同治年间，大理回族遗老丁兆（杨荣侍从）、杜绍和、木芳园（阿訇）、马良臣（阿訇）、沙仪亭治（俱进会长）、马德兴（教长）等口述。

参考书目：

[1] 拙辑《白旗史料》手稿四卷。

[2] 拙撰《大理、下关回族概况》。

[3] 赵清：《辩冤解冤录》。

[4] 李元丙：《永昌回汉互斗及杜文秀实行革命之源起》。

[5] 韩捧日：《迤西回汉事略》。

[6] 《永昌回民檄文》。

[7] 贺长龄：《耐庵奏议存稿》。

[8] 李星沅：《李文恭公奏议》。

[9] 李玉振：《滇事述闻》。

[10] 《钦定平定云南"回匪"方略》五十卷。

[11] 周宗麟：《大理县志稿》卷九。

[12] 张涛：《滇乱纪略》。

[13] 徐元华：《咸同野获编》。

[14] 马观政：《滇垣十四年大祸记》。

[15] 《腾越回民檄文》。

[16] 《滇西变乱小史》。

[17] 杜文秀：《管理军政条例》。

[18] 杜文秀：《誓师文》。

[19] 杜文秀：《兴师檄文》。

[20] 周宗麟：《大理乡土志》。

[21] 《杜文秀统属职官题名录》。

[22] 《杜文秀统属重要人题名录》。

[23] 《杜文秀统属各大司题名录》。

[24] 《鹤庆纪闻》。

[25] 《鹤庆州志》。

[26] 《腾越杜乱纪实》。

[27] 《马负图私记》。

[28] 张中孚：《碌云纪事稿》。

[29] 杨玉科：《从军纪略》二卷。

[30] 王树森：《滇西回乱纪略》。

[31] 何慧青：《云南杜文秀建国十八年之始末》。

[32] 何慧青：《天南外史》初集卷之一、二。

［33］孤鸿唳：《杜文秀小传》。

［34］《蒋壮勤公勋绩录》。

［35］岑毓英：《云南通志·戎事》。

［36］《岑襄勤公奏稿》。

［37］杨琼：《滇中琐记》。

三、朱庆椿

朱庆椿，进士出身，清咸丰初年（1851 年）任永北同知，于白旗起义后被俘，杜公授以官，不任，于大理县参军衙内居之，日以念佛为事，科房执事多为回人，不预也。朔望日亦随众朝于帅府。后鹤庆为杨玉科攻陷，学台汪某偕玉科军至鹤，主持大理棚乡试。汪与庆椿同乡，杜公闻之，遣人护送庆椿至鹤，后随汪某回京。曾得清帝召见，询以榆中情况，并赐以科外翰林，以旌其节，时年已八十余。自被俘至离榆，历十余年，与榆中汉回人士皆有交情，回友中有邀宴者，以庆椿不食牛肉，仅备乳扇及素菜二三事款之。

彼不受白旗官职是忠于清也，人各有志，固不可强也。杜公始终以礼遇之，并主动送之归，人皆以杜公为仁厚长者云。此事为赵捷三①老师亲为余道者。

四、刘尚中

刘尚中，景东汉人、贡生，丙辰白旗起义后参加义军，官至大司寇，后叛降清。杨玉科攻上关，与白旗大司衡杨荣相持不下，尚中谓玉科曰："杨荣才略出众，勇冠三军；然为江外系统所嫉，尝掣其肘，未能展其谋。今杜文秀势迫起而用之，已难服其心，此人可言词动也，愿为大人说之。"玉科因遣尚中往见杨荣。尚中说荣曰："今江南肃清，大军集中滇南，局势已经明朗，洋枪大炮源源运来，大司衡虽有效忠杜帅之志，然独木难支大厦，望即早作良图。若能改辕易辙，成全杨云阶勋业，彼决以红顶花翎相保，不失下半生之荣华也。"杨荣为名利所动，于是与玉科有锅盖山之盟。此后即节节败退，终至出卖杜帅，坑陷无辜回族，身殒名败，尚中实有以导致之。

五、杨承露

杨承露，大理回族，咸丰丙辰白旗举义后任司天局司天监。某年历书刊行，以大冢宰马仲山领衔，误冢字为家字，一时轰动，以为不详。有上闻于杜公者，始下承露于狱，经年获释。承露与刘尚中善，尚中降清，在杨玉科幕中，大理城陷，承露走倚尚中，得不死，后从尚中，殁于景东。

---

① 赵捷三，大理汉族，清朝贡生，"文化大革命"后不久去世。编者注。

六、张谓川

张谓川，剑川人，精武术。友相聚，欲一睹其技。张谓友曰："君等出大门绕至屋后，余当献丑也。"既至屋后，则张已先在，友皆惊愕。张又曰："君等请回，余等后至。"及进门，则张已立于庭矣。笑对诸友曰："余待君等多时矣！"盖其超越高屋，有如跨门槛，友咸叹其技之绝也。

据其挚友某君语人曰："谓川杜文秀部将大司卫姚得胜子也。"得胜与张某善，因从杜起义，革命满清，以子寄养于此，从张姓。得胜于同治七年统兵会攻昆明，师溃，阵亡于澄江。后杜公覆败，回族头领家属多被屠戮，鲜有子遗者。谓川以从张姓系白族，得免于难云。

七、毛玉成

毛玉成，字琢庵，山东历城人，清咸丰初年署太和县事。丙辰岁，巡抚舒兴阿组织全省团练，阴谋灭回。于是年四月十六日屠杀昆明回族二万余丁口。复派鹤丽镇标千总张正泰回鹤，招集川滇团练游匪屠杀滇西回族。正泰过大理，曾对迤西道林廷禧、大理府唐惇培、提标参将怀唐阿等传达舒抚指示，并约期分头进行。林、唐、怀等即命权绅李蹯根（即李四狗）为团总，练团于马久邑，准备举事。

夏六月，正泰开始屠杀鹤、丽、剑回族，并顺浪，邓而下，有直趋大理之势，沿途回族村落被烧杀无遗。唐惇培借防堵正泰为名，用调虎离山计，把回族团练派驻上关，预订八月九日以迎团为名，开始屠杀大理境内回族。当此之时，鹤、丽、邓、浪先后逃出难民，皆集中大理，流离颠沛，惨不忍睹。大理回族惊惶恐怖，咸处于风声鹤唳中，群起赴太和县署，要求毛知县予以保护。玉成谓回众曰："此事当日道府主持，集会于提署，本县曾为尔回族呼吁，冀免尔等于难，然以官卑职小，难回道府之意，今事迫在眉睫，尔等随本县再向道府哀求，以希万一之效。"于是回族扶老携幼，随玉成至府署。玉成率众跪于唐府前，叩头泣诉曰："汉回良民，皆皇王赤子，安能安分畛域，屠杀无辜？求大人网开一面，救此苍生。若杀机一动，玉石俱毁，池鱼尽殃。保山、昆明前车在鉴，焉能再蹈覆辙？"唐惇培答以"事系道台主持，本府无能为力"。回族又随玉成至道署请愿，林廷禧坚持既定政策，不能改变。回众感到绝望，各回清真寺，自谋对策。召集丁壮，于街头巷尾，以桌椅门板等为栅，进行防御。

毛玉成于和平绝望后，计穷力绌，乃蓬头跣足，奔走呼号。以差役鸣锣于前，高呼："我乃太和县，谕尔众民。回汉良民，皆我赤子，并无畛域之分。宜父戒其子，兄勉其弟，各安本分，不可轻举乱动，妄开衅端。人人有家室，户户有老幼，干戈一动，良莠不辨，妇孺何辜？"声泪俱下，泪尽继之以血，夜以继日，城内街巷，无所不到。憔悴如柴立，仍不少懈，回众设防区域，守卫丁壮，见玉成至，皆肃然敬畏，不敢侵犯，任彼来往，不予阻挡。至八月初十日以后，官军团练向西门回族区内外夹攻，回族群众亦奋勇抵抗，玉成仍奔走不辍。后蒙化义军援至，一鼓击败官军团练，林廷禧被杀，怀唐阿自刎，唐惇培伪装死尸，以棺椁舁出脱去，玉成亦死于乱军中。回众闻之，皆痛哭流涕，收其尸葬于三塔寺李中溪墓侧，以示崇敬。后"白旗"覆败，清廷以林、毛、怀三人殁于"王事"，命地方立祠祀之，称为"三忠祠"。辛亥革命后，有识人士以林、怀二人遗害地方，不合祠祀，改"三忠祠"为"毛公祠"。《大理县志稿·毛公祠条》书曰："民国成立，公理渐明，咸以林、怀遗误地方，荼毒生灵，死有余辜，不应祠祀。"撤去林、怀木主，专祀玉成。诸书记其事皆云："玉成率团练与回众巷战阵亡"云，名虽褒之，其实辱之。盖专制时代以忠于君为德，然杀民邀功，能谓之忠乎？玉成反对屠杀无辜，奔走呼号，至力竭声嘶，不能回林、唐之意，终至鞠躬尽瘁，死而后已。玉成之死，实有重于泰山矣夫！岑毓英、杨玉科辈以屠杀回民起家者，无论矣。然贺长龄、林则徐、舒兴阿，皆皇皇封疆大吏，赫赫海外天子，视毛玉成之誓死为民者，能不愧死欤?!

八、沙铁嘴与李四狗

沙铁嘴，大理文生，回族，佚其名，人皆以铁嘴呼之，形容其唇剑舌枪之利也。素无行，科场中累中累黜，不能仕进。无定业，能于刀笔，包揽诉讼，控吏告官，搞敲诈勒索以为常，固回族之败类，士林中之渣滓也。与同邑李四狗（即李蹯根）同学，交往甚厚。

四狗举进士第，为官在外。一日，四狗母至沙所，啼诉儿媳忤逆状，因细故争吵，拐跌婆婆，致落门牙，并出齿以示。沙接齿于手，慰之曰："四哥在外，四嫂如此对老母，为儿媳之道乎？侄当为伯母骂之。"遂送李母归，并以言语责其媳，婆媳始安，事遂寝。

未百日，李母病故，四狗丁忧归，守服在家。铁嘴以其因母丧归来，然为官多年，宦囊必丰，对穷酸困危故旧，或有所照顾。殊知四狗一毛不拔，铁嘴深衔之。至李母出殡展奠，铁嘴亦备仪物往吊。于灵前行礼时，故落其帽，孝子在苫刺中失笑出声，铁嘴大怒，拾帽起，恨恨而出。是晚遣人以一诉状稿示四狗，控其妻忤逆，打伤婆婆，因伤致死，以牙齿为凭。李大骇，急托友斡旋，以四百金赎齿归，于是四狗恨沙入骨，因沙为回族，遂迁怒于回众。

丙辰岁，巡抚舒兴阿、藩司青盛，倡练团灭回。李以地方权绅，竭力串掇道府促成其事，并谋得全县总团首职位以遂其欲。官绅合谋，与张正泰南北呼应，待时举动。当此之时，知县毛玉成虽主持正义，一心为民，据理力争。然地方无真知灼见之耆老赞勷其议，致毛县孤立无助，不能阻止残酷之大屠杀。回族群众虽被迫起而抗战，击败清军团练，联合汉回彝群众，组织政府，革满清命，结果仍被清廷分化。18年后，竟步太平天国后尘，全部溃败，各族人民之牺牲以百万计，而清廷坐收渔利。

呜呼！遗老尽矣。余生也晚，战祸之惨，未曾目睹。然遗老皆亲身所遭，言之历历如绘，闻之不寒而栗。衅端不可开也！是不可开也！如沙铁嘴者以磕诈而波及全族；李四狗以报复而株连无辜，终至本人亦家破人亡。妄逞私愤之害，岂浅鲜哉！岂浅鲜哉！

然则沙李二人虽凶恶残暴，若无舒抚、青藩主持于上；林、唐之流执行于下，则二人之争斗报复，局限于彼此二家而已也！何至波连如此之宽，受害如此之深耶！

九、附 录

（一）附 记

大理马元先生攻研杜文秀史实数十年，收集了大量史料，先后撰写了《蔡发春传》、《杨荣传》、《咸丰丙辰大理事件真相》、《杜文秀与"白旗"革命政权》等 14 篇传记、文章，有 5 篇发表于《云南回族社会历史调查》第一辑。解放初期撰写的《大理、下关回族概况》一卷，为 1951 年大理、下关两地回族敬献与中央西南少数民族访问团的公文，发表于《调查》第三辑。其余的 8 篇发表于本辑。此外尚编有《白旗史料》（手稿）四卷，颇具史料价值。先生一生磨难甚多，大部篇章都是在十分困难的情况下写成的。

1986 年 10 月膺森谨记

（二）林则徐与"白绫血书"

编者按：本文以大量事实，披露了 1848 年，林则徐在奉旨审办"永昌屠回惨案"中，站在清朝反动统治阶级的立场上，以"白绫血书"假案，冤杀各地良善回民士绅 76 人，流徙百余人，驱赶保山 200 余户"难回"于瘴毒区官乃山，妄图将永昌回民"斩草除根"的史实。笔者过去常听家乡父老言："永昌案子如果办理公允的话，以杜文秀一个秀才是不会有勇气起来造反的。"考之史乘，这话确有道理。永昌案子是导致杜文秀革命的重要原因，值得我们好好探索研究。本文辨析微茫，史据确实，有较高的参考价值。林则徐在抵御外侮，禁鸦片流入中国的历史功绩是公认的。但作为封建统治阵营中的一个"要员"，在办理"永昌惨案"过程中的荒谬，也确是客观事物的反映。我们在颂扬林则徐时，也应当具体的指出他的错误，这才是实事求是的。

1985 年 9 月膺森谨识

"白绫血书"一案，千古沉冤，四十余年萦回于心，未尝去怀。意世间绝无此等事，遗老辈以虎口余生，幸免尸填沟壑，然家毁人亡，孑然一身，或樵采度日，或流为佣佃，饥寒冻馁，历尽人间苦难，其心中积怨，或故发而作是语以欺余辈哉？然出于一人妄拟，焉能数人尽同？回族人言之，汉族人焉能亦云？余亲聆回族遗老三人口述，内容皆大同小异。汉族人士如李玉振（大理汉族文人，清朝进士）所著《滇事述闻》书其事虽含混言之，然足以证明"白绫血书"实有其事，遗老辈实不我欺也！

丙寅岁腊月十一日做"亡人节"，随遗老游坟榆城西，至永昌坟地，见石碣一，书曰"道光二十五年，永昌惨案被难七十六烈士之墓。"咸不知其意，童辈相率牵遗老衣，问其所以。杜老师爸（名绍和，时年八十四）谓余辈曰："余风烛残年，已朝不保夕，虽不问，亦当为尔等述之：此地所葬 76 人，皆各县回族仕绅。因道光二十五年（1845 年），永昌城内回民，无辜被残杀，杜元帅进京叩阍，道光皇上派林则徐来滇查办，各县回族仕绅共一百七八，联名代保山被难回民向林申诉，不期林已起身来迤西征讨七哨，诉状递到督署，被督署办事人用诉状所列人名，伪造一'白绫血书'，言这些人结盟反叛满清，血书送到大理，则徐不察，全部按名搜捕。充军流徙者百余人，此76人判处死刑，全部被杀。行刑日由提署押出，为首者白文龙秀才，蒙化小围埂人，出五华楼时大声狂呼：'林则徐！林则徐！我等系替保山被难回民申冤者，犯何律条而杀我等，我等死后有知，当待尔于地下！'当时回族群众，无势无力，明知冤枉，而无法援救，余年仅龆龄，闻言杀人，为好奇心驱使而奔走，虽亲见亲闻，然不知其究竟也。该烈士等为正义而牺牲，为公理而捐头颅，祈主慈悯！恕饶！以后做亡人节，游坟必先其地，相传勿替。"

翌年，客次下关，又聆马德兴教长（时年78岁）与二三遗老之茶余闲话云："林则徐来办永昌案时，回族人有学问人少，认为被杀数千人命，证据确凿，官司绝可胜诉，且林则徐系皇上钦差，在禁鸦片时，名震中外，来滇后即宣布'只分良莠，不分回汉'，为办永昌案纲领，回民沉冤，定可申雪矣。殊知事实乃有大谬不然者。保山哨霸有高明人指点，于林则徐西来时，派出七哨恶棍数十人，于沿昆榆途中，酗酒斗殴，嫖赌生事，强取估买，被官差拿获，则尽曰：我系回子。问其姓名，则定曰马某、沙某、纳某等。出事地点必林则徐当晚所驻、或当天必经之地，被林发觉，询问左右必曰：'回子生事'、'回子打人'、'回子买物不给钱'等。每日皆有，众口同音。不仅如此，七哨凶徒，又复请云龙人杨名飏（做过巡抚）向林关说，并贿赂金银十二驮，林本人是否受贿，不得而知，然当时在事文武皆已得到好处，是以则徐左右，悉一口同音，为七哨凶徒说话。至结案时，哨霸判处死刑者仅100多人，此等凶徒皆杀人两三人，或四五人者，绝无杀人至十人以上者。保山被杀回族8000以上，是林则徐所办杀人之罪犯，仅及十分之一，而罪魁祸首之主犯沈聚成亦被纵释，谎报为在监病故。不仅如此，林则徐竟以莫须有之罪名，加诸回民，而冤杀各县回族仕绅76人。良善者被屠杀，杀人凶犯之远走高飞。是以杜元帅与蔡七二等回族英雄，看清满清官吏不把我族当人，难以理论，不能再受苛虐，才起来造反，于死里求生，用各民族之鲜血，写成18年之光荣斗争史，虽终归失败，而壮烈牺牲，抗暴精神，彪炳千古，影响人心既深且巨。辛亥革命，我滇首先响应，职此之故。光阴易逝，余等竟能亲见全国各族人民共同推倒满清，建立共和，得到平等，幸何如之？"

木芳园老吾师台，时年八十一，对永昌案之谈话亦有："杜元帅进京叩阍，皇上准了状子，才派林则徐制台来剿办七哨。因为七哨有人替他们说话，没有被剿办，才杀了不多几个反转过来，各县回族头领倒被杀了百十人，硬说他们要造反，保山逃出回民也被攥去官乃山居住，尚说是'安抚'。杜文秀知道官乃山是潞江坝，烟瘴最大，地方甚毒，不愿去，才躲去蒙化，准备造反。"

李玉振《滇事述闻》载："五月林则徐还师大理，拿办滋事回人……初则徐至迤西，尚不欲穷治回人。会则徐子以夫人讣至行次，力陈回人勾煽肆恶状，公（即林则徐）曰：'白绫血书安知非汉人所伪为？'公子曰：'书内回名数百，皆各府州县渠魁，今照捕皆符，汉人安能于仓猝中以一隅而周知各郡匪名，百无一误？盖血书系道光二十五年永昌案搜获者。'公顿首，乃驻师大理，转照血书按名密捕。"[①]

综合上述四家所言，得出林则徐办永昌案之结果如下：

一、七哨凶徒办罪者仅少数，大部被释或根本未曾追捕法办。

二、首犯沈聚成被纵释，以在监病故上报。

---

① 李玉振《滇事述闻》卷上，清光绪间石印本。玉振是大理人，清朝进士。

三、以伪造"白绫血书"冤杀各县回族仕绅 76 人，流徙百余人。

四、以安抚为名，逐保山逃出难回于官乃山。

上述四点，参考各家记载，分述如次：

一、按道光二十五年（1845 年）九月二日，保山城内被难回民，据林则徐奏章载，丁灿庭、杜文秀两起京控摺列 8000 余人。① 林则徐以道光二十四年（1844 年）府县户口册为据，谓保城仅有回民 3000 余人，以此而责原告控告不实。其实当时金鸡、板桥两村回民大部被害，其他各回村咸处风声鹤唳中，大部向保山城内逃避。当时保山回族聚居村落，大致在 40~50 个村之间，除贫苦无力不能迁走者外，最少已有 60% 进入保城。当时冲出重围，幸而脱网者，未及百人，则丁、杜所控被害人数，估计不曾过高。以实际情况计，最少亦不会低于 6000 人，林则徐所办哨霸死罪者仅 100 余人。② 按"清律"凡杀人者死，被杀人以六千计，凶手以一人杀 10 人计，则凶手绝不低于 600 人，何况林则徐所上报绝无杀人至十人以上者。虽原告仅提出被告 200 余人，如此巨案以一二人为原告，要调查出全部凶手，在处于敌对行动，且属逃命情况下，揆情度理，实不可能。林则徐不但不体谅此点，且以为攻击原告借口，而责丁、杜，谓与被告对质时，有素不相识者，此其观点立场已可概见。已被告发者，尚不能认真法办，则未被告发者，自落得做人情，此其为林则徐欤？

二、沈聚成是保山案之主犯，他以八把香哥弟总大爷之身份，兼任保山县总练头，恶霸一方，挟制官府，鱼肉小民，府县官皆仰其鼻息。板桥、金鸡之衅，皆由其党徒与不肖回民争竞而起，竟波及良善回民，并焚毁清真寺，直至与罗天池勾结，于道光二十五年（1845 年）九月二日夜调全部团练进城，屠杀非武装之无辜良回。据道光二十五年（1845 年）九月十三日贺长龄奏章载："保山县练总沈聚成统带练哨，以一半在城外防截，以一半入城赴救，合力围打……直至酉刻，始尽歼除……该文武与调赴军前之邓川州知州恒文、练总沈聚成等分派兵练，围住不动，一至黎明，即将各匪击杀……迤西道罗天池，邓川州知州恒文，游击刘桂茂、练总沈聚成等同心协力，于事起仓猝之间，设法剿捕……尤为奋勉出力……"③ 据此，保山惨案为罗天池、沈聚成等之主动，尚有何疑意？而林则徐奏章竟异想天开，把杀数千人之罪责，放在一个素无人知，且在监病故之一练勇马老五身上，以为死无对证，神手可以遮天矣。且哨霸于道光二十七年（1847 年）十一月二十九日在官坡地方抢夺解省囚犯以后，拆去江桥板片，拦截往来文报，焚烧县署，杀死官兵差役，纵放狱囚，并困镇道府县官于保城，使金混秋筑台作法，二次又再屠杀府县官觅回之残余难回，及腾越回族赴考童生，非造反而何？林则徐对哨霸所判死者，皆引"凡谋叛，无论首从皆斩"律。而处以死刑，证明林则徐亦以反叛视七哨凶徒矣。然撇开主犯沈聚成不问，而生拉活扯，扯出一个沈聚成养子沈振达为谋叛主犯，而处处替真正主犯沈聚成掩护遮盖，终竟纵之远走高飞，而以在监病故上报，其划沈聚成之罪亦不以杀人"谋叛"，乃以向金混秋学法为从定拟。夫马老五者，沈聚成指挥下之一名练勇走卒也，有何资格带练入城，杀死数千人之众？若实系马老五带练入城，则贺长龄奏章安得不云尔乎？! 贺长龄明言沈聚成率练入城杀人，并以罗天池、沈聚成杀人有功，而一再保举刽子手升官，岂杀一人者死，杀千万人者官乎？使林则徐一读贺长龄奏章，不知将作何感想？（贺奏章督署有案，林则徐焉能不知？）沈振

---

① 林则徐：《云贵奏稿》，卷七。

② 林则徐：《云贵奏稿》，卷七。

③ 贺长龄：《搜捕永昌府城内应"回匪"片》，见《耐庵奏议存稿》，卷十。

达者固是杀人罪犯而为丁、杜等京控列遗漏者。以被遗漏情况言，即可想见其地位，非主非次，仅一从犯而已。不过一贯狐假虎威，借其父之威势，欺压群众，杀人放火有之，谓其指挥团练屠杀保山城内非武装回民，并指挥团练抢劫囚犯，使金混秋筑台祈禳，囚困文武官员等，则其位不相称，与马老五之不能指挥全部团练杀人相同，使当时被解囚犯已有沈聚成在内，则劫囚之主犯为沈振达则情在理中，沈聚成既未被解（不解首犯而解从犯，府县之立场可知）而以沈振达为主犯，是偷天换日之手段，此乃林则徐有意纵释沈聚成之重要措施。林虽以纵囚欺君去职，我榆权绅尚以彼屠杀人民有功，而为之立祠，表示崇德报功。呜呼！此之谓德欤？此之谓功欤？方望溪先生有言曰："……不知纵释凶人，岂唯无以服见杀者之心，而丑类恶物，由此益无所忌，转开闾阎忍戾之风，是谓引恶，是谓养乱"，林氏之谓乎?!

三、伪造"白绫血书"一案，除李玉振《滇事述闻》外，诸书皆无记载，林则徐奏章亦无此事，按清律省督虽有杀人之权，然必需奏闻，即所谓先斩后奏是也。然须将全案及供招等咨送刑部备查。林则徐办集体谋叛案，杀76人，徙百余人，如此巨案，不奏不咨，其原因有两个可能：一是欺回族京中无人，丁灿庭、杜文秀等一次京控，反而株连各县回绅，绝不敢再次上告，我林某树大根深，京中有潘相支持，如此办了，尔等其奈我何？二是事后发觉"白绫血书"是伪造，不敢上报，与巡抚程矞采是老同年，彼此一关照即可无事。在事文武已得到好处，谁愿多事，所谓山高皇帝远，京中如何知道，是以不奏不咨，以不了了之。据李玉振记载，林则徐之于谓"白绫血书"系道光二十五年在保山案搜获者，按贺长龄先后奏章皆不载此事，且罗天池、沈聚成杀人成千上万，只说"城回勾通外回谋陷府城"捏造些事实上报，以哄清帝。林则徐奏章又画蛇添足，代补上搜获信件一事，如果当时已发现谋叛，实据"白绫血书"，则贺长龄尚不引为据，而扩大杀戮各县回族，大为其主子立功，而自甘贬河南布政使乎？且李星沅继任云贵总督，主要使命即调查保山案之经过，虽处处为贺长龄、罗天池掩饰，亦不曾有"白绫血书"之说。直至已历三任总督，时经四年之后，始出现道光二十五年（1845年）谋叛之"白绫血书"，此血书既不出于林则徐初到滇之时，而出于林则徐到滇半年而离开昆明之后，素称"英明果断"之林则徐，此等文件竟作为判案依据，使无辜冤魂含恨地下。呜呼！俗有谓"一世为官，九世为牛"，余深有感焉！清朝官吏如林则徐享有盛名者能有几人，等而下之，更何论焉?!于此可见清之政治面貌矣。

四、"抚回"于官乃山，诸书记载皆同。林则徐奏章描绘该地如何肥沃，如何美好，有似世外桃源，并照顾周到，人皆以为林公慈航婆心，孤儿寡妇有归宿矣。然奏章中亦时露真实面目，如"将该回民二百余户分起押送前往"，[①] 此等口气，自然是对犯人，何尝以难民相待？又云："……而保山城哨，相距甚遥，更一无虞其生衅"，是仍视难回为"反叛"也！夫雪山之麓潞江之滨，四无人烟之地，"往来未能其便。"[②] 强网口余生之孤儿寡妇移居其间，不死于蛮烟瘴雨，即死于鸷禽猛兽，忍哉！林则徐之与保山回民，何怨何尤？既斩草矣，尚欲除其根。是以咸丰五年乙卯（1855年），陕西道监察御史陈庆松奏言："滇省幅员辽阔，汉回什处，道光二十四五年间，因事忿争，互相杀戮。前任总督林则徐讨平之。臣查汉民朴质、耕种为生；回则善于经营，并以贸易致富，永昌膏腴之地，多为回子所有。自平

---

① 林则徐：《云贵奏稿》卷十。
② 林则徐：《云贵奏稿》卷十。

定后将回子驱逐徼外，腴田尽予民人，回子失其业，往往勾结夷人，沿边滋扰……臣以为汉回皆朝廷赤子，岂容过分畛域？善良自应抚育，顽梗方可诛锄……相应请旨，饬下该省大吏，转饬地方官，体察各处情形，善为抚辑，总期弥乱于未萌。"① 此篇奏章，完全扯去林则徐之画皮，揭出"抚回于官乃山"之真相，并已暗示出祸乱之症结所在，是对回族人之过分压制，清廷虽然腐败，然亦不算无人也！

综上所述，可知丙辰之祸，虽云成于舒兴阿，然追溯流，则实肇害端于林则徐也。详究保山案之经过，即可了然。夫杀人盈城，盈野之主犯不办罪，而故纵之。难民孑遗，不善为抚辑，而逐之徼外；替人鸣冤者，不察其情，而妄杀无辜。是杀人者无罪，则人人皆可以杀人矣。无罪者可以妄加刑戮，而人民生命毫无保障矣。是以舒抚、青藩号召于上；黄琮、窦垿执行于下，临安之潘德、黄殿魁；大理之林廷禧、唐惇培、李蟠根；鹤庆之张正泰；腾越之赵连城等皆效而尤之，燎原之势遂成。善良人民被屠杀，动辄成千上万，乃上报曰："奸回匪若干、若干矣"，而向主子献媚取功。遇顽强有力者起而抵抗，则上报曰："某处回匪抗官矣"，"某处回匪据城矣"。于是乎调兵攻剿，肆意屠戮，振振乎有词矣！

呜呼！生民何辜？罹此荼毒。夫贺长龄、林则徐、舒兴阿等人，皆赫赫封疆大吏，皇皇海外天子，代君主以统治人民，且皆出身科甲，读中国儒书，满口仁义道德者也，乃以屠杀人民为功业。一人为之，后者继之，三者扩大之，斯孔孟之道乎？余深有疑焉！

丙辰岁舒兴阿"灭滇回八百里"之说，遗老口述及诸家记载仅言见"滚单"。据沙儒诚先生言："李芳伯曾于藩台衙门案牍内见之，确出清廷旨意。"无怪乎林、舒等人屠杀人民肆无忌惮也。不然，张乔斩奸猾长吏而三十六部尽降；诸葛亮用豪俊而兵强国富；史万岁受明珠而随服随叛；梁毗一金不取而酋长咸归；李知古以重赋戮尸；张虔陀以淫虐致乱；杨国忠穷兵黩武，鲜于仲通褊急丧师，而南诏遂为唐患。赛典赤全活萝槃，西南诸夷翕然向附。其建文庙、兴社学，拔导文明，训礼乐，奠山国开化之基；凿海口，辟田万顷；开金汁、宝象等河，调节旱涝，启滇中粒食之源，滇人怀之，庙食百世。及其薨也，交趾王遗使赍经致祭，文有生我育我，慈父慈母之辞，历史昭然，老成谋国者胡不鉴诸？！

---

① 《钦定平定云南"回匪"方略》，卷一。

杜文秀起义在鹤庆

潘金华

编者按：作者是鹤庆县柏寺村白族。

鹤庆县以操黑语的彝族为最早的土著族。鹤庆“古为泽国”时，这个“性耐岚嶂，迁徙无常”的民族能适应洪荒时期的自然环境。积水逐步撤除，“要荒”陆续出现于宋朝时期。大理国清平官高升泰后人高惠直分封鹤庆，由楚雄西部、洱海区东部、洱海区北上迁入了白族。当时作为基本群众，又与官家、军家相对，称作“民家”。他们是开垦鹤庆坝的劳动人民。回族是入居鹤庆的第三个民族，早在1253年就随忽必烈的军队征战而来，较明初大量迁入的汉族早一百多年。

近代滇西北高原上有“鹤庆无回”的历史成语，源于咸丰、同治年间清政府施行的残酷的“排回灭回”政策。据第三次全国人口普查结果，鹤庆共有116个回族居住（近百年内先后迁入的）。曾有人诧异地问道：“怎么还有回族？”这疑惑不足为怪，清政府当年对回族的倒行逆施，是国内封建统治阶级伙同帝国主义在幕后导演。回族领袖杜文秀团结了汉、彝、白、回、哈尼、傈僳等族劳动人民，在大理建立的起义政权与太平天国运动反抗清廷的目标是一致的。大理政权的失败，与法国供给清军大炮公开镇压有关。大理政权被镇压后，云南回族的处境相当恶劣，如居住在鹤庆境内的回族惨遭“斩杀”之祸，可算作最典型的事例了。为加强民族团结，本文根据出现于鹤庆的问题，撰述出个人调研搜集的关于回族、伊斯兰教、白旗军在鹤庆的简况。限于资料缺乏，难免片面，请高识者充实指正。

一、回族迁入鹤庆的记载和有关历史情况

《元史·世祖本纪》载：“元宪宗二年（1252年），蒙哥弟忽必烈准备攻大理，忽必烈入觐宪宗……三年（1253年）秋八月，师次临洮……分三道以进……冬十月丙午，过大渡河，又经行山谷二千余里，至金沙江，乘革囊及木筏以渡。摩娑蛮主迎降，其地在大理北四百余里。”鹤庆、剑川也同时被占领，作为进攻大理国的前哨阵地。

至元十二年（1275年），云南成立行省。据《元史·兵志·屯田》载：“鹤庆路军民屯田，世祖至元十二年，佥鹤庆路编民一百户，立民屯。二十七年，佥爨军一百二十五户，立军屯。为田：军屯六百八双①，民屯四百双，俱已业。”这里指的“编民”是随西域亲军东

① 双：每双为4亩。

来的色目人及西北南下的畏吾尔（维吾尔族）人，后来，他们都是回族成员。

明代，《太祖实录》卷一四三载："洪武十五年壬戌（1382年），征南左副将军永昌侯蓝玉、右副将军西平侯沐英进兵攻大理，克之。"又卷一七九载：洪武十九年（1380年）九月庚申，西平侯沐英奏："云南土地甚广，而荒芜居多，宜置屯，令军士开垦，以备储藏。"蓝玉和沐英都是回族人，在他们向云南进军及移民的过程中，曾由湖南常德地区桃源县迁来了一部分回族人，使居住在云南的回族人逐年有所增加。明洪武五年（1372年），明太祖下诏："蒙古色目人现居中国，许与中国人通婚姻，不许与本类自相嫁娶。"① 这一诏令有助于回族人口的增长。据《回族简史》分析，其间有色目人者，有伪色目人者，有从妻为色目人者，有从母为色目人者，不止汉女嫁回男可以成为回回，汉男娶回女也可以成为回回了。发展到清道光年间时，云南成了仅次于西北的我国较大的回族聚居区了。回族信仰伊斯兰教，凡有回民聚居的地方都建有清真寺。据传，鹤庆的清真寺建于明嘉靖十九年(1540年)，鹤庆建新城时。毁于清同治十一年（1872年）。寺址在今文化馆正西面的屋基地上，文化馆花园中的畔池是清真寺留存的唯一遗迹。大理政权遭受失败，清真寺首先被焚，回族的联系中心失去。鹤庆籍的清军头目蒋宗汉、丁槐在杨玉科指挥下，对回族施行无情报复。回族财产被抢，人被杀害，真是残忍到了极点。

在鹤庆城内，西片北起妙觉寺，南至鹤庆一中北这段地带，从前留着不少空地，多系遭焚毁后的回族地基。鹤庆素有"绝支地不发"的旧观念。平静巷冯家的后人在地基中挖掘出成堆的人骨头，是灭回时期的遗物，都抱怨上辈不该买这块地。县食品公司打井时，从井中也挖掘出成堆的人体骸骨，证明这一带过去发生过战争。平静巷中原有个名叫皮塘的水坑，是回族宰杀牛羊的洗涤处，经填平后，现云鹤中学在上面修建了教室。回族人善于制革，他们自制鞋子出售。平静巷旧名"皮匠巷"。随着大理政权失败，才改用"平静巷"这新名，取意是"杀绝回子才平静，不杀绝回子便不平静"，充分暴露出"排回灭回"的凶相。

西门街有块空地名"鸽子坝"，地的四周早有人建了住房，单独空白着"鸽子坝"。据上辈人留下来的说法："当年割回子脑袋的杀场便在此！"被认作"不祥之地"，近几年才由县农业银行在上面修建了办公处。

天王庙村有两户回族人繁衍出来的人家。杨震的曾祖父杨长华曾在江西任过六品官，他缺嗣，于红白旗之战中悄悄抱回来一名回族女儿暗藏在家中。外界知道后，有人向州衙门告密说："杨长华与回匪私通。"封建时代，"官高一级，压倒泰山"。七品衔的州官不敢出面追究。后来，小回女长大结了婚，生小孩后被村人喊作"回嬷"，有了孙子时又被称作"回奶"，她便是杨震的祖母。还有李幼宇的祖父是他们堂上的"李马氏"，原住官厢，排回灭回的气焰甚嚣尘上时，他聪明地改姓李，迁居天王庙，给村里捐了乡规银，买了杨炳荣家的北房子住，至今传下回人。

城北一公里处的柏寺村的东西两边是封建王朝时期的"社稷坛"，当地白族人民习惯称之为"东堂屋、西堂屋"。旭日东升的"社稷坛"用来祭"国泰民安"，是祝愿阳间生产、生活一切都吉祥如意。极乐世界的西方"社稷坛"是用来超荐本境之内的包括鳏寡孤独、冤生曲死在内的一切亡魂而设，是祝愿阴间的鬼怪魂灵勿来作祟，俾众生永保平安的。当每年的中元节来临，地方规定用两张木轿抬着活州官与城隍老爷的木偶像前来履行仪式。东堂屋这土堆旁边原来是水坑，在百余年前的战争中，曾有不少尸体丢进水坑中，用土块掩平和

---

① 《明太祖实录》。

土堆一般高。到 1964 年新民乡建立合作医疗站时，取尽土堆去填地基，埋在里面的白骨也被挖出来，这也是战争遗留下的痕迹。为巩固封建帝王的江山社稷，不惜用回族的肉体作奠基。红、白旗军之战这里曾作过战场，当地其他民族阵亡者的尸体已被收回埋葬，仅剩下回族及外路人的尸体无人收拾或不准收拾。至今仍有人在家中发生疾病及吵闹不休等忧患时，于黄昏后手捧筛盘，送到"社稷坛"旧址旁边消灾。

二、咸丰同治年间鹤庆发生的"红、白旗"战争

在反动统治阶级的挑拨下，清咸丰五年到同治十一年（1855—1872 年）的 18 年中，发生在鹤庆的民族仇杀是汉族恶霸地主张正泰三兄弟及地方武装头目蒋宗汉、丁槐等干出来的。人们长时期在封建宣传蒙蔽下，用大民族主义观点评论"红、白旗"之战，把罪过全部推卸给白旗元帅府。事实真相却并非如此，例如鹤庆的蒋宗汉、丁槐这些清廷的将军，在战争结束后，以胜利者的骄态出现，参与屠杀鹤庆回胞及血洗大理城。他们用马匹把杜文秀帅府中堂上的隔扇门运来鹤庆，安装在财神殿正殿上，现已作为古文物保存在文化馆里。白旗军帅府中的三座大鼎，派力夫挑到鹤庆，安放于城隍庙、关圣殿、文化寺三处。平静巷刘振武家精美雕刻的核桃木龙凤呈祥八仙桌，其他人家藏的景泰蓝花瓶等摆设，都是当时从大理抢劫来的。其他还更有价值的财产，不用说都易主搬家了。

杨玉科、蒋宗汉、丁槐这三家人，他们长时期凭借抢劫到手的回族财产，改头换面一番，由清皇御批当作"逆产"钦赐下来，让他们安居在滇西北高原上的将军府第中，豪华地挥霍了一个世纪。他们几家的财产遍及省内外，子孙也散居省内外，封建领主威风凛然。虽然在光绪十一年（1885 年）在对法帝国主义的镇南关战役中，这三个人在冯子材率领下表现出爱国行为，但他们在镇压杜文秀起义中充当了清王朝及法帝的帮凶。尤其在鹤庆境内残杀回族的罪行，是野蛮行为，是不讲人道的，这应永远作为他们欠回族人民的历史血债。

杜文秀是保山人，秀才出身。他团结各族人民起义抗清的实例，可从其主要官员的官职及族别中明显的看出来。如汉族人李芳园任大司寇，白族人姚得胜任大司卫，彝族人李正学任大司藩，就足够说明他不是狭隘的民族主义者。杜文秀很爱护人才，新民村李耀廷的祖父李品华是州衙门里的师爷，能写一手好字。有一次在白旗军攻入州衙署后，带了一串抵抗者出去处理，途中见李品华留着长指甲，看出是个文士。执行人找来个"敬惜字纸"的竹箩，让李品华背着回来。这通行证竟发生效果，白旗军中的人为此免除了他的处分，甚至继续留用。这例子证明白旗军爱护人才，重视宣传工作。但对顽固不化的知识分子，如松桂奂柏松树的反动举人吴之锡却不轻易放过，因他不听劝阻，在松桂战斗中勾结杨玉科与白旗军为敌。

帅府成立于咸丰六年（1856 年）十月，提出的政治口号是"驱逐鞑虏、恢复中华、蠲除贪污、出民水火"。立场相当鲜明，客观上成为太平天国革命运动的坚强同盟军。光绪《鹤庆州志》和王懋丞先生的《滇西回乱纪略》，都把白旗军视为"土匪"性质，显然代表封建统治阶级观点，应还以历史的本来面目。由于杜文秀执行了正确的政策，起义区域内仇杀减少，人民生活安定，农业生产得到发展。工业生产的显著例子如剑川乔后盐场就是那时开始兴旺起来的。张正泰不识时务，却偏在这个时候在鹤庆北门内捕杀回民杨三多父子，又在剑川杀了二十多家回民。

三、白旗军在鹤庆大事记

咸丰六年（1856年）七月十六日，张正泰率清军攻占剑川桑岭回族村，并于九月率军五六万围攻大理。杜文秀闻讯，立刻召集部将马金保、刘纲、陈义、马兴堂等由三姚（即大姚、姚安和盐丰）来到大理五里桥，将张正泰驱逐出大理北门外。《鹤庆州志·戎事》在记述张正泰的队伍仓皇逃出大理时的情况说："步伐不齐，濠垒不明，师行失律。"杜文秀观察到这一副狼狈相，便于十月大败张军，张正泰只身灰溜溜地逃回鹤庆城。

咸丰七年（1857年）正月，白旗军全部收复大理城。二月，派刘纲、朱开元两部把守浪穹（今洱源），与张遇泰、张逢泰对峙了八九个月。十月，清军防线被突破，观音山（原属鹤庆牛街区，现划归洱源）一战结果，清军全部败退鹤庆。白旗军兵分两路，乘胜追击，朱开元攻鹤庆，刘纲攻剑川。冬月十九日，朱部攻入鹤庆城，击毙守城官刘福元，州官吴树绩被活活气死。

咸丰八年（1858年）二月，张正泰重整人马，派张逢泰沿鹤庆东路发兵攻德源城（邓川）太极山一带。

咸丰九年（1859年）张正泰与鹤丽镇署的官员王杨白内讧，正当张正泰于三月十九日晚上命左右暗藏军器时，被张瓒、张瑜弟兄看见，便约集了五六十人冲进去向张正泰猛力砍打，张正泰身负重伤，逃往银局躲藏，又被代理知州干君元沿着他的血迹找到地板下，把张正泰打死。七月，张逢泰为报兄仇，使清军掉头北向攻鹤庆，中途战败被俘。张氏弟兄三人最后仅剩下张遇泰了，他走投无路，最后就向白旗军俯首投降。至此，横行霸道5年的张正泰部，彻底瓦解覆灭。

咸丰十年（1860年），当白旗军的主力向鹤庆分头进攻的时候，鹤丽镇总兵裕扎从永胜把军功丁耀楠调到鹤庆负责左营，升为千总，驻扎塔冲，与化龙村一带的白旗军准备会战。六月二十五日火把节之夜，以节日驱鬼邪为名，白旗军手持火把跑步出动，先发制人，把清军围困于塔冲，击毙丁槐的父亲左营都司丁奉璋。丁槐的母亲见势不妙，服毒自杀。丁槐的伯父丁耀楠被追击到象眠山下受到漾弓河阻隔，无法东逃，也被击毙。裕扎保奏丁槐承袭了遗职，丁槐得到发展即以此开始。

清军在塔冲失败的消息传到城里，守城官王遇文打开城门向白旗军投降，投降后又倒戈上丽江。张遇泰产生了报复思想，暗杀了代理州官干君元。为了严肃军纪，马金保将张遇泰械送大理处治。

白旗军帅府看准地方官府重视鹤庆出产粮食，派马金保守备。同月，剑川也被白旗军攻占。另一部由陈义、姚得胜率领攻入丽江，杀了清军头目杨举及王遇文。这时，鹤、丽、剑三地均为白旗起义军占领。

咸丰十一年（1861年），白旗军在滇西北的胜利，使清王朝万分惊恐，命令云贵总督尅期消除隐患，岑毓英加派维西协和耀曾出兵进攻鹤庆。战斗在鹤庆坝最北端的逢密村进行，白旗军派出刘纲把清军击退，帅府改派刘纲守备鹤庆。

同治三年（1864年），米映山兵分两路驰援鹤庆，西路指向宣化关，东路指向三庄坡，迫使清军撤退，又改派米映山守备鹤庆。

同治四年（1865年），岑毓英派杨玉科由会川（会理）绕道中甸、维西夺取石门关

(丽江石鼓),越渡金沙江来到九河。杨玉科侦悉米映山已赴大理,乃随带三百兵勇,伪装成白旗军模样,翻越九顶山直捣鹤庆西门。清军来势迅速猛烈,一鼓作气进城。白旗军武职将军宋日晟、中郎将马连元在战斗中牺牲。十月初二日,杨玉科进驻鹤庆,初三日向松桂进发。清军刚到达奚柏松村,突遭埋伏在马耳山附近的白旗军袭击。在松桂街头发生围歼战,清军遭受沉重打击,几乎全军覆没,仅杨玉科随带几名兵勇逃回鹤庆城。白旗军的大队人马乘胜进军鹤庆城。当时,义军部署兵力如下:杨德明扎营赵屯,联系大理来的粮草接济;米映山扎营城西,兼防河头打鹰坡;刘应贵扎营城东,兼攻河东清军家眷营;马锡晋扎先锋营守南门石桥;刘诚深入北部。然东、南、西三面的白旗军都靠近城壕,却以北路的刘诚部冲锋勇敢,目标直指城墙,迫使守城清军不敢伸首外望。当时,杨玉科已身负重伤,陪同守城的兵勇只有二百来人,情况紧迫。十二月二十日,白旗军在东北城墙脚挖掘地洞,用木棺装满火药,准备攻城。杨玉科令州官林森棠"横开地道"截断进攻。白旗军争取主动,在内道未打通前点燃了地炮,轰倒城墙十余丈,倒塌下来的砖石,将巡视内道的林森棠压死在内道中,白旗军沿缺口冲锋进城,清军把总田彰退守东门城楼。杨玉科换上便衣跳出城垣,往中甸、维西逃走了,白旗军进驻鹤庆城。连续失败的教训,迫使清军在此后的三年中不敢窥伺鹤庆。

同治七年(1868年),白旗军向昆明发动进攻。鹤庆方面的白旗军也与清军发生战斗。战斗地点在汤阴与大夫屯一带,因中甸南下的清军人数少于白旗军,又被迫退回中甸,帅府改派马良勋守备鹤庆。

同治九年(1870年)正月二十九日,岑毓英派钟念祖任鹤庆知州。他以彭屯大校场作指挥基地,从城北大路昼夜仰攻鹤庆城,并在城墙脚挖掘了几个洞穴,放入的地炮先后轰发,轰倒了几十丈城墙,因受十多天连绵阴雨羁绊,路途泥泞难行,清军攻城没有成功。

当时,杨玉科已治愈创伤,并接任鹤丽镇总兵。四月一日,杨玉科攻下姚州,初四日派参将蒋宗汉、段瑞梅出兵堵截大理至鹤庆一线。蒋宗汉的军伍由浪穹出发,十九日进据牛街指向鹤庆,蔡标的军队则取道宾川鸡平关直达鹤庆。到七月下旬,七八万白旗军驰援鹤庆。蒋宗汉在牛街中枪伤,只得退据剑川。在观音山战斗中,起义军击毙清军守备潘大奇,杨玉科又负了炮伤。他绕到应山铺设计烧毁了白旗军的屯粮仓库,给白旗军造成给养接济不上的困难,使被围困在白土营的清军得以解围。

同治十一年(1872年)十一月,清军在法帝国主义供给的洋枪大炮装备下,向大理政权展开了较大攻势,白旗军处境急转直下,军内又出现了叛徒,杨荣公开投降了清军。《回族简史》载,杜文秀见大势已去,情愿牺牲自己的生命换取大理全城人民的性命,但全城百姓并未因杜文秀的死而得救,岑毓英背弃了自己的诺言,血洗了大理城。

参考书目:

[1]《云南各族古代史略》。

[2]《回族简史》,宁夏人民出版社。

[3]《中国通史简编》。

[4]《鹤庆州志·戎事》。

[5]王懋丞:《滇西回乱纪略》。

宣威回族反清武装斗争史略

宣威县民委

　　宣威①地处云贵两省结合部，是云南与内地的交通要道，元朝以后开辟的官路（驿道）贯通宣威南北全境。

　　元世祖至元十三年（1276年）设沾益州，州治在今宣威县城东之河东营。明洪武十六年（1383年）在军事上设乌撒卫所屯军。清雍正五年（1727年）"改土归流"，重划领地，设宣威州。1912年改宣威县。

　　宣威总面积为6062.11平方公里（909.3万亩），现设23个区（镇），337个乡（办事处），其中有17个民族乡（办事处）。总人口有107万，其中回族有2475户12 364人，分散聚居在12个区（镇）的18个乡（办事处）内。

　　回族之始于宣威，据史料碑文记载和民间传说，明朝中期回族从曲靖和昭通、威宁两个方向迁入宣威境内定居，清雍正四年（1726年），云贵总督鄂尔泰的部将哈元生（回族）率部驻宣，哈部中有一部分回回由屯军落籍为民（哈元生于雍正六年任寻沾营参将，后升任提督）。宣威境内的松林、永安、黎山、清水、甘家屯、南门前的回族马、王、速、丁、撒、桂、孔姓在宣威住籍均有20多代人了。明末清初，回族在宣威发展较快。上述村寨均有上几百户人家，如松林曾发展到800多户。

　　宣威回族在定居后的漫长岁月中，由于清朝、民国实行残酷的民族压迫政策，把少数民族统称为"回匪彝贼"（这一流毒至今仍有残余），必欲置之死地而后快，使全境回族长期生活在水深火热的苦难之中，几乎到了灭绝的境地。到解放初期，全县回族只有700多户，近4000人口。

　　勤劳、智慧、团结、勇敢的回族人民，为了反抗反动统治阶级的高压政策，曾进行了百折不挠、可歌可泣的长期斗争。反清斗争即是一例。根据《宣威县志稿》记载和民间传说，这场斗争长达20年之久。

　　清咸丰六年（1856年），宣威回族人民为反对清朝云南巡抚"遇有滋事回匪，准其格杀勿论"的通告，黎山（今热水区黎山回族乡）的四括扒（外号）等率回族群众进行反暴斗争，立即遭到清廷的残酷镇压，州府派练目陈应弟（外号陈楂角）率兵驻扎官营，对黎山进行清剿，杀死四括扒。是年冬，陈应弟集众千余，在官营"宰牲炊米誓将灭此"，组织再次剿灭。黎山告急。时逢鲁甸回族马联升来到黎山，见妇幼惊惶，问清原由，随即与王大权

---

　　①　民国设宣威县，1954年改榕峰县，1958年复设宣威县。1994年设宣威市，省辖县级市，由曲靖市代管。面积6075平方公里，人口124万人。辖7镇，17乡。修订注。

等人研究对策。次日拂晓，率领当地回彝群众出村前隘口，在与陈部交战时，马联升奋勇当先，把对方打来的石头顺手接过反打出去，击毙其为首者。陈部见状，"漫无统纪"地往回奔跑，"回众逐之"，继而攻陷官营。知州刘家杰、参将麟志前往增援，至板桥知实情后，"畏惮而返"。马联升从此声威大震，"官兵无如之何，而全州之回蠢然俱动矣"。之后，马与王姓姑娘结婚，落籍黎山，成为宣威反清武装斗争的首领。为策应滇西杜文秀起义，宣威反清武装截断官路长达十余年之久。

是年十二月，秃头梁子（今倘塘区松林回族苗族乡）回族武装攻陷倘塘（原倘可驿丞驻地），杀死团首徐双有，并沿官路攻占了可渡、新天铺两个驿站。时逢云贵总督恒春率师路过宣威，闻讯后，半夜就起身逃离。

咸丰七年（1857年），新任云贵总督吴振棫率川军两千余人经宣赴任。马联升知情后率领反清武装在松韶关（宣威与沾益接壤地）设伏，"迫令退兵，振棫不得已，单骑晋省"，川兵返驻宣威。是年十一月，督办滇黔军务钦差大臣张亮基率兵进驻宣威清剿。马联升闻讯后，主动出兵攻陷大耿屯、板桥（今板桥镇所在地），并设伏于小耿屯（今宣威磷肥厂所在地）。张亮基派出救援之兵行至伏击点时被击溃，死十余人。

咸丰八年（1858年）正月十七日，张亮基派州练目陈占斗率军进攻甘家屯（今宣威火车站所在地）回族村寨，回族群众与官军大战于老雅坡（今宣威水泥厂所在地）、窖坡上（今宣威汽车总站所在地），后因众寡悬殊，回族群众被迫逃往永安铺避难。永安铺位于宣威与曲靖市炎方区接壤处，距宣威县城30公里。明朝时期辟为官道上的一个驿站，原是宣威南通昆明、北通内地的必经之地，当时已成为较大的回族聚居寨子。地势险要，易守难攻，回族（包括当地汉族）反清群众在这里构筑了围埂、隘口、烽火台等防御工事（残迹至今尚存），成为反清斗争的据点，马联升、丁量宏、丁朝明等长期驻防在这里，从此"官路不通"。

同年二月，张亮基发兵攻打永安铺被击败。随即再次发兵，并令州练目陈应弟压派乡民数千助战，土兵（乡民）在前，清兵在后，反清武装把队伍拉出离寨5华里之高坡顶设伏与清军交战。土兵见反清武装来势凶猛，不战而逃，冲乱清军阵势，大败而回。在高坡顶的一条山沟里清军丢下数百具尸体，血流数里，"杀人沟"由此而得名。同年三月，按察史徐之铭奉张亮基命令，督师进攻永安铺，至高坡顶，清军见反清武装就不战而逃。练目陈占斗奋斗苦战，才把徐之铭救出。张亮基气急败坏，"决计灭贼"，下令改永安铺为"勇按铺"。四月，张亮基进驻板桥，调集清军把永安铺围困起来，知州陈杰主张招抚，反清武装因粮源断绝，处境十分困难，因而将计就计，同意招抚。五月，张亮基以为官路通了，则由宣威前往昆明，反清武装得知后，放过永安铺，在松韶关设防。张亮基见势不妙，即与其内弟互换了袍服而逃。反清武装把其内弟和随员全部杀死。为打通永安铺与松韶关之间的联系，解除永安铺南方之忧，反清武装进攻炎方，被练目蒋子万战败，丁量宏在战斗中牺牲。

咸丰九年（1859年），反清武装准备迎击清兵的报复攻击，派人到东山安迪（今东山区安迪彝族乡）、倘塘扯格（今邓家村火车站所在地）联络彝族首领吴老瞒、李龙波等人起兵反清，与永安铺回族反清武装统一部署，协同作战，吴率众到今板桥区的龙津、下村、马房一带活动，李率众到今倘塘、双河、龙场、来宾等地活动，搞得清军难于对付。

同年秋，知州总局务李东升调集清军和地方团练在永安铺四周外围扎营近逼，"筑长围以灭之"。反清武装待围将合，乘夜突围转移到黎山、卡郎。清军攻陷永安铺后，烧毁清真寺和全部瓦房，屠杀老弱妇幼，财物被抢劫一空，把个好端端的回族村寨变为废墟。

咸丰十年（1860年）六月，反清武装攻破响宗，进占花鱼洞。李东升派五局总领郑万春统率五局之兵，进驻殷家村防守。七月，反清武装发动攻势，大破清兵，击毙郑万春以下500余人，并乘机向高家营等地进击。彝族反清武装首领吴老瞒在高家营战斗中阵亡，其职位由何八石继任。

咸丰十一年（1861年），鲁基彝族首领安廷举被练目赵文吉战败，妻子儿女全被杀害，家产被霸占，请求支援。马联升亲率队伍到马街子（今靖外区委所在地）助战，围歼赵部470余人，攻占鲁基。

同治元年（1862年），提督林子清率领清兵万余人自滇赴川路过宣威，反清武装闻讯后，在海河（今来宾区后夸乡）伏击，大败清军。

州参将狄楷自昆明回宣威路经沾益，为马联升所杀。同年六月，岑毓英令参将陈占斗率兵围攻卡郎，扎连营8座。七月初八日，反清武装得知陈占斗、柳明泰等头目回宣威，乘机首先攻陷三面环水的先锋营，头目邱老八以下四百余人"无一脱者"。其余7座营不战而退守色卡（今宣威热水区色卡乡），反清武装跟踪追击至色卡大营，清兵大败退回宣威城，全州为之震惊。同月十七日，州参将陈占斗调集全县清兵进驻得卡（今靖外区马街乡），决计彻底歼灭反清武装。二十三日，反清武装发起攻击，清兵大败，陈占斗逃至太阳冲被击毙。

同年十一月十九日，马联升率武装六千余人进驻马街子（今靖外区委所在地，距县城10公里），声称要歼灭陈应弟（州参将），自十一月二十四日至十二月二十三日的一个月中，反复多次进攻县城，在城外围的花椒、戴得、马家山、窖坡、陶官坟、下关冲、老堡冲、石坝等地，与清兵激战，一路曾突破城防，攻入校军场（城西北1公里处），烧毁演武厅和昭忠祠。东山安迪反清武装配合作战，攻占了城东龙华一带。总务局李东升、知州张邦彦密令练目柳明泰杀死陈应弟及其干将王昭。马联升知陈应弟已诛，加之城防坚固不易攻破，遂令班师。

同治三年（1864年），九月，大刽子手岑毓英率清兵围攻曲靖，同时令宣威参将柳明泰、东川参将杨盛宗合兵攻陷卡郎。至此，宣威反清武装被打散。

这场斗争的失败，首先由于领导集团存在狭隘的民族主义，没有充分把各民族广大群众团结在"反清抗暴"的旗帜下，开展更大规模的斗争。后被清朝统治者借隙诬为"回汉之争"，使反清斗争日益孤立。即使在反清武装被打散之后，民族仇杀并未停止，回族人民遭受了更大的牺牲。其次没有与太平天国和大理政权加强联系，统一行动，就是太平军唐杨部路过宣威时（1862年）也没有取得联系给予配合。第三，宣威离内地较近，又是交通要道，清朝统治者是不会容忍在他的脖子上插刺刀的，因而反清斗争一开始，清朝统治者就几次大调清兵进行围剿。张亮基命令把永安铺改为"勇按铺"，几次亲率清兵围剿，并在攻破永安、黎山后实行残暴的烧、杀、抢，把整个村寨夷为废墟，可见清朝统治者对宣威回族反清斗争的仇恨与恐惧。

尽管如此，这场规模空前的宣威反清武装斗争，猛烈地冲击了清朝封建统治政权，沉重地打击了宣威地方的封建势力，从而间接地支援了太平天国和大理政权武装起义的革命斗争，在宣威近代史上谱写了不朽的篇章。

（注：凡有引号者，均引自《宣威县志稿》）

咸、同年间迤东地区回族抗清概略

纳兰珍

云南回族人口分布的特点是大分散、小聚居，无论哪个州县回族毕竟是少数，散居在汉族的汪洋大海中。从劳动人民方面来讲，回汉两族本无怨嫌，最多只是生活上有些不同而已，平时不仅在生产上互助，还互相交朋友，请客送礼，寄拜儿女打亲家。回族和其他少数民族的关系也一直是友好互助，互相扶危救困的，因为同属被压迫、被剥削的阶级。因此，当1856年4月（清咸丰六年）清政府在云南屠杀回族，回族被迫起来自卫反抗时，其他少数民族也纷纷响应。回族的抗清运动不是孤立的，它得到许多少数民族的支持，如1857年澄江府的回族和彝族联合攻下路南州；马如龙的部队进攻阿迷（今开远），沿途彝族青壮年加入的甚多。武定知州曹俊亮屠杀回族时，部分死里逃生者到彝族所居的山上，受到彝族的保护和照顾，至今仍称彝族为"老本家"。杜文秀起义军中，汉、彝、白等族的官兵不少，十八大司中的柳映仓和李国纶驻乌索、守腾越时，和景颇族更是建立了牢固的友谊。杜文秀起义失败，大理城破后，回族军队中的白族官兵利用他们非回族的关系，在解甲归农时，也从大理保回了一部分回族官员和家属。李国纶牺牲以后，他的两个儿子曾由傣族冒险带路而逃往缅甸。还有昆明杀回族大惨案时，不少汉族冒灭门抄斩的风险，把幸免的几户回族分散藏匿保护下来，其中已故的回族杰出的社会活动家——马观政老先生就是其中之一。他目睹当时的惨状，曾把清政府制造的这一惨绝人寰的灾难如实记述在他的《滇垣十四年大祸记》中，它是清朝统治者残杀无辜的罪证。像这样动人的民族团结、相濡以沫的事例很多，不一一赘述。总而言之，回族和汉族以及其他少数民族历史上是无隔阂的，至于回、汉民族间所发生的一系列冲突事件，无一不是统治者有意制造民族矛盾、挑拨民族关系所引起的，所谓"回胜则助回，汉胜则助汉"，就可以反映其反动本质和罪恶阴谋了。因此，清朝统治者是造成各族人民动乱和灾难的祸首。

19世纪50年代，云南爆发了波澜壮阔的回族反清大起义，起义的中心是滇西的大理和滇南的临安（今建水），其他地区的回族也卷入这场巨大的风暴中。它的导火线是1856年，昆明回族在云南省的巡、按大吏的主持下惨遭屠戮之后，这些刽子手又向全省发出对回族"格杀勿论"的命令，不分良莠，不分阶级，不论老幼，见面即杀，妄图剿灭回族。致使成千成万的回族，阖家被杀害，田园遭焚毁，各地的"万人坑"即是封建统治者的罪证之一。当时如果回族不团结起来自卫，就无法生存，反动统治者的武装镇压，必然导致群众的武装反抗。历次的回民起义，始终具有反对民族压迫、求得生存权利、自卫抗清的性质。迤东地区（今滇东北）所属各州、县回民的起义情况也是如此，今摘要简述如下。

一、东川汤丹回族抗清的活动

迤东地区所属各州、县，大多数群山环绕，山区和半山区较多，土地贫瘠，又遭受封建地主阶级的残酷剥削，回汉两族人民的生活陷于极端贫困的境地，有的农民被迫外出谋生，去东川乌龙（今汤丹）矿当矿工的不少。由于清政府"听民间开采，设官抽税"，利之所在，来者日众，矿工中回族、汉族都有，矿工既分回汉，由于生活习惯的关系，遇有打架斗殴之事发生，自然形成回汉两方。1853 年，汤丹铜厂就发生了回民马二花、马三花和汉民争矿的仇杀案件，由于清朝官吏一向对回族歧视，偏袒汉人"任意出入其法"，对案件处理不公，官逼民变，马二花等率领回族矿工反抗官府"纠众焚厂，官兵捕之"①。团练头目杨玉恒率练众攻之，二花知势不敌"渡江入宣"②。前后任总督吴文镕和罗绕典几乎调动了全省可以调动的兵力追捕。③ 1854 年，二花、三花率回族进入寻甸，受到寻甸回族的大力支援，青壮年加入战斗的很多，"宜良回族马小老等推马鸿轩为首，马良玉副之，赴寻甸助战"④。和二花的队伍一同抗击清军，取得了不少回合的胜利，拖住了清军的大量兵力，战斗持续到第二年，终因寡不敌众，给养也成问题，二花被总督罗绕典"以计诛之，余众溃散"⑤。马小老等则逃回宜良。寻、沾营把总白其祥在大水塘阻截，仅俘老弱病残十多人，关押在沾益城南清真寺内。⑥ 马二花揭竿而起的反抗官吏的正义活动虽然被镇压了，但它显示了回族人民团结互助，勇敢顽强的战斗精神，这是清朝统治者歧视回族、制造民族矛盾的实例。迤东回汉争矿仇杀案件平息后不到一年，反动统治者又在迤南的南安州挑起更大规模的回汉争矿事件，它导致了全省回族抗清起义。

二、马连升起义

马连升系昭通鲁甸回族，自幼习武，深谙拳棍之术，足智多谋，行动尤其敏捷。

1856 年（清咸丰丙辰年）4 月，昆明屠杀回族大惨案发生后，各地官吏和团练勾结在一起，闻风而动，对境内回族"格杀勿论"。马连升的家乡鲁甸是回族聚居之地，亦遭到血洗。⑦ 马连升率领幸免的部分回族青壮逃入宣威梨山。⑧ 因他武艺高强，当地回族"半包亚"等"奉之为谋主"⑨。由于清朝官吏一贯制造民族矛盾，挑拨民族关系的影响，梨山近邻村寨的汉族，都争着聘请老鸦渡的武术师陈应第及其弟子教授武艺，想借此抗击回族。马

---

① 《宣威府志》，卷三。
② 《宣威府志》，卷三。
③ 《宜良县志》，卷七。
④ 《宜良县志》，卷七。
⑤ 《宣威府志》，卷四。
⑥ 《沾益州志》，卷五。
⑦ 《沾益州志》，卷五。
⑧ 《寻甸县志》，卷八。
⑨ 《沾益州志》，卷五。

连升初到此地，未和他们发生冲突，后来他的同乡人丁量洪在牧放羊群时和汉民发生纠纷，以致引起双方械斗，梨山回族怕事情闹大，惊动官府，对他们不利，于是马连升等回族只好"踞卡郎为巢穴"①（卡郎属沾益县，是回族村寨）。1856年屠回惨案后1个月，寻、曲协镇袁经华率兵士往石羊、保家乡一带回族聚居村寨，执行其上司下达屠杀回族的指令；为反抗民族压迫，求得民族生存的权利，这几村的回族联合起来，反抗自卫，结垒自保，男女老少齐上阵，和官兵展开顽强的拼搏，把袁经华的队伍打得落花流水，残余败回沾益城内，"回众纵横猖獗，日夜犯城"，②袁屡次向上告急。同年8月，学正张明潜调集团练万余人来镇压石羊、保家乡一带不足千人的回民。由于敌我兵力、武器悬殊，回众只好自己焚毁家园，逃往卡郎。马连升等到此后，即和他们团结一致抗击官兵。先是1856年3月，沾益城西沙田口的汉民无端挑衅，杀死回族一人，"知州法阿丰来亲临查办"，③回族得到寻甸回族的支持，和官府对抗，并对杀死回民的村子进行扫荡报复，在官兵的追击下，这些回众也进入卡郎，宣威知州刘家杰亲率大队兵勇前往镇压，妄图把聚集卡郎的"回匪"一网打尽，结果大败而还。12月宣威秃头梁子回族又攻陷倘塘，杀了团练头目徐双有。时当总督恒春率师由贵州到云南赴任，途经宣威，他怕遭到回族的突然袭击，在宣威停留了一天以观动静。这位大员走马上任不到半年，于1857年5月，马如龙、马德新合围省城，"恒春坐困，惟知一死以塞责"，④和其妻对缢于总督署内。恒春自杀后，继任者是四川总督吴振棫，当他从四川跋涉来云南时，尚未进入宣威地界，即遭到马连升队伍的伏击，"马连升阻而返回之"，⑤真是"贼不畏官，官畏贼……"⑥

1857年（咸丰七年）正月，迤东道贾洪诏眼看各地回族群起造反，星火燎原，官军无力招架，局面不可收拾，对卡郎回族进行"招抚"，妄图借此削弱回族力量，回族头领马连升识破官方阴谋，趁招抚进城的机会，驱逐了官兵，占领了沾益城，"匪首马连升为之帅"⑦。自此沾益城即成为回族抗击清军的中心，力量日益壮大。1858年，马连升率领各路回族一万多人进攻宣威松林，在战斗中由于一部队伍不听指挥"战大败退至木阳四寻"⑧，和马荣的队伍会合。

滇督吴振棫主政后，眼看官军难以对付回族，想从内部瓦解回族的反抗运动，于1858年（咸丰八年）正月对围省的马如龙第一次招安。因为马如龙等宣称自己是"只图报复，不敢为逆"，这次招抚还得到咸丰帝的支持。然而招抚仅仅做到省围解严罢了，回汉两族之间问题仍然很多，吴振棫感到问题很恼火就托病辞职了。⑨云贵总督由帮办云南军务、云南巡抚张亮基继任，他看到前任吴振棫因主抚政策难行而引退，改抚为剿以立威。⑩张亮基驻

---

① 《沾益州志》，卷五。
② 《沾益州志》，卷五。
③ 马观政：《滇垣十四年大祸记》第三节。
④ 《云南通志》，卷一；李玉振：《滇事述闻》上卷。
⑤ 《宣威府志》，卷四。
⑥ 《林文忠公政书》丙集，《云贵奏稿》，卷八。
⑦ 《沾益州志》，卷五。
⑧ 《寻甸县志》，卷八。
⑨ 《清史稿·吴振棫传》。
⑩ 《宣威府志》，卷四。

节宣威时，① 对回族进行残酷镇压，导致小耿屯、南门前、甘家屯的回族尽反，连成一气，抗击官兵。在战斗中回众伤亡很大，余众退至勇按铺，"张亮基大调官兵攻之"。在"贼乏食窘甚"，武器也成问题的困难处境下，回众在马连升的领导下，发挥顽强的战斗精神和官军展开争夺勇按铺的激烈战斗，因寡不敌众撤离转移。官军占领勇按铺后，还把地名改为"永安铺"。这时张亮基因省围已解，遂由宣威晋省，途中遭到马连升部下丁量洪率领回族伏击，"钦差以微服幸免"，② 保全了性命。

　　1859 年（咸丰九年）2 月，清官兵万余人又几次向寻甸、宣威、沾益一带回众猛扑，但均以失败告终，"为贼溃死者数千人"③。5 月，曲、寻协调都司何占标等营围剿马连升的部下，在新桥一带遭到回族反击"为贼所挫"④，回族在战斗中壮大。寻甸、沾益、宣威等州府，都成为马连升和马荣等的起义基地（马荣后来还率寻甸、嵩明回族进驻昆明，把总督潘铎杀死在五华书院。马如龙降清后，从临安回师攻马荣，趁其无备，杀了马荣的部下二百多人，遂追捕马荣于寻甸，把马荣杀了以祭潘铎，这是后话）。当时杜文秀的起义军占领了许多州府，向纵深发展，声威大震，滇南的马如龙又几次围省，滇西杜军和滇南马军又联合起来，打败了张亮基派去西攻大理的褚克昌部队，使其全军覆没。这一系列的胜利，大大鼓舞了马连升的士气，"曲靖、路南等已应之"，⑤ 罗平府红土墙、北乡、桃园等地回族也起来报复，"贼至团练三十余人死亡"。接着马青又率回族进攻罗平城，知州李旸平只知搜刮民脂民膏，听到回族攻城手足无措，"急命城回往议和"，⑥ 送了许多粮食布帛，回族才撤离。不久，马青和马继川等又率回族千余攻占师宗，后来通省议和后，马青被招抚，封为守备。⑦

　　宜良马小老、马洪轩等回族又东山再起，联合昆阳、海口、澄江等地回族围攻县城"舒兰阿遣参将德瑞、夏家畴等围剿，回族撤至澄江。岑毓英署县事"⑧。

　　同年 10 月，马连升又率部下攻克勇按铺，并袭击东山、心大屯等地，"州人大震"，⑨ 宣威知州明青，帮办程杰束手无策，派士绅去和马连升议和，局势暂时平稳。1861 年 8 月，马如龙部下在澄江打败了来围剿澄江的岑毓英的部队，屠伯"单骑逃脱归宜良"⑩。在马如龙等再集大军第三次围攻省城的影响和鼓舞下，马连升也率部下出动围攻曲靖城，杀知州志斌于署内。10 月，马连升亲自署理曲协之事。⑪ 1862 年 2 月（同治元年），由于马如龙和守昆明的署理提督林自清勾结，饮血为盟，约为兄弟，接受清政府的招抚。第三次围省终因马德新、马如龙等降清而失败，通省议和。奉督抚各兵练，守备陈占斗，总局务李东昇亦在曲靖和马连升订约。1863 年（同治二年），滇西回族起义军大元帅杜

---

① 《宣威府志》，卷四。
② 《沾益州志》，卷五；《寻甸县志》，卷八。
③ 《沾益州志》，卷五；《寻甸县志》，卷八。
④ 《沾益州志》，卷五；《寻甸县志》，卷八。
⑤ 《沾益州志》，卷五；《寻甸县志》，卷八。
⑥ 《罗平府志》，卷四。
⑦ 《罗平府志》，卷四。
⑧ 《宜良县志》，卷七。
⑨ 《宣威府志》，卷四。
⑩ 《宜良县志》，卷七。
⑪ 《南宁（曲靖）县志》，卷十三。

文秀也给马连升发来了委任状"受伪印，置伪官"①，自此马连升即坐镇曲靖。由于他出身贫苦，深知"民以食为天"的重要，因此十分重视农田水利的发展，奖励生产，据说每3户农民还给耕牛一头（一说是10户）以解决农民犁田耙地的困难。曲靖城的回族多居住西门和玄坛一带，和汉族一向和睦相处，友好往来。1856年屠回时，由于迤东道贾洪诏不遵"两院札谕"，具保曲靖城回族系"良民"，未曾和寻甸、沾益、宣威等地的回民有联系，阻止了陆良团练的血洗。后来回族为了感念贾的"恩泽"，还给他搞了个"贾大人长生禄位"，以志不忘。这块牌子，"文化大革命"期间才被红卫兵砸烂。马连升非常重视回汉两族之间的友好关系，他亲身体会到回族和汉族以及其他少数民族之间，本来是没有任何隔阂和利害冲突的。由于官府的挑拨离间，以致酿成大祸，自己不仅家破人亡，还被"逼上梁山"，他们是为了反抗民族压迫与官府和团练为仇的，因而多次砍杀、伏击清朝官员。总督恒春、吴振棫、张亮基，以至通省议和后的署滇提督林自清，率师万余赴蜀，经宣威驻兵二日，"马连升邀众击林于海口，自清败亡"，② 险些送了性命。马连升署理曲靖期间，对部下军纪很严，很少发生回族骚扰汉民和互相械斗之事。因此当1927年间，龙云和他的政敌张汝骥、胡若愚等军阀为争"云南王"的宝座，互相征战不已，曲靖成了他们角逐之地。"廖廓山一役"胡、张不敌，退入曲靖，其部下在曲、沾一带无恶不作，百姓受害很惨，以至有曲城名耆、何大新爷曾率士绅冒险游说胡、张之事，云"马连升当年的回军还不敢像现在这样乱来"请他们约束部下。由此可见国民党军阀的兵不如所谓的"匪"。马连升对清政府施行的苛捐杂税也采取了一些相应的改革。因此，当时虽然时局动荡不安，而曲、沾一带人民的生活基本安定。

1864年（同治三年），屠伯岑毓英由陆良进军围攻曲靖，一面又檄宣威兵"攻贼老巢"，企图截断马连升的后路。当岑的队伍抵达距曲靖城三十余里的越州时，马连升即率部下前往阻击，马因腿部受伤，仍退回曲靖，"岑军围曲甚紧"，③ 沾益回族头领丁绍荡"潜赴省垣"，要求军门马如龙到曲解围。9月，岑毓英会同马如龙招降曲靖，马连升当时正在养伤，他为了不让城中回族遭到岑屠伯的报复，决定自己承担责任。马如龙缚马连升去曲靖东门外东山寺岑的驻地会见屠伯，岑施展了他一贯屠城、斩来使、杀降将的手腕，见到马连升后即"命以正法"④，马连升就这样牺牲在岑的屠刀下。马如龙在这场悲剧中扮演了一个极可耻的角色。第二天岑又督令马的部下一并拨归寻甸，搞所谓"八营下寻甸"，原籍曲靖的也不许回籍，仅有一户历尽艰辛逃归，至今其后人仍住西门街。这些回族的田产、房屋被充公，也有的被汉民霸占，至今成为未了"官司"。岑杀了马连升后就留驻曲靖不肯回省，要独树一帜，直到1868年，湘军头目刘岳昭镇压太平天国起义军和贵州苗族起义之后，从贵州来曲靖接管岑的防区，屠伯才又去"援省"，镇压杜文秀的起义军去了。马连升等领导的回族抗清运动虽然失败了，但他署理曲靖期间的政绩以及牺牲自己以救回族人民的精神，至今仍受到不少人的称道。

① 《南宁（曲靖）县志》，卷十三。

② 《宣威府志》，卷四。

③ 《南宁（曲靖）县志》，卷十三。

④ 《宣威府志》，卷四；《南宁（曲靖）县志》，卷十三。

三、后 记

屠伯岑毓英围剿宜良马小老、马鸿轩等率领的回族时，血洗了宜良 7 个回族聚居村（西山、上、中、下黄堡、里希、回辉等）。[1] 幸免者逃往澄江等地，之后他又发兵剿平路南、澄江回族。直到 1871 年（同治十年）岑已因镇压云南回族起义有功，用回族的鲜血染红了他的顶戴，从广西的一个小小团练头目擢升为云贵总督之后，"克复澄江，抚缓回民"，才由七村充公的回产中提出西山、上黄堡二村发还回族"勒令离澄回籍"[2]。七村的回族经过屠戮，颠沛流离，重返原籍安家者不到 30 户，被安置在上述两村中。回回村原有 30 多户回族，结果只有一户姓冯的归来，清真寺也变成了佛寺。回族人民含冤负屈，流离失所，举家被害，财产充公，在全省范围来说是普遍的、令人发指的。路南回族曾因和彝族联合攻下路南州，岑"兼摄路南、澄江府"时的血腥镇压不必待言，后来路南州招抚时，马家巷一带的回族仅有几户"拨归"。至今有的马姓汉民，祭祀祖宗时都禁用大肉。因为他们都清楚自己现在虽是汉族，可祖先是回族，而自己则是被迫"改教"者的后代。宣威、寻甸等地的回族村寨，解放前仍被国民党视为"匪巢"，回族也被视为"顽悍不守法者"，罗平、师宗一带的回族头领马青，"通省议和"曾被招抚，授予守备之职，后亦被杀。罗平富乐（今富乐镇）回汉之间的冤仇一直未解，经常借故发生械斗，国民党云南省政府也曾派过军队助汉压回，遭到回民的顽强反击，回汉两族间的矛盾一直闹到解放前夕。

解放后，党的正确的民族政策才从根本上消除了各民族之间历史上遗留下来的隔阂、仇恨、械斗。在党的领导下，才建成了真正的各民族团结的大家庭，如今各族人民又共同为祖国的繁荣富强，一致奔向"四化"。

---

[1] 《宜良县志》，卷七。
[2] 《宜良重建古匿城外清真寺碑记》。

咸、同年间河西东乡坝"回汉互保"事迹

田应昌　纳家瑞

一

云南省通海县四街区纳古回族乡包括 3 个自然村（纳家营、古城、三家村），全乡共有 1101 户5439人，坐落在波光粼粼的杞麓湖北岸，南去 10 余里与通海城隔水相望。纳家营百姓，系元代云南平章政事赛典赤·赡思丁的大儿子纳速拉丁的后裔。纳速拉丁的孙子纳速鲁（汉名纳璞），于元至元二十七年（1290 年）出任临安、元江宣尉司都元帅时，部队驻通海县曲陀关，家属驻杞麓湖畔，即今之纳家营。这里土地肥沃、交通方便，风景优美，是个鱼米之乡。这里回汉两族杂居，长期和睦相处，回族占 82.5%，他们中不少人旅居东南亚，被誉为华侨之乡。这里除基本的农业生产外，还有一项重要的经济活动——传统的五金手工业。乡里五金工匠多，工艺精湛，机械化程度比较高，素有轻手工业之乡之称。由于一直以来与周围各村汉、彝各族人民和睦友好相处，有此地利人和的良好条件，故人丁兴旺，经济发展，呈现一派兴盛景象。

在咸丰六年（1856 年）的"丙辰之难"中，河西东乡（今通海县四街区）包括纳古回族乡在内的回、汉族互保，两族人民均免于难，树立了历史上民族团结的光辉典范。

二

19 世纪 50 年代，清朝为了巩固其统治，极力推行民族压迫政策，残酷镇压广大回族和其他族人民群众。咸丰六年（1856 年）因少数回族与汉族之间发生械斗，蔓延到省城附近，清廷大为恐慌和不满，按清廷地方官吏的说法就是回族性如"犬羊"，非大兵痛加剿洗才能使之肝胆俱碎。故此，清军所到之处，对广大无辜的回族群众是老幼皆杀，屋宇均烧。清王朝对云南各族人民统治的毒辣手段，是一贯采取离间分化制造民族矛盾，"汉盛则袒汉以杀回，回盛则袒回以杀汉"。而在回族内部又挑拨离间，互相残杀，意在中伤。在官府的挑动下，回汉仇杀事件屡次发生。1856 年的"丙辰事变"就是官府一手造成的。

咸丰六年（1856 年），云南巡抚舒兴阿与汉绅密谋策划，公开下令"灭回"，布告各地

团练，"横直剿灭八百里"，"回民敢于造反，准其格杀勿论"。所到之处，广大回族惨遭屠戮。四月十六日至十九日，遂酿成省城回族惨遭血腥大屠杀事件。一时之间血雨腥风横扫全滇。这时，河西回族起而自卫。于是讹言四起，汉回互疑，剑拔弩张，势态险恶。在这危急关头，回汉双方绅老，集议调解，倡议回汉互保。东乡三十六营（今通海县四街区辖 11 个乡，其中 9 个汉族乡，1 个彝族乡，1 个回族乡），互保达成协议，回、汉两族人民均免于难。

第一次协议于咸丰七年（1857 年）"临安府尹崔某某，河西知县余某主和议，约汉回东乡四街会议，城绅以四街近敌垒，虑为所绍，王善诱挺身赴难，果遇害"[1]。

面对如此灭族灭种之灾难，为生存计，纳古回族乡的回族群众集会在清真寺商议。当时有的主张打，有的主张和。广大回族群众以民族团结为重，推举了纳凤春（回族，清三品花翎都游府）、纳太寿（东乡坝副团绅）、纳海（回族，群众领袖）等为回族代表，到东乡坝（今四街乡、七街乡）找汉族团绅公孙烁（今七街人）商议。由于纳凤春和公孙烁的先辈过去同路上京赶考，结拜弟兄，交情盛好，亲如手足。而公孙烁当时身为东乡三十六营的团总，在东乡三十六营整个汉族地区很有名望，可以控制整个东乡坝。而纳凤春、纳太寿等几位回族代表在回民地区德高望重，说话算数，群众都十分拥护他们。

咸丰八年（1858 年）七月八日，回族大举围攻河西城，回民得势，局势十分紧张，东乡坝受到严重威胁，东乡坝的汉族代表就去纳家营找回族代表纳凤春、纳太寿等人商议。回、汉代表数十人先后在纳家营、四街、七街和公孙烁客厅开过数次会议，协商组织回、汉共同联防，实行"回保汉、汉保回"，回、汉、彝一体进行互保。回族方面的工作由纳凤春、纳太寿、纳海等人去找田庆余（武进士，当时整个河西回族群众的首领）等人商量，说明东乡坝的问题已达成回汉互保协议，由东乡三十六营的回、汉自己解决。所以，在回族得势时没有杀一个汉族。后来到汉族得势时，还是如此由汉族代表出面做工作，也没有杀过纳古回族乡的一个回族同胞。这样同舟共济，相依为命，渡过了这一人类史上最黑暗的难关，在中国的民族关系史上写下了光辉的一页，给后辈子孙树立了一个民族团结的光辉典范。这一事例，在滇变大屠杀中，几乎是仅有的。

事后，河东各族人民为了纪念这一事件，曾以东乡三十六营汉、彝民众的名誉，给纳凤春、纳太寿、纳海等有功的人员挂了"护卫河东"等的大匾。据纳凤春的重孙纳光显、纳光辉两位老人讲，各方面为此事挂来的匾有十多块，但可惜这些有纪念意义的历史文物已经在民国十五年（1926 年）卢汉率军焚烧纳家营时全部毁于大火了。现在只剩下两块，一块是"公正廉明"，另一块是"屏藩东里"，系同治元年（1862 年）岁次壬戌黄钟月谷旦，东乡各村绅耆同顿首具。而回族，又送给东乡三十六营的汉族同胞"和气致祥"四个石刻大字镶嵌在七街龙海寺门外的大照壁上，另一块大匾"东柳保障"挂在七街村头（七街原名叫东柳村）。回族代表纳赛荣家还私自送给东乡代表公孙烁一幅宝贵的钱南园作的"瘦马画"作纪念，这幅名画至今还被公孙烁的第三代孙公孙蓄老人收藏着。由于回、汉互保，使东乡三十六营的回、汉、彝三族人民团结和睦，免遭斗杀灾难。

而河西城回汉互保遭土豪旃占春破坏，未获成功。继而旃占春不听劝阻，聚集暴徒往攻大、小东沟（今东渠回族乡的大回村、小回村）溃败。下回村武进士田庆余之父，是回族中议和的首领，议和未成，突被暴徒杀戮。因此，田庆余聚众为父报仇，遂攻打北乡直至通

---

① 《续河西县志稿》第三卷。

海，事态发展已不可收拾。适"元新营"参将杨循之带兵三百过境，河西官绅恳邀留守。又邀屠杀建水等地回族的刽子手潘德率地主武装，于咸丰六年（1856年）六月由潘指挥，围攻下回村。先将清真寺团团围困，放火焚烧清真寺，将驻守在清真寺的500余回族青年活活烧死。接着又放火烧民房，使全村400多户回民焚杀几尽。现在下回村的坟地上还留着四家咸丰丙辰年间被清廷血腥杀害的回族的"万人坑"，每个坟坑里都埋了几百人，当地群众每年都要做亡人节纪念死者。

紧接着，咸丰十年（1860年）五月，河西田庆余率回族据新兴州（今玉溪市周城）。同治九年（1870年），马如龙率师攻新兴，五月，马恩荣杀田庆余降清。接着马如龙又率师攻河西大小东沟。六月在围攻大东沟时，马如龙负伤，归省就医。翌年五月马如龙再次攻大、小东沟，游击王正坤尽选河西壮勇助战，小东沟合国治降，被斩。大东沟阿訇马成麟率众坚持抵抗，妇女小孩多服毒自杀，仅留下男子任战守，战斗经年，十分激烈。马如龙用从法国侵略者涂普义那里买来的洋枪，杀害自己的同胞。十一月马成麟战死，十二月大东沟降。降后，马如龙勒令大东沟交出回族首领33人处死，另勒一笔赔款而去。此后，大东沟回族几被杀绝。

以上事实可以充分说明，"丙辰事变"是清朝政府推行民族压迫政策，残酷镇压云南回族的一次大屠杀。在这次屠杀中，东乡回汉互保为民族团结树立了光辉典范。而河西回汉互保遭土豪斿占春之流的破坏，以及在清政府挑拨离间的政策之下，使回、汉各族同胞遭受此难。

三

在咸同滇变的那样特定历史条件下，为什么河西东乡坝的回汉同胞能做到"回保汉、汉保回"呢？首先必须从我国各民族在历史上的相互关系看。各族的祖先就劳动、生息繁衍在祖国这块广大的土地上，并形成了各民族人民大杂居、小聚居的分布状况。在经济、文化上互通有无、互相支援、友好往来。在历史上东乡坝的回、汉、彝等各族人民之间，就没有发生过什么仇杀、械斗、打冤家之类的事。而是团结友爱，和睦相处，在发展经济上是互相帮助，共同发展。素有轻手工业之乡的纳古回族乡，他们把手工业传授给周围的汉族同胞，发展到今天的回、汉联营企业。还有有难同当，回汉联合组织马帮。解放前，我省大部分地区山高坡陡，交通闭塞，物资交流全靠马帮运输。这也是纳古回族乡的一大优势，他们中间有许多人从事驮马运输，主要是走通往泰缅边境的迤南大道。迤南大道山高路险，瘴气袭人，还有兵封匪抢，这种种困难，迫使赶马人组织起来。纳古马帮多、枪支多，他们回汉不分彼此，合伙组织马帮战胜各种困难。在宗教信仰和风俗习惯上是互相尊重。在回汉杂居的纳家营村子里，回族有清真寺，汉族有观音寺、土主庙，各信各教互不干涉，汉族养猪关着养，从不乱放街猪。东乡各村汉族赶七街路过纳古二营从不把回族忌物带到回族村里和清真寺。在与回族交谈中也不愿说"猪"字，而是用"黑皮"代称。在传统的民族节日中，也是互相邀请、祝贺。回族每年举行圣节都邀请周围各族同胞代表参加。七街汉族过春节正月二十六迎高台，汉族代表公孙烁家世世代代都要请回族代表纳赛荣家来七街看迎高台，还要专门宰一只羊，办清真伙食招待，这一传统的友好往来还沿袭至今。

　　以上史实和现状可以看出，纳古回族乡的回族群众和周围的汉族的和睦团结，互助友好的关系自古有之。建国以后，在党的民族政策的光辉照耀下，平等、团结、互助的社会主义的民族关系又有了新发展。

　　现在，党中央把马克思主义民族理论同我国民族关系的实际相结合，特别是根据我国处理汉族和少数民族关系中的经验和教训，提出了"汉族和少数民族谁也离不开谁"的思想。这是对新中国成立以来我国发展社会主义新型民族关系经验的科学总结，是我国今后正确处理民族关系的一个重要的指导思想，是增强民族团结，做好民族工作，促进"四化"建设，实现各民族共同繁荣的一个重要保证。

国内外知名的经堂教育家马联元

纳国祥

云南伊斯兰教经学世家，源远流长，素负时誉的，无疑是马联元家族，堪称经学世家的典型，承先启后，代有传人，继承"经师"衣钵，至今玄孙辈仍坚持经学世家的传统。

马联元经学世家前后延续已达200年之久，经师辈出，然而在学术上取得较突出成就，以及对经堂教育作出重大贡献的，仍然是马联元。其人为国内外研究中国伊斯兰教学者所知名，在云南穆斯林中历来对他渲染不少神秘色彩，甚至传说是"降龙伏虎"、奇迹屡现的人物，达到了"超凡入圣"的境界。

现就已知材料辑成本文，概述马联元其人的生平活动，继往开来，俾后学者有所继承和发扬耳。

马联元字致本，别号"努伦·罕格"（阿拉伯语义为"真理之光"）。原籍云南新兴州（今玉溪县），回族，1840年诞生在一个已享盛名的经学之家，父亲学宽，经名"鲁格曼"，是当时颇有名望的经师。家学渊源深远，还在幼年时代，联元就受到家学熏陶，立志攻读伊斯兰教典，由于本人的聪颖勤奋，好学深思，弱冠之年就以通晓阿拉伯语、波斯语闻名于滇南各地。当他22岁时，应河西小回村的礼聘，设帐授徒，讲授"大学"课程，在云南经堂史上曾传为佳话。

河西小回村是滇南著名的回族聚居村寨，位于通海杞麓湖畔，风景秀丽，土地肥沃，村民大部分从事农业生产，妇女在家纺纱织布，河西土布坚实耐用，很受各地消费者欢迎。还有一部分人经营马帮运输，从事国际贸易，即将本省土特产运销缅甸、暹罗（今泰国）、老挝等边境城市，再从国外输入象牙、玉石、棉花、药材、香料、呢绒等商品，地方经济较发达。一般殷实之家，都热心资助经堂教育，对于远道负笈而来的学子，无不尽力给予经济援助，在穆斯林中形成风气。

此时，正是19世纪60年代，云南"大动乱"刚揭开序幕，清官府的"灭回"暴行，激起广大回族的武装反抗，血雨腥风，人心思乱。看破红尘的经堂中人也不可避免地卷入漩涡，有的支持杜文秀，有的偏向马如龙，形成派别，互相对立。可以预见到的是，一场空前的风暴即将到来，联元在他编辑的《大杂学序言》中流露，他对云南穆斯林的命运十分担忧。

聘任一年期满，联元借口"朝觐"，谢绝了小回村的续聘，偕同舅父第一次出国，大约是60年代中期。他们一行由陆路随马帮南行，跋山涉水，穿越西双版纳地区进入缅甸，沿伊洛瓦底江顺流而下抵达仰光，乘海船西行，经印度洋、阿拉伯海、红海到达麦加圣地。

完成"朝觐"天职之后，联元游历了土耳其、伊拉克、埃及、印度，游踪所至，访问当地学者，搜集经籍，考证教律。在土耳其，他师事阿布杜·哈米德学习《奈克施巴迪、基克尔》。在埃及，他又从阿布杜·来比来苏里学习古兰读法。到了印度，他又从拉赫曼、图拉学习《沙米》（教法经注）……博采众家之长，兼收并蓄，国外长时期的学术活动，使他的学识大大提高，可谓饱学而归。

联元回国大约在 70 年代初期，持续十余年的大动乱临近尾声。杜文秀所属"十八大司"围攻昆明，屯重兵于孤城之下，各自为战、师老无功，终被清军各个击破。于是，清军集中优势兵力扫荡滇东南起义地区，起义地区的军民虽英勇拼搏，终以众寡悬殊之故，先后被清军镇压下去，解除了"后顾之忧"，清军从而倾巢进犯滇西。

滇东南封建统治恢复，地方残破不堪，然而战祸已成过去，重建家园的同时，经堂教育的恢复与发展，关系到伊斯兰教后继有人，已成为当务之急，与子孙后代的宗教信仰密切相关联。

联元的父亲是新兴州龙门大营的掌教，此时逾八十高龄，忧患余生，精力大不如从前，难以再胜任经堂教学。穆斯林群众决定，敦请老掌教离任退休，由海外学成归来的联元"大师兄"接替，从此开始他后半生卓有成就的经堂教学活动。在马德新奠定的基础上，把云南经堂教育推向一个全盛的时代。

云南穆斯林的先民来自 12 世纪，忽必烈统率大军远征西南，"跨革囊"——乘羊皮筏子横渡金沙江，灭掉大理国。元军中的"探马赤军"，大部分由来自中亚的穆斯林组成，这支劲旅，"上马则备战斗，下马则屯聚牧养"。征服云南后，忽必烈下令："探马赤军随地入社，与编民等"，解甲定居云南各地。"平章政事"赛典赤·赡思丁的九子十三孙，也在云南"大分散，小集中"，传宗接代。由于信仰伊斯兰教，有着与其他民族迥异的心理素质和风俗习惯，形成云南土著的回族。

回族聚居，自成村寨。凡有回族村寨，必建清真寺，它既是回族穆斯林信仰的标志，也是巩固回族共同体不可缺少的重要手段。寺院里一般实行"三长制"，由伊玛目（掌教）、海推布（赞教）、穆安津（宣教）所组成，除组织穆斯林奉行日常宗教活动外，还根据具体条件，开设经堂，培养和造就伊斯兰教接班人，同时向广大穆斯林青少年灌输基本教义常识，以坚定他们的宗教信仰。

长期以来，经堂因循守旧，教学方法落后，学制也不大统一，实际上就是旧学塾，尤其不学习汉语文，甚至视学习汉语文为"叛教"。所以要通晓阿拉伯文、波斯文，除了自己刻苦钻研外，是很难运用自如的。一般经堂中人纪事和书信往来，不能不乞灵于"别字经"（北方称"小儿锦"，即阿拉伯语、波斯语与本地方言相杂拌的汉语拼音）。讲解经文也用不大合乎汉语文法的"经堂语"。当年，经学大师马德新深鉴于此，就不耻下问，向亲友"执经问字"，学习汉文，经过数年的努力，字画渐晓，终于从一个汉文盲到用汉文注释《天方性理第五卷》的哲理部分。他还编译了不少教典教义，送请教外某些权威人士作序，目的并不在于抬高作品的身价，而在于借此增进教外人士对伊斯兰教的理解，所谓"东西同，古今一"，对外消除隔阂，对内打破孤芳自赏状态。

马联元在马德新开创的基础上，发展和革新了云南经堂教育，第一次提出"经书并授"的主张，力图矫正"念经不读书"的传统偏见，要求学者在通晓阿拉伯文、波斯文的同时，能运用汉语文通顺地解释教典，以适应时代发展的需要。他自己就刻苦地自学汉文，《辩理明证》一书便是他的汉文论著。在这本书里，他引经据典，针对基督教、天主教"三位一体"说，发表自己的见解，肯定伊斯兰教"认主独一"的正确性。从本书的篇章结构，遣词造句可见作者的汉文造诣达到了一定的水平。"经书并授"主张虽好，却不容易做到，既由于习惯势力的干扰，也限于当时的师资条件，直到 20 世纪 20 年代以后，云南"振学社"在昆明设立"高等经书并授学校"，先辈梦寐以求的愿望才付诸实现。

马联元时代，云南经堂教育粗具"学制"规模，形成一整套基础课与专业课相结合的教学体系。其全部学习过程大体划分为三个阶段：

第一阶段启蒙教育　寺院经堂小学，实际是业余夜校，先知穆罕默德教导："求学是男女穆斯林的天命。"所以穆斯林中流传（儿童）"四岁零四个月送入学堂"的说法，每天学习时间是晡礼后到宵礼前，昏礼中间休息，"潘闪白夜"休假。

启蒙"开宗明义"第一章，乃是教会儿童背诵《克里默·舍哈德》（作证辞），从思想深处接受基本信仰。《赫听》和《杂学》是小学阶段的主要课程。前者是马联元从《古兰经》中选出的"福力至大"的篇章辑成，穆斯林俗称"十八段（索勒）"，包括首章《法提哈》和《白格勒章》前五节。《阿雅图库尔西》、《雅西尼章》、《穆勒库章》。上课由教师口授，学生跟随教师的声调朗读，直到《赫听》中所选经文背熟为止。此时，并不向儿童讲解其中含义，因为根据儿童的年龄特征，根本接受不了这些深奥的说理，而且也无解释的要求。《杂学》——主要是念、礼、斋诸功的基本常识以及祈祷经文。这两本小册子，既是经堂小学阶段的必读课本，而且风行全国，是中国穆斯林最普遍的宗教读物。

初学儿童能熟练地背诵一些古兰篇章后，即教授阿拉伯语拼音，由于有了发音和诵读的基础，所以"驾轻车，就熟路"。

因而启蒙教育是以能够熟练背诵《赫听》、《杂学》（艾尔·达尔挖特）及拼读阿拉伯文等必修课程作为结业标准的。

第二阶段中学阶段　首先在教师指导下，背诵《黑窝依》（字法初程）、《觅府拖哈》（字法撮要）、《绥勒府·闷特细格》（字法程序）。通过背诵、强记，使学生全面掌握阿拉伯文的动词变化，"伊德阿姆"（叠字法）、"伊阿拉里"（柔弱字母变换）等规律。

这是进入阿拉伯文的一道"难关"，所谓"父老通称铁门坎，能过此关有几人？"在完成上述课程后，继之而来的是学习阿拉伯文法《尔瓦觅勒》、《纳哈五·闷特细格》和《可菲叶》等，以求全面掌握阿拉伯文的词语变格规律。修完上述字法学、文法学，意味着中学阶段课程的结束。

第三阶段大学　教育经过中学阶段的"筛选"，有条件进入"大学"继续深造者，已为数不多。云南寺院经堂"大学"，必修课程是"五大本"——《满俩伊》（文法大全）、《哲俩来尼》（古兰经注）、《伟戛叶》（教法学）、《尔戈伊德》（教义学大纲）、《白雅尼》（修辞学），相近于北方经堂的"十三连本"。通过"五大本"学习，对《古兰经》、教义学、教法学、修辞学，有了较系统的了解和认识，具备了"阿訇"的条件，便为此举行"穿衣"的毕业仪式。

"穿衣"（北方为"挂帐"）仪式，一般选择在尔德、古尔邦或圣纪等节日举行，由当地"掌教"，有时也敦请年高德劭人士为毕业的"海里凡"加冠——戴上缠白巾的礼拜帽，并将一袭绿衣授予"穿衣"者，表示继承和肩负起先知穆罕默德的神圣事业。据传说，迁都（希吉拉历）十年（公元 579 年）十二月，圣门弟子墨阿子奉命去也门传教，临行之际，先知穆罕默德脱下所着绿衣亲手披在墨阿子身上，以示负托之重，历来被认为是伊斯兰教最崇高的奖赏。《天方至圣实录》记下当时情景："墨阿子紧执圣衣，伤心流涕，圣人曰：'汝完主命者。'相依而泣，宁忍而别。"

由于长期教学实践活动，马联元对于传统经堂教学颇多创新。实践证明，这些创新都收到实效，一直被采用和承袭下来，所以云南经堂教学独树一帜，在全国居于先导地位。

首先，联元结合实际，对某些经典著作删繁就简，改写为选本，内容简明扼要，学者易于接受。例如《伟戛叶》改写为《讨绥哈》（简明教法学），删其繁琐，保留精华，通俗易懂，并不比原书逊色，受到中外穆斯林学者的好评。同时对传统的阿拉伯文教材作了必要的改进和补充，并加以创造性的发展，所编纂的《绥勒府》（字法学）、《纳哈五》（文法学），百余年来成为全国经堂的通用教材，沿用至今。

为了适应穆斯林妇女学习教义的需要，马联元特别编写了《菲苏里》（天方分信篇）、《穆希莫提》（教款捷要）、《尔姆德》（清真玉柱）等一套教材。

后人十分赞赏的是，远在百余年前，马联元在阿拉伯文法教学中，已开始采用图表解释变格变位，分类归纳，使学者一目了然。其中马德新编著的《纳哈五·闷特细格》，集中阿拉伯语典型变格变位的虚词，归纳为 100 个"尔瓦觅勒"（变化因素），经过马联元和沙竹轩哈吉的加工边注，内容更臻完善。30 年代，这本小册子随留学生传入开罗，埃及学者见后十分惊异，中国穆斯林对阿拉伯语造诣竟有如此精深的学者。

值得一提的是，马联元还创作了阿拉伯语的发音"歌诀"，将发音时的口形、发音部位要求，用"歌诀"形式表达出来：

| 利府 ۵ 喉根字　　エ乙 念在喉中间
エ乙 之位在上喉　　ݣ府 乙 府在舌根
乙 母 السلوص 三字　　定要念在舌中间
ٮ 德舌边抵左牙　　ٮل 上腭贴舌尖……

虽是百年前的旧方法，至今仍不失其先进性。

在教学方法上，马联元创行"穆尔林制"，即将低班学生按不同程度编为小组，指派高班生充当"穆尔林"负责辅导。这种"兵教兵"的方法，既减轻主讲教师的负担，对于高班级学生也是一种教学实习，互教互学，教学相长，相互提高。由于效果极佳，这种"穆尔林制"历来为各地经堂所采用。

《雅西尼》在《古兰经》中节数最多，中国穆斯林认为是古兰的核心篇章，高贵无比，要求青少年背诵。马联元采取"循环记忆法"，每天晨礼毕，伊玛目朗诵首段，参加晨礼的群众和学生依次背诵一段，名之曰"传经"，久而久之，自然熟练地牢记全篇，终身不忘。所以，晨礼后传诵《雅西尼》，宵礼后传诵《穆勒库》章在南北寺院中流行，形成了常规……

由于教学方法先进，学习效果显著，尤其是马联元本人对伊斯兰教典造诣博大精深，素孚众望，因而他所主持的新兴州龙门大营寺院经堂极一时之盛，成为云南经堂教育的中心。二十余年间，四方从学之士达两千余人，真是人才辈出，门墙桃李遍布滇中，远至四川、贵州、缅甸都有人负笈千里而来，开辟了云南经堂教育史上的全盛时代。继承其衣钵，培养和造就人才最多的田家培哈吉、纳明安阿訇，都是他的再传或三传弟子。

马联元在教法上独宗大伊玛目哈乃菲，属于伊斯兰正统的格迪目派，极重视"天命五功"，认为神圣不可侵犯，故以"卫道者"自居，曾在著作中表明严正立场，对某些教亲提出批评，指出该教亲不赴圣地麦加朝觐，而访拜某些人的所在地，显然是对经学教义的曲解,是不正常的表现。某些人士对此不满,激进的人甚至扬言要进行报复。情势险恶,马联元深感个人安全受到威胁,决定离滇出走,就在各地穆斯林庆祝他60生辰结束后,只身前往缅甸宝石厂。次年赴印度讲学,在孟买出版了他的阿文著作《讨绥哈》上卷。1903年在印度干补勒城归真,终年63岁(过去不少记载,包括《宗教辞典》,把他的生卒误为1840—1895年)。印度穆斯林特为这位中国学者建造坟墓,树立碑记,体现了中印两国穆斯林的学术交流与传统友谊。据说这座坟墓一直保存下来,纳忠教授提起此事,常感慨不已,说:"几次路经印度,来去匆匆,竟没有去凭吊一下这位长眠异国的中国穆斯林前辈学者,成为生平憾事之一。"

马联元经学世家,在他的前几辈事迹流传不多,难以考证。自他之后,至今传了四代,正是"世家代有经师,蜚声经坛数十年"。

第二代是他的三个儿子:安贞、安义、安康。

安贞是联元的养子。据说他原是佛寺里的小沙弥,常去清真寺听联元讲经论道,思想有所转变,毅然脱离"青灯古佛、晨钟暮鼓"的生涯,皈依伊斯兰教,从联元学习教典,后来任教于缅甸宝石厂,深受当地穆斯林的爱戴。

次子安义,字宜之,继承家学,以学识渊博著称,云南穆斯林尊为"二吾师台"。本世纪初自麦加朝觐归来,海船遇风暴,漂流海南岛,曾应当地穆斯林礼聘,在崖县任教。后转赴广州、上海,晚年回到云南,先后执教于昆明东门清真寺和玉溪大营,从学者颇不乏人。曾用阿文著有《聚礼明证》和《明德实语》两本小册子,昆明有刻本,1943年归真,终年76岁。

三子安康,字健之,云南穆斯林尊称为"三吾师台"。青年时代赴甘肃从"果园哈吉"马万福学习教典,受马万福影响颇深,但回滇后仍坚持父兄的格迪目立场,放弃伊哈瓦尼所谓"遵经革俗"的主张,先后在昆明、盘溪等地讲学,解放后在昆明归真。曾印行所著汉文小册《回教要旨》,自称"译自大典",题材近似《世说新语》,即著者的读经札记,据闻近已在台湾翻印。

第三代代表人物是安康子玉龙,字瑞图,曾在广州及玉溪大营讲学。瑞图除精通伊斯兰教典外,对现代科学也大量涉猎,在广州任教期间,主编《天方学理月刊》,以较新观点解释伊斯兰教义。译有《回教认一论》和《穆圣的默示》两本书,先后在中华书局出版。后译《伟戛叶》,未完成而与世长辞,时人伤之。

今日马联元经学世家传至第四代,由瑞图子云从继承先世遗教,担任云南巍山县大围埂回族聚居区掌教,在滇西穆斯林中有较高声望。云从老成持重,沉默寡言,自幼力学不倦,曾就学于沙甸白孟愚先生创办的"养正学校",马坚先生亲自教授,阿拉伯文、汉文造诣较深,有汉文、阿文著作,未公开发表,由当地斯穆林油印传抄。现当选为第六届全国人大代表,1984年应科威特邀请,作为穆斯林朝觐团成员,赴麦加圣地朝觐。其所受到国家的重视,及给予崇高的政治待遇,在这个"经学世家"中是史无前例的。

云南回族先哲马观政先生

纳兰珍　纳国昌

　　本世纪初，云南回族人士年高德劭、较负众望者，当推马观政先生。当年，这位老人不啻为广大回、汉族群众所知名，而且享有很高的声誉。老人之所以深得人心，在于他是"丙辰之变"幸存者，亲身经历了这个历史悲剧的全过程。劫后余生，他以有生之年，致力于回族善后，奔走呼号，犯难拼搏，始从虎口中索还部分回族殉难先灵的"绝业"，惨淡经营，从而为定居省城的回族大众置备下主要的公共积累——房地产，为后来发展回族文化教育事业提供必要的物质保证。武昌起义消息传来，老人力促三迤回族发出通电，宣布拥护共和。窃国大盗袁世凯复辟帝制，粉墨登场，老人义愤填膺，以耄耋之年，参加示威游行，积极声援"护国讨袁"运动，在广大回民中作出表率。老人一生忧国忧民，光明磊落，云南军都督蔡锷敬仰老人德行，特聘为军政府咨议官，虚心求教。唐继尧和龙云主持滇政时，又聘老人为顾问。老人献身回族社会公益，艰苦卓绝，任劳任怨，不计较个人得失，亟宜载入史册，缅怀先哲，激励后进，共同为回族的兴盛发展以及"四化"建设作出应有的贡献。

一、"丙辰之变"目击者

　　马观政先生，字敏斋，清道光十七年（1837年）出生于昆明回族的一个"书香门第"，自幼读儒家经史，准备应试科举，走旧时代知识分子显亲扬名的终南捷径。

　　老人远祖本是中亚人，元初随赛典赤·赡思丁来华，累世居官。明代在朱元璋军中任职的马协、马铉弟兄即老人先祖。灭元后，论功行赏，马铉分封云南，赐地在昆明北郊马村、茨坝一带；马协分封于黑龙江，后裔马肇奎进士，清咸、同年间在宁夏做官多年，在当地兴办了不少公益事业。后来，马肇奎委托马如龙访求在云南的家族，于是找到老人，马如龙聘为幕僚，委任调解回、汉纠纷，处理回族善后事宜，老人善于顾全大局，处事公正，获得"老巴巴"马复初和"提督军门"马如龙的器重。

　　老人的青少年时代，正当中英鸦片战争后，西方列强依恃船坚炮利冲破闭关自守的"天朝"门户。随着外国资本主义的侵入，加速古老封建社会的解体，逐渐沦为半殖民地半封建社会，各族人民灾难深重，阶级矛盾激化，黑云压城，山雨欲来，一场波澜壮阔的风暴——太平天国革命终于在19世纪50年代爆发。太平军健儿以迅猛异常的声势，席卷东南半壁和大江南北，遥远的云贵高原也受到波及，人心思乱，清王朝统治陷于风雨飘摇，大厦将倾……

为了挽救垂亡命运，清王朝任命在籍兵部侍郎黄琮、御史窦垿为云南"团练大臣"，组织地主武装，疯狂镇压各族人民。血雨腥风，弥漫全省，在云南近代史上揭开一场空前大动乱，兵戈不息，杀人盈野，持续达二十余年之久。

当时，老人在汉族群众掩护之下，侥幸从屠刀丛中逃亡，得以保全性命。类此事例并不少见，正如杜文秀在《兴师檄文》中所指出："千百年来，回汉两族人民守望相助，出入相友，何尝有畛域之分？"由于"妖官"挑拨离间，煽风点火，导致两族关系恶化，互相残杀，清王朝不但是罪魁祸首，也是各族人民最凶恶的暴君。

老人颠沛流离，目击这场浩劫，光绪二十六年（1900年），痛定思痛，挥笔撰写了《咸同滇垣十四年大祸记》①一稿，记载昆明"丙辰之变"（1856—1870年）的始末，于1927年在云南《清真铎报》上披露，为后世留下一份弥足珍贵的史料。

《大祸记》这本小册子，篇幅不多，内容却翔实可信，特别值得一提的是，与同时代一般私家记载迥异，首先揭示，"呜呼，治乱之理，虽曰天意，亦抑人事哉"。国家的安定与动乱，虽是不以人们意志为转移的客观规律，但不能忽视人民群众所起的作用，反映老人进步的历史观。更难能可贵的是，老人对清王朝的反动本质有较正确的认识，一针见血地揭露，清统治者"横生种族之见，大逞杀戮之欲"，集中反映在回汉两族人民对南安州（今双柏）石羊厂银矿的争夺上，清官府"不持公平解决"，而是"见临人势强，则召临人以杀回人；见回人势强，又使回人以杀临人"，其险恶用心，在于"暗中挑拨，意在两伤"。"丙辰之变"就是一贯实行这种反动政策的结果，也是官府蓄谋已久的暴行，他愤怒地抨击清廷支持的临安暴徒在滇西大肆烧杀，血洗回民村寨，"凡广通、罗川、禄丰等地回民，不分良莠，劫杀殆尽"。回民向官府痛陈受害惨状，要求申雪，制止暴行继续发生，"官绅漠然视之，反行袒护……"甚至派专人向暴徒通风报信，说"回人聚省，意图报复"，指引双手沾满鲜血的暴徒挟带掠夺财物，改道而行。

接着"三院司道"密室策划，由云南巡抚舒兴阿与团练大臣黄琮会衔颁布决议，通令"灭回"，饬令各府、厅、州、县对回族"格杀勿论"，快马飞递"滚单"，"横直剿灭八百里"。首先集合昆明四十八堡团练配合临霸，自四月十七日起，封锁城门三日，"分头搜杀回民，不论良莠老幼，悉殄灭之……妇人被害者，赤身露体，横卧街中，胎儿犹蠕蠕转动，情形惨极，令人不忍卒睹……"一幅人间活地狱图景，留于纸上，而将"灭回"官绅永远钉上历史耻辱柱。

官府的暴行，回族人民惨遭毒手，家破人亡者所在皆是。然而广大汉族群众也深罹其害，生命财产同样蒙受重大损失。《大祸记》中也不乏这方面记载，体现老人对汉族受害群众的同情。当武装回民进入昆明，南关外繁华的"三街六市，到处火起"，烈焰冲天，杀声震地，官府惊恐万状，慌忙下令关闭四城门，城外居民望门号哭，被迫投盘龙江、滇池者大有人在。官军不敢出城与回军交战，大杀难民，持首级冒功清官不敢过问。"围城"期间，粮路断绝，奸商乘机哄抬物价，斗米售至白银20两，铜钱一文购蚕豆2枚，广大平民不敢问津。以致华山树叶、翠湖浮萍，平民争食殆尽。饿死者棺木累累如乱草，弃置古庙……

《大祸记》还记载了回族英烈杜文秀致马复初的复信，拒绝与官府妥协，略谓："官吏反复无常，前车在鉴，未可信也。且满人夺我华夏，主政二百余年，今之官吏大都忘其根本。吾三迤回汉一心，誓绝满虏，有进无退。况今者太平天国已克复十有余省，石达开奉命

---

① 下文简称《大祸记》。编者注。

来滇，将与吾歃血为盟，互相援助，扫尽腥膻，以安吾民，指顾间事耳，愿老爸爸无复多言。"老人郑重声明："时某在复初侧，故得亲睹。"表明当时正在马复初左右，亲眼目睹这封信，这也是《大祸记》保留下的重要史实，寥寥数语，义正辞严，声如黄钟大吕，一代英烈杜文秀的光辉形象跃于纸上，对斗争前途非常乐观，决心与太平军联合，并肩作战，达到"扫尽腥膻，以安吾民"的最终目的。

老人在《大祸记》中鞭挞了汉奸刽子手岑毓英的卑劣行径，此人阴险狠毒，惯于玩弄两面派手法，当回军占领昆明，居于优势，他立即见风转舵，头缠白巾，手捧"天经"（《古兰经》），伪装皈依伊斯兰教，向回军诈降，摇尾乞怜。"满祚将终，洪王领有十余省，而公等又得云南（省城），岂非天意耶？我虽清吏，皆幕燕釜鱼，公等若不我害，能为公襄办笔墨，运筹帷幄……今大事已定，速通使杜元帅为一气……可请老把爸护理总督，以安人心。"当时，以马荣为首的回军将领，早已洞悉其奸，竭力主张杀此丑类，这个跳梁小丑为了活命，甚至拜认马复初为"义父"，以求得到庇护。同时，一手策划，派人劫持马复初，硬推上"护理云贵总督"宝座。曾几何时，狼子野心，一阔脸就变，又罗织"莫须有"罪名，将其"义父"——84岁高龄的回族经学大师置于血泊之中。

老人对于某些回军领导人的过失，也不曲饰，秉笔直书。临安暴徒抢劫城郊小板桥汉族典当商李芬家，回军闻讯驰往，击溃暴徒，夺回财物，没有物归原主，而是作为"战利品"据为己有，物主因而向官府控告回军抢劫。老人谴责回军领导人马凌汉处置失当，致授他人以口实。

此后，"汉绅时言回人欲反，嗣因凌汉之举，官吏益疑，欲翦除之，乃使人诬告陕西回弁妥福，妥寿造'无门之锁'，阴谋作乱。时黄琮奉旨练团，亦意在剿灭。"官绅勾结，大造舆论，强加"莫须有"（造无门之锁）罪状，以作大规模"灭回"借口，狰狞面目，险恶用心，在《大祸记》中暴露无遗。

二、不畏权势　清理"绝业"

持续20余年的大动乱结束了，全省呈现一派"白骨露于野，千里无鸡鸣"的残破景象，十室九空，土地大面积荒芜，人民大量死亡。据有关统计，道光十年（1830年）云南府约266 475户，1 448 101丁口；光绪十年（1884年）锐减至70 912户，人数约254 295丁口，20年前后户口对比，损失惨重。会城外原有清真寺8座，回族不下千户，历经"丙辰之变"，几被斩尽杀光。此时，孑遗者相率逃亡归来，满目凄凉，在废墟上搭建茅屋，聊以栖避风雨。大乱之后，百业凋敝，生计艰难。还有一部分上层人士——清军回族武官将弁眷属，构成长期乱离后的回族基本群众，迫切需要清真寺，以及为他们的子女提供学习伊斯兰教经文的机会。

当时，官府成立"善后总局"，招抚逃亡者，责令各归其乡，宣称将清还其旧业，显然是故作姿态，粉饰"仁政"而已。事实上，旧时居民早已沦为刀下鬼，十不存一，原有房舍田产，官方早已宣布为"逆产"没收，为"灭回"的权势官绅所侵吞，视之为祖业，子孙世袭罔替。

马如龙调任"湖南提督"之前，委派老人负责清理"绝业"。任务艰巨，老人不计个人利害，毅然挺身而出，以"苦主"——回族遇害者遗族身份，胪列省城回族原有房地产清单,向"善后总局"及官府申诉,要求如数发还,作为回族公产,以祭祀先灵和教养子遗。于是,长期与某些颇有权势、不可一世者大打官司。

先父——故昆明永宁清真寺教长纳明安阿訇,生前每提起老人,赞叹之情,溢于言表。据说,为了积累公产,老人几十年如一日,经常挟一蓝布包,奔走于昆明县衙门、审判厅之间,风雨无阻。车马费、膳食自理,从没有向公家报销一文开支。老人深悉内情,自写诉状,自控告,据理力争,深获正义人士同情。某些权势者慑于舆论以及老人不懈的斗争,富贵不能淫,威武不能屈,不得不退还部分,保廷樑先生任"云南高等审判厅"厅长期间,先后判还福海村的沃田"二百余工"。老人常说,公产的每一块瓦片上都站着一个"鲁哈"(亡灵)。死者长已矣,生者任重道远,老人之所以不惮劳苦,冒险犯难,终于为回族大众要回数量可观的房地产,其思想动力就来源于此。

同治十二年(1873年),决定在废墟上重建南城清真寺。由于公产收入有限,回族大众普遍贫困,难以动工。老人说服云南提督马如龙大力资助,捐"白银五百两,木料一份"(全部材料),工程得以如期完成,继而重建永宁寺、顺城寺。呈贡、晋宁、澄江、宜良等县的清真寺相继重建,都得到老人的大力支持,至今残留的碑刻都有记载。

清真寺是穆斯林宗教信仰的标志,是精神支柱所在,同时也是不可缺少的文化活动中心,自成教坊,培养宗教接班人,穆斯林又在新的历史条件下继续发展。

由于老人倡议,当时还在南城外蜈蚣岭修建公墓(俗称"万人冢"),将"丙辰之变"回族殉难者骸骨集中于此。后又迁葬西门外麻园,并由回族"社会贤达"——陆军中将署云南盐运使马聪(伯安)撰写《清咸丰丙辰回教殉难先烈瘞骨所》的碑文,其中表彰老人,略谓:"马君观政,九十余高龄,乃'丙辰'至今仅存者,每过当年殉难教亲瘞骨之所,未尝不泫然流涕。以收集骸骨,妥善安葬为己任,善始善终,备极辛劳。"

经老人提议,昆明回族除了传统的"三大节日"——古尔邦、尔德、圣纪之外,每年农历四月十日规定为"亡人节"。是日,南城清真寺举行群众集会,老人生前照例登台讲说,以亲身所见所闻勉励回族人民牢记历史教训,强调与汉族人民和睦相处,各行其教,千万勿为奸人所利用,导致丙辰流血惨剧重演。老人反复叮咛后人,回汉相争,到头来总是"两败俱伤",而"渔人"——官吏豪绅坐享其利。会后,老人坚持扶杖与大伙登麻园山麓"扫墓"——恭诵《古兰经》,悼念遇难者。老人往往悲不自胜,常语重心长告诫后人,成千的"鲁哈"眼睁睁地指望我们搭救,怎能掉以轻心,不经管好他们生前的艰辛创业,闻者无不为之感动。

有人曾将东门的某处"绝业"据为己有,建造园林。老人多次劝阻,晓以大义,其拒不肯归还,老人不惜赔上私产,与其打了多年官司,终于胜诉,迫使其将所占地产折价归还清真公会。老人不徇私情,捍卫公益的行动,博得广大回族群众的赞扬。

三、志在"振学" 鞠躬尽瘁

由于长期封建统治,农村破产,民不聊生,尤其统治阶级对回族横加歧视,谋生不易,广大回族群众一直处于"贫"与"愚"状态,所谓"因贫致愚,因愚致贫",互为因果。而云南回民僻处西南边陲,交通险阻,与东南沿海隔绝,民智开化较晚,长期落后。

辛亥革命后,北京成立"回教俱进会",云南相继成立"滇支部",旨在团结广大回族,兴办福利事业。当时，回族中一般有识之士鉴于回族的落后状态，一致主张先从振兴教育入手，提高回民的文化教育水平。云南留日学生保廷樑、赵钟奇等就曾在东京创办《醒回篇》，鼓吹振兴教育，培养人才，改变回族现状。

袁世凯搞复辟时，"回教俱进会"屈从帝制，"滇支部"立即宣布独立，脱离北京"回教俱进会"，与"护国"大业保持步调一致。滇支部成立了"振学社"，由老人担任社长，马生凤任副社长，主持回族文教事业。

振学社直到抗日战争爆发，各省市统一成立"回教救国协会"，才完成了它的历史任务。在其存在期间，主要成就是"出版"、"办学"与"培养人才"。

（一）出　版

整理和出版了云南先贤马注、马复初、马联元等大量阿拉伯文、汉文译著。马复初的汉文译著《四典要会》、《大化总归》、《天方性理第五卷注释》、《信源六箴》、《清真蒙引歌》等风行全国。马联元编著的《米府它哈》（阿文字法初程）、《哈瓦遂来》（阿文文法）、《启命约以》（波斯文法）、《摆天乃》（阿文修辞）、《四篇要道》、《清真玉柱》等书，百余年来成为全国经堂的通用教材，《赫听》（古兰精选本）和《杂学》更是穆斯林的普遍读物，对于传播伊斯兰教文化起了重要作用。

1872 年，清军攻陷大理，烧杀劫掠，"大元帅杜镱"的《宝命真经》（《古兰经》）木刻版荡然无存，民间也不敢私藏。战后，为了适应全省穆斯林的迫切需要，在马联元倡导和主持下进行《古兰经》的木板雕刻。回族富商"兴义和"马善斋和"兴顺和"马心泉姑表兄大力资助，招雇四川高手刻匠 30 余人，集中南城寺，由著名书法家田家培哈吉书写，老人监督，费时二年余得以完成，由"振学社"大量印刷。云南木刻版《古兰经》，字划刚劲有力，有如一气呵成，颇具中国阿拉伯文传统书法的特色，至今全部雕版仍保存南城寺，已成为海内孤版，是中国伊斯兰教珍贵的文化遗产。

当时，先后出版和翻印过两本非穆斯林撰写的小册子。一是辑元明有关史料的《咸阳王抚滇功绩》，论述赛典赤·赡思丁建设云南行省的重大成就。另一是何慧青所著《杜文秀建国十八年始末记》，肯定杜文秀与洪、杨同是"革命满清"，马聪和白寿彝先生曾撰文作序。

（二）兴　学

最初开办"清真义学"，在回族青少年中扫除文盲，打下普及教育的基础。1920 年前后，成立振学社高等经书并授学校，由马健之阿訇讲授阿拉伯文经典，杨文波讲授《教育学》，同时兼习汉语和历史，以适应时代潮流的发展，在中国经堂教育史上是一项重大改革。1926 年秋季，成立明德小学部，1928 年成立中学部，已是新型的"国民学校"性质。同年将"高等经书并授学校"改为"明德中学阿文专修部"，由纳明安任阿文部主任，李芳伯任中学部主任，王良弼任小学部主任。至此，云南明德学校包括小学、中学、阿文专修三个部的组织形式固定下来，它与北平成达师范、西北公学等，在全国回族中具有一定的影响。

（三）培养人才

20 世纪 30 年代初期选派第一届留埃学生，由沙儒诚领队，学生是马坚、纳忠、张子仁、林仲明。马坚原是上海伊斯兰师范学生，出国前回滇，列入明德中学名单送往开罗爱资哈尔大学。1933 年，选派林兴华、纳训、马兴周三人为"第三届"留埃生（第二届由北平成达师范选派）。留埃生学成归国，大部分成为当代国内外知名学者，为中国和阿拉伯世界的学术文化交流作出重大贡献，受到党和国家的重视。

据纳忠教授回忆，1931 年 11 月，沙儒诚和他离昆出国时，老人不顾亲属劝阻，亲往滇越车站送行，握手叮咛为圣教珍重，寄予愿望。教授无限感慨，半个世纪过去，此情此景，犹历历在目。

四、顾全大局　消弭隐患

伊斯兰教传入云南，最早传说始于唐代，据《新唐书·南诏传》史料，贞元十七年（1801 年）春，南诏军进击吐蕃，"虏大败。于是康，黑衣大食等兵及吐蕃大酋皆降，获甲二万首"。"康"即中亚的撒马尔罕，"黑衣大食"是阿拉伯人建立的阿拔斯王朝，战士大部分由穆斯林组成，降居南诏，伊斯兰教自然随军进入南诏统治区，故昆明南城寺"功德碑记"有"建自唐初"之说，虽不足为信，但可见伊斯兰教在云南由来已久。

伊斯兰教较大规模的传入云南当在元初，忽必烈率大军远征云南，灭亡大理国。元军中的"探马赤军"成员大部分来自中亚的各族人民，穆斯林居多，这支劲旅"上马作战，下马屯田"，很大一部分在云南定居。至正年间，赛典赤·赡思丁为云南平章政事，开展行省建设，穆斯林更大量进入云南，昆明城郊建有 12 座清真寺。《多桑蒙古史附录》甚至说："省在押赤（昆明）大城中，其居民尽回回教徒。"虽不免夸大，亦可见穆斯林之众。

云南伊斯兰教的发展，也曾出现两次"大分化"。乾隆年间，中国哲赫林耶教派创始人马明心被杀后，其子马顺真被发云南墨江他郎矿山，后移居河西大东沟，哲赫林耶教派突起，从而打破传统的格迪目派的大一统。20 世纪 20 年代初，马维海、王少美从甘肃果园哈吉马万福帐下学成归滇，提出"遵经革俗"的口号，伊合瓦尼派的出现，又导致云南伊斯兰教的第二次分化，成为格迪目、哲赫林耶、伊合瓦尼三个大派鼎足而立的局面。

格迪目派与伊合瓦尼派的长期论战，有助于教义教律的探讨与研究，推动宗教哲学的发展。然而在实际生活中却是造成内部不和和不安的因素，尤其相互攻击，自以为正确，在穆斯林中造成很坏的影响。

老人认为教派纷争是伊斯兰教内部的隐患，前途堪虞，所以积极建议和支持"回教俱进会"于 1925 年初春召开一次教务会议，目的是根据《古兰经》和圣训阐明观点，沟通思想，求同存异，互相尊重，各行其是，加强伊斯兰教内部的团结。

当时，两派出席代表一百余人，集中于昆明南城清真寺，都是全省著名经师和知名人士，由老人主持，各引经据典，就某些分歧进行辩论和探讨。经过 7 天的热烈辩论，一致认为双方在基本信仰及实践方面符合经、训原则，只是个别宗教仪式和习俗观点各异。最后，老人委托沙竹轩哈吉整理一份阿拉伯文的《会议纪要》，寄给伊斯兰世界最高学府爱资哈尔大学，请求"仲裁"。爱大校长亲自过问，复信表示："亲爱的中国穆斯林弟兄，请勿在枝节问题上纠缠，不要分裂，愿紧握安拉的牢固绳索……"此后两派长期和平共处，互不干涉。老人以民族利益为重，用心良苦，消隐患于无形，树立解决教派纷争的样板，值得后人借鉴。

五、两袖清风　遗爱人间

观政老人毕生致力于云南回族公益，不取任何报酬，视管公为自己终身的神圣职责，运筹辟划，不遗余力，所以公而忘私，不治家产，昆明仅有祖遗平房数间。马如龙深悉老人清贫，曾委任新兴州"厘金总办"，足以大饱私囊，老人谢绝不往，其不慕荣利，甘于淡泊的高风亮节，以及一生尽瘁桑梓公益，改善回、汉两族人民关系，呕心沥血，赢得社会的普遍赞扬。因此被誉为云南"八大名士"之一，与袁嘉谷、赵藩、陈荣昌、李根源等并列。老人文采风流虽不及上述人物，而声望则有过之而无不及。

老人于1938年与世长辞，终年98岁，回、汉两族送葬者之众，为历来所仅见。其独子鸿宾，自幼秉承庭训，温良纯善，勤俭操持家务，老人献身回族公益，始无后顾之忧。

长孙会云，字石青，研习农艺，供职旧建设厅苗圃；次孙德云，字晓谷，毕业于黄埔军校六期，从事戎马生涯，抗战胜利，随军入越受降，后又追随卢汉将军光荣起义，投向人民，复员后任中学外语教师，今已退休；季孙登云，依靠勤工俭学，完成中学学业，投身革命，是中共云南地下党最早的回族党员，积极从事革命活动。"四·一二"反革命政变后，南京政府派人来滇清党，登云作为地下党重要人物被捕，壮烈牺牲，今人民政府特在黑龙潭为烈士建造陵墓，为云南回族史谱写下了光辉的篇章。

说明：本文初稿寄呈纳忠教授审阅，京华盛暑，教授不辞辛劳，修正和补充不少史实。马德明先生以耄耋之年，也给予宝贵指示。老人哲裔马晓谷、马静同志提供不少资料，得以定稿，与上述人士大力支持分不开，谨在此致以谢忱。

爱国民主人士马伯安先生

纳钟明　马运达

　　伯安先生逝世快 25 年了。他直质坦率，持躬谨廉，刚正不阿，遇事敢言的鲜明性格，追求真理，献身革命的精神，以及博古通今的学养，风骨铮铮的诗文，苍劲挺拔的书法，素为滇中各界人士所景仰，至今犹赞赏不已。可惜有关他生平的许多珍贵资料，由于众所周知的原因，散佚甚多，一时很难搜罗尽至，备述周详。仅能馨其所知，举其概略，略抒管见，求教于方家学者，提供进一步研究的素材资料，藉表对伯老深切怀念之情。

　　先生姓马名聪字伯安，回族，昆明人。生于清光绪十二年（1886 年）。自幼孤苦，家境清寒。母亲马氏，敦厚勤劳，持家严谨，为了课子立业，不惜含辛茹苦，针指度日。先生自幼勤奋自学，孜孜不倦，及稍长，取入清末云南武备学校，因系公费，既得免家庭负担又可遂报国之志。卒业后在唐继尧、龙云主持滇政时期，历任军政要职，以功递授陆军中将。其间于 1915 年任团长；1916—1918 年任旅长；1923—1929 年任云南省政府委员兼军政厅长，代理云南督军兼云南盐运使，并任过第十路军总指挥参谋长；1941—1944 年任云南军管区副司令；1947 年当选为"国大代表"。

　　1949 年参加云南和平起义后，曾任西南民委委员、云南军政委员会顾问、云南省民委副主任、省政协常委，并选为人民代表。1957 年被错划为"右派"，1961 年病逝，1979 年平反改正。

　　肇自 1911 年孙中山先生领导的，旨在推翻清朝封建统治的资产阶级革命（即辛亥革命）爆发后，云南人民闻风而起，立即发动了辛亥光复起义，形成了全国规模的革命运动。先生从青少年时代起就忧国忧民，追求救国济民的真理，际此风云剧变之时，深明"驱除鞑虏，恢复中华"大义；毅然投身于辛亥革命斗争中。云南辛亥"重九起义"时，他与唐继尧受命围攻督署，亲率七十四标第一营猛攻总督衙门，为推翻清王朝专制，为云南光复立下了战功。

　　势不可挡的辛亥革命运动，终于推翻了清王朝的反动统治，成立中华民国临时政府。从此以后，民主共和的观念深入人心，先生深受启发，在思想中播下了民主的幼芽。孰料革命胜利果实很快就被帝国主义扶持、怂恿下的窃国大盗袁世凯攫取，称帝复辟。继之而来的二次革命失败后，中山先生继续举起反袁的旗帜，号召"戮此民贼，以拯吾民"。云南人民积极响应，于 1915 年 12 月 25 日在蔡锷、唐继尧、李烈钧等的推动下，发动了护国运动。首倡义旗，宣布独立，拥护共和。先生至此，信念弥坚，亦步亦趋地参加了护国运动。

　　起义前夕，曾参加了秘密会议，在五华山将军署礼堂，与唐继尧、蔡锷、李烈钧、罗佩金等歃血盟誓，共定义举，打响了护国讨袁第一枪。1940 年，先生曾在《清真铎报》新 2

102

号上为文，回忆了这段史实："当其秘密会议，不佞亦曾参与其间，得悉始末。"

护国军入川后，先生任过第一混成旅旅长，与北洋军激战，后驻宜宾，任自贡警卫戍司令。护国告捷，川局平定，返滇后，任督军署总参谋长等职。

1911年的辛亥革命，对"中国人民的觉悟程度，比起过去几十年来，虽然已经空前提高，但究竟还是在资产阶级民主革命的启蒙阶段"。以孙中山为首的资产阶级革命民主派，无可避免的还有其弱点，他们没有严格区别君主立宪派和民主革命派。许多君主立宪派人物在辛亥革命前，已经挤进了革命队伍中，在革命爆发后更大量地参加进来，把革命的领导权抓到自己手里。君主立宪派自称也要推翻清王朝，建立民主共和，但他们努力使革命的内容限制在仅仅是清朝廷退位的范围内①。袁世凯死后，直、皖、奉军阀为了抢夺地盘和政权，进行了大规模的混战，其他各省也出现了大小军阀之间的混战。

云南亦不例外，自护国、护法以后，连年以一省之力用兵于外，未能修明内政，以致政变迭起，军阀长期混战。自1926年以后，唐继尧深感其部下握有实力的第五军军长龙云、第二军军长胡若愚、第十军军长张汝骥、大理镇守使李选廷等严重地威胁着他的统治地位。于是采取各种措施限制、削弱他们的实力，以巩固其统治地位。而龙、胡、张、李各怀鬼胎亦感自危，为了保存各自的实力，他们之间的矛盾得以暂时调和，暗中结成倒唐联盟。于1927年2月6日，联名公开发出倒唐通电，发动了"二·六"政变。唐为了挽回危局，解脱困境，不得不在危急之时，敦请深受众望的马伯安、王九龄先生去找龙云，周钟岳先生找胡若愚，进行疏通调解。伯安先生等为了生灵免遭涂炭，于危难之际，甘冒风险，斡旋其间，终于达成协议，改组省政府。唐继尧下台，成立省务委员会，先生先后出任省务委员，并和周钟岳被公推为省务委员会常务委员。接着唐于五月死去，为时未及月，龙、胡、张、李四人为争夺政权的矛盾又复激化。于是发生了"六·一四"政变，最后龙云消灭了异己，夺得了对云南长达18年的统治权。其间马伯老"不为宋轻、即作鲁连"，非有所企冀而为之，实出于爱乡爱民的热忱，有以致之。

伯安先生在上述历史事件中，虽曾跻身其间，初则共襄义举，继则斡旋往还其中，起过重要作用，但非心怀叵测，图谋私利操纵政局的人物。他光明磊落，在纷纭复杂、动荡不安的政局变化中，不失大节，不断探索救国救民的真谛。

在《云南护国首义三十周年纪念感言》一文中，伯安先生认为："有辛亥之革命推翻专制，而后有中华民国诞生，有云南首义拥护共和，而不绝如缕之中华民国寿命，幸不中断，由是北伐统一获得成功，进与世界反侵略之民主国家并肩携手将法西斯帝国主义根本摧毁，使近百年来受制屈服于强权下之中国，一旦翻身，脱去帝国主义之羁绊，成为独立自主之国……"

先生从历史发展的观点出发，理解了中国人民近百年来不屈不挠，前仆后继的斗争历史；中国人民反帝、反封建的大无畏精神，以及对独立自主的新中国憧憬向往。字里行间爱国的拳拳之情，一览无余。

先生对袁世凯的叛国称帝罪行，有较深刻的认识。对唐继尧的评价，虽应肯定其在护国运动中所取的重大作用，但似觉褒扬失度，未及本质。《清真铎报》上他曾有过如下评述："……倘无唐公其人，主持正义，毅然决然，投袂而起，则此震天非常之举，即不牵于利害之见，亦将挠于持重之说，一箸之失，噬脐无及，恐民国之为民国，真不知几人称帝，

---

① 参见胡绳：《帝国主义与中国政治》。

几人称王矣……"①"会泽唐公继尧，以孤臣孽子而秉滇政，势孤力弱，四无依傍，徒以袁氏叛国，激于大义，竟能不动声色，当机立断，毅然决然，投袂而起，建此非常伟业……论者不察，谓唐氏此举，实出被动。须知唐氏为军事首长，大权在握，勿论无人劫持，藉日能之，唐氏不为所动，或竟执以邀功，则列土分封，位跻王侯，固意中事，无如唐氏非其人……"②

由于历史的局限性，我们不能苛求先生在其思想发展过程中，评人论事，言必符合辩证唯物和历史唯物论的观点，立论纵有片面和局限性，亦无损于先生的爱国民主思想的主流。

辛亥革命七十周年纪念时，已故省政协马运升同志在读了先生的一些遗诗后，曾赋诗抒发对先生的崇敬怀念之情，诗曰："两参革命为法治，曾反独裁拥民权，硕得景行人共仰，发幽振潜大治年。"

伟大的抗日战争爆发以后，举国上下奋起抗战，昆明成了坚强的大后方。在近日楼上"还我河山"四个璀璨夺目、威慑敌胆的大字，巍巍然镌刻在墙上。这就是伯安先生目睹山河破碎，痛心疾首，集满腔仇恨于笔端，挥毫写下的。它显示着中华民族继往开来，坚贞不移的民族气节，激励着人们同仇敌忾、驱逐倭寇，保卫祖国的信心。

息隐多年的伯安先生，深感"国家兴亡，匹夫有责"，难安缄默。于是走出书斋，密切关注时事，秘密订阅《新华日报》，广泛接触民主人士，参加社会活动。其间，曾一度应龙云之请出任云南省军管区副司令，为补充抗日部队兵源，作出过努力。

伯安先生是云南回族的杰出人物之一。他把对国家、民族、宗教的热爱有机地结合起来，不遗余力地利用民族、宗教社团的力量和社会影响来为抗战救国服务。

云南回族之有社会团体，最早如回教俱进会滇支部，后如抗战军兴的中国回教救国协会云南省分会，先生皆居于领导地位，先后三十多年，对会务的推进作出极大的贡献。诸如：清理清真公产，筹措经费，振兴教育；为提高云南回族人民的民族素质，倡议创办明德小学、明德中学（今改为昆明十三中）；为研究阐扬伊斯兰文化教义，设立阿文专科学校，先于全国各地分批资送留埃及学生（这些留埃学生绝大多数于抗战期间学成回国，敬恭桑梓，成为教授、学者。受到党和国家的重视，为社会主义建设作出了贡献），恢复了《清真铎报》等等。

自清迄至民国以来，我国的少数民族备受欺侮、压迫，特别在国民党反动统治时期，更加肆意压制民意，禁锢言论、出版、结社等自由。为了争取合法的民主权利，在云南省回族同胞的支持下，先生承担负责，毅然恢复了《清真铎报》，使之成为回族人民发表国是意见、阐扬伊斯兰精神的重要舆论阵地。先生的许多重要诗文便是通过该报发表的。

由先生领导的中国回教救国协会云南分会，于1939年1月成立。先生为该会提出的使命是："……一方面促进回胞认识当前抗战之意义，一方面发挥回胞固有的优良民族性，以加强我们整个民族抗战力量，予敌以严重打击。"号召全省回族"策动起来，拥护政府既定的国策，一致抗战到底，争取民族的解放与国家的独立生存，这是大时代之推演，赋予我们的使命，而不容任何一人可以推卸的。"③ 1940年5月回协滇分会第一次全省代表大会，在先生主持下，发表宣言，再次提出号召："吾回民素性忠勇，尤复不畏强御（暴），抗战三

① 《清真铎报》1940年7月新2号。
② 《清真铎报》1945年12月第19、20合刊。
③ 《清真铎报》新1号。

载将满，我全国教胞一致坚决地站在促进团结的全国革命的立场上，做了许多救亡工作，牺牲了不少抗战将士，姑勿论敌人如何威胁利诱，怎样的侮辱残杀，而我回胞总是本着笃信宗教的精神，坚定不移，这种精神，过去如此，今后亦复如此，望愈相策勉，始终不渝，以遵教义，以报国家。"[1]

国民党反动政府，承袭了清统治者歧视、侮辱少数民族的衣钵，实行大汉族主义，指使、放纵、支持其部属欺压少数民族。1943 年间，国民党滇越线区警备司令沈昌发表广播演讲，公开侮辱回族革命领袖杜文秀，激起了全市回族群众的极大愤慨，纷纷提出抗议，迫使沈昌在军政要员的"保驾"下，亲到正义路清真寺向群众赔礼道歉。遇事敢言的伯安先生亲率数以千计的回族群众，怒不可遏地拍案指斥，质问耽昌。吓得沈昌丧魂失魄，频频低头认错。之后，沈自知难以立足，不久便悄然离滇。

1948 年 11 月 11 日，昆明市税捐稽征处处长赵某在《平民日报》及《朝报》上发表谈话，侮辱杜文秀起义，略谓："本省有杜文秀称兵作乱，当时清廷忙于对付太平天国及英法联军，无暇顾及本省匪乱，致使杜文秀坐大，本省半数县份为所据有。昆明附近都是贼垒，纷乱的局面，达十八年之久。"歪曲史实的陈词滥调一经发表，便激起回族群众的无比愤慨。先生述据回族申诉，责无旁贷，亲自撰稿，以回协滇分会名誉，在 12 月 2 日《民意日报》刊登抗议启事，严词驳斥："……查杜公文秀与诸先烈率领义师，抗拒满清，原为当时清廷挟其淫威，排除异己，奴役人民，种种压迫，民不聊生，群情激愤起而革命。参加是役者，不仅回族，而非回族如宜良贡生李芳园，赵州解元尹建中等均身任重职，参与大计……当日杜公义举，非回汉私忿斗争，实为抗拒满清专制淫威，光辉壮烈之一页民族革命史，事虽未成，而其为国家民族争取自由解放之孤忠血诚，在近代史上固早有定评。凡研究近代史者，咸认洪公之在金田兴师，与杜公之在大理起义，同一目的，而无轩轾之分，苟非认识不清，别持畛域私见之流，未忍有歪曲事实，深文周纳而议其非者……"驳得赵某理屈辞穷，公开登报，赔礼道歉。

先生上述事迹和言论，决非发自狭隘民族主义观点支配下的民族感情的一时冲动，而是对蓄意歪曲史实，挑拨民族感情，制造民族分裂的理所当然的抗争。从他义正词严的批驳中，不难看出他对革命爆发的根本原因，有了清醒的认识。认识到杜公的义举的性质是"非回汉私忿斗争"，与洪公金田起义是"同一目的，而无轩轾之分"，"实为抗拒满清专制淫威，光辉壮烈之一页民族革命史"，是"为国为民族争取自由解放"的。这些观点，在一定程度上反映了先生爱国思想的发展和升华。

特别值得一提的是 1947 年，在帝国主义支持下，以色列犹太复国主义发动了中东战争，巴勒斯坦伊斯兰文艺协会发来呼吁。伯安先生曾和昆明广大穆斯林，从道义上、经济上支援了阿拉伯人民的正义斗争，此举赢得了阿拉伯人民赞誉。沙特王叔阿布杜·阿济士、埃及国王法鲁克等曾赠给先生亲笔签名的照片和礼品。可惜这些珍贵的历史文物今已荡然无存。

"西安事变"后，在中国共产党抗日民族统一战线的主张号召下，全国人民的抗日怒潮不断高涨。蒋介石国民党政府才迫于民意，出兵抗日。及至抗战爆发以后，又不全力以赴，其内部矛盾重重，互相倾轧。地方势力，聚讼纷纭，各存戒心。以致抗战节节败退，大片河

---

[1] 《清真铎报》1940 年 6 月新 3 号。

山沦入敌手。先生目睹现况,感慨激愤不已。在这期间写下了许多为事而作,痛砭时弊的诗篇。①

(一)

空谈卫国弃边防,御侮谁人死战场。
灞上戍军儿戏事,危亡无计系苞桑。

(二)

聚敛术工民以穷,横流溃决遍西东。
人心久已无是非,正义何曾有佞忠。

(三)

铸成大错谁尸咎,竖子原来未足谋。
太息贾生空陨涕,何如击揖复神州。

(四)

纷纭聚讼袭毛皮,郑王当权事可知。
屠狗功名成乱世,谁从燕市觅奇儿。

从这几首诗中可以看出,先生对蒋介石领导的所谓抗日愤懑不平,以及忧国忧民,报国无门的感叹。

以中国共产党领导为主的抗日战争胜利后,先生欢欣鼓舞,以为一生所憧憬向往的独立、民主、自由的新中国当可诞生了。不料蒋介石妄图把无数革命先烈抛头颅、洒鲜血,全国数亿人民八年浴血奋战才获得的胜利果实,攫为己有,排斥异己,实行其一党独裁政治,阴谋策划内战,引起全国人民的极大愤怒反抗。

1945 年 10 月 3 日,蒋介石动用武力,迫使龙云下台。"昆明事件"发生后,先生于 10 日写了《杂感八首》,抒发忧国忧民感慨,指出蒋介石无视人民的力量,妄图暴力统一的结果,必然失败。现选录三首:

(一)

恶例一开潜祸根,政权更迭到并吞。
谲而不正成何事,大难滔滔未忍言。

(二)

八年抗战为生存,无量牺牲难计论。
民力已殚曾莫补,可怜无处定惊魂。

---

① 《云南少数民族文学资料》第三辑,《回族文学概况》。

（三）

民为邦本古无争，不信愚民事可成。

秦政力征图统一，谁知篝火听狐鸣。

当时被誉为"民主堡垒"的昆明，民主运动空前高涨，素有"护国元老"尊称的伯安先生，此时不仅走出书斋，而且进一步勇敢地投入到民主运动的滚滚洪流之中。

1945年"重庆谈判"期间，先生出面邀请云南大学回教同学会的同学，在正义路清真寺回协分会座谈国事。先生主持了座谈会，听取了与会者对国事的意见，谈了个人的看法，并即席提议应发表一个回族对国事意见的通电，得到大家的支持、拥护。据省政协常委、省民委顾问李长猛同志回忆：座谈会后，长猛即将此事向滇工委负责人之一的刘青同志汇报。刘青同志热情支持这一正义的合法斗争并亲自执笔撰拟了电稿，表达云南回族反对内战，要求国共合作，建立联合政府，释放政治犯，实行自下而上的民主普选等意见。稿成后，又由长猛送请伯老过目，伯老阅后毫不犹豫地再将刘青用白话语气写的原稿改写为文言文，交长猛送请刘青同志审阅裁夺。刘青同志看了后认为很好，这样更符合伯老的身份及其文章风格，通电随即发出。通过这件事，可以看出伯老唯革命马首是瞻的可贵精神。

在这段时间里，先生积极参加各种社会活动，与杨杰将军及民主人士、著名教授李公朴、张奚若、罗隆基、闻一多、吴晗、唐用九、杨青田、马曜、杨春洲、张天放等结为好友，经常往来。据先生的次子马继武同志回忆到："那时昆明各界民主人士每双周秘密举行一次座谈会，名叫'双周座谈会'，常常在我家东寺街花椒巷寓所对厅楼上大客厅里开会，交换对时局的意见，人数约为五六十人，有时我也参加其中。一次是杨杰将军作时事报告。平常像罗隆基等人经常来访父亲，有时谈到深夜，后来父亲才告诉我罗是著名教授、民主人士。他们和龙云的联系常常由父亲沟通。有时龙对民主人士的资助，也曾由父亲转交过。"

1945年11月25日，昆明学生举行时事晚会，呼吁停止内战，要求实行民主，遭到了国民党反动镇压，爆发了著名的"一二·一"学生运动，先生闻讯，义愤填膺。在昆明全市人民为"一二·一"殉难四烈士举哀时，先生悲愤莫名，于痛定思痛之际，亲撰"正义犹存，尽有公论，是非所在谁能掩"，"庸人自扰，竟成惨剧，国事如斯死不瞑"的挽联①，沉痛地向烈士致哀、悼念。"李闻惨案"后，他又参加集会，率先签名抗议反动派的罪行。

1948年6月17日，昆明学生举行"反美扶日"示威大游行，先生和省参议会王义仁等4位参议员发表声明，支持学生的正义行动。②

1948年7月15日，昆明大、中学生举行"反饥饿、反迫害"示威游行，遭到反动军警镇压。昆明绅耆及各界人士秦光玉、马伯安、白之瀚等230人上书卢汉和警备司令何绍周，指出："昆明学生举行'反美扶日'运动，系激于爱国热忱"，要求当局"对业经被捕学生从速释放"。

这一时期，国民党反动派的压迫越厉害，先生站在民主运动中反迫害斗争的勇气越增强，社会活动日益频繁。一有机会便甘冒风险在各种公开场所发表对时局的意见。正值"钟山风雨起苍黄，百万雄师过大江"的历史时刻，省参议会邀请在昆"立法委员"、"监察委员"及"国大代表"等举行座谈。马伯老代表昆明绅耆和回协滇分会发言：坚决反对国

---

① 引自《云南回族社会历史调查》（一）。

② 《云南现代史料丛刊》第二辑，《战斗在南菁》。

民党军队开入云南,负隅顽抗。强烈反对武力拆卸"五三兵工厂"的机器搬运台湾。反对国民党征兵征粮。继之,云南发生了"九九整肃",逮捕了部分参议员,马伯安、张天放、杨青田、尹嘉成、李群杰等亦同时被捕。伯安先生被国民党反动派视为眼中钉,必欲杀之而后快。特务头子毛人凤、沈醉等亲设军事法庭,判处先生死刑。正准备解送重庆执行之际,幸获救。出狱后先生积极参加了起义,迎接昆明解放。据马继武同志谈:先生在狱中、在法庭上,大义凛然,临危不惧,慷慨陈词,作诗痛斥敌人。卢汉得知情况后,曾致书继武同志,嘱转告先生稍安勿躁,问题当妥善处理。先生得知后对继武同志说:"有何惧怕,鸡死还要蹬蹬脚嘛!"

《云南文史丛刊》1985 年 1 期上载有王栩写的《我所亲历的"九九整肃"纪实》一文中亦曾谈及此事:"马伯安先生获释后,曾到我家里送给我一张亲笔用红纸写的七律诗,鼓励我'投身革命拯黎民、立志报国献丹心'。据他对我说,他们 27 人没有被特务送到重庆处理的情况,是卢主席亲自告诉他们的。"

先生一生勤奋自学,从不懈怠。不惜巨资,搜集古今典籍,诸如《二十四史》、《图书集成》、《四库备要》以及历代名家著作、碑帖字画等,极为丰富。先生不喜装饰、故弄风雅,而是博览群书,潜心钻研,颇有心得。故其为诗、为文、为字均有独自风格。特别是在治史方面态度极为严肃,务求实事求是,征信可靠。他不囿于一家之说,因袭固陋或固执己见,而是随着时代的发展,不断更新知识。在其《何著杜文秀建国十八年始末记序》一文中谈到:"云南前清咸同之变,距今在半世纪以上,时移世易、官书记载,既难征信,社会流传亦嫌支蔓,此所以读史难,而读有平允翔实之史则尤难也。夫一事之演变,不演于形态已著之日,必有其主因所在焉。吾人读书稽古,衡量往事,须以客观之态度,放大目光,考究其主因之所在,然后是非得失,乃瞭然不惑而得一鉴往鍼来之准则,斯则知人论世者所当深思而明辨之也。"[①] 先生治学严谨之态度,可见一斑。

先生还是云南现代著名书家、诗人之一。他的书法刚健有力,功底深厚。诗作对仗工稳,格律严谨,内容大多是为时为事而作,风骨凛然。遗著有《伯莽吟草》,与友人唱和者为数甚多,尚待收集。还作过一些序跋碑记,较著名者如《回民万人坑碑文》、《何著杜文秀建国十八年始末序》。其珍藏的数千册书籍,解放后已捐赠政府。

解放后先生曾于 1950 年率领云南少数民族代表团(任团长)赴京参加国庆观礼。在京期间,朱总司令特电话邀请先生到寓所畅叙旧谊。朱总来云南视察,又邀请先生及在滇时的老友故旧欢宴并互有唱和。1953 年,参加云南边疆慰问团,写下了《参加边疆慰问团途中杂咏》诗作一组。谨录两首:

(一)

为民服务不嫌劳,垂老犹堪意气豪。
省识边疆艰苦事,自忘白发已飘骚。

(二)

战马嘶风夜幕中,边城遥见太阳红。
英雄故事知多少,同表决心来建功。

---

① 引自《清真铎报》1940 年 6 月 1 日新 1 号。

另录《看中央民院演出》及《即事有感》各一首：

看中央民院演出

信是泱泱大国风，包罗万象见强雄。

清歌曼舞都成趣，赞美同称毛泽东。

即事有感

世界翻新正发扬，封建王朝已消亡。

为谁服务明观点，自我批评辨立场。

思想应从新改造，问题要贵细分量。

能明发展规律性，急起直追莫徬徨。

新中国成立后，先生一生追求的理想，在党的领导下已经变成现实，他用饱蘸激情的笔触，热情歌颂了新中国的昌盛繁荣。

马伯安先生的一生是不平凡的一生。他经历了几个不同的历史时期，经受了许多政治风雨的考验，追随着时代革命潮流，一步步地前进，终于在党的教育关怀下，成为一位爱国民主人士，为党所领导的革命事业作出积极的贡献，是值得云南省回族人民纪念的。

孙 继 鲁

王 道

孙继鲁，字道甫，昆明人，回族。明嘉靖二年（1523 年）进士。历任沣州知州，卫辉、淮安知府。在淮安任知府时，织造中官过淮安，与孙继鲁发生冲突，孙继鲁被诬，逮到京城，大学士夏言为他说情，才未受处分。由于孙继鲁为人耿介，不善逢迎应酬，没有向夏言送礼致谢，夏言很不高兴。后来孙继鲁改任黎平知府，又升任湖广提学副使及山西参政，迁按察使。在山西参政任上，执法严明，宗室贵族犯法，照样依法处理，不讲情面。在升按察使后，宗室贵族有意找碴儿，邀集了百多人，骑着马，冲到孙继鲁家，翻箱倒柜，四处察看，结果只翻到几件破旧衣服，别无长物，孙继鲁清廉如此，宗室、贵族们算是真正佩服了。于是办了筵席送到孙继鲁家，向孙继鲁赔礼道歉。

不久，孙继鲁调任陕西右布政使。嘉靖二十六年（1547 年）升右都御使，巡抚山西。这时，国内局势混乱，边防尤为吃紧。鞑靼不断犯边，朝廷议论纷纷，举棋不定。总督翁万达议撤山西边防军，并力守大同边境，嘉靖帝朱厚熜已同意这个意见。就在这时，孙继鲁根据当时敌我双方的实际情况，提出了不同意见。他认为紫荆诸关的拱卫京师，与雁门诸关屏蔽全晋同等重要。可是，现在提议的人，不提撤紫荆并守宣府，怎么能单撤雁门以守大同呢？他认为："天设重险以防卫国家，岂可聚师旷野，洞开重门以延敌？"他还说，辟如一道门，山西守门的左边，大同守门的右边，山西以全部力量守左边还支持不了，又怎么分出力量守大同呢？近年寇不敢犯山西内地，原因是三关戒备严密，如果三关将士离开守卫的岗位，要想敌人不来侵犯是不可能的。全师在外，强寇内侵，就是紫荆、倒马诸关，不也是空守吗？

当时，鞑靼向内地入侵，主要是抢掠财物，不是为夺取江山，大都乘虚而入，飘忽无常。哪里守备严，敌就不来进攻；哪里守备空虚，敌就乘虚劫掠。孙继鲁的意见基本上是对的。

孙继鲁在上奏章的同时，还给翁万达写了封信，劝翁万达以国家利益为重，不要坚持己见。信中还以出自至诚的肺腑之言劝道："往岁建云中议，宰执几不免；近年撤各路兵，督抚业蒙罪。"但翁万达官高爵显，根本容不了不同意见。在接到孙继鲁的信后，不仅上书要挟朝廷，要求"别调继鲁，否则早罢臣。"更恶毒的是把孙继鲁在私人信件中劝他的话也抄在奏章上，说孙继鲁"诋诽"皇帝。

朱厚熜看了翁万达的奏章，对孙继鲁颇为不满，便将两种不同意见交兵部议处。结果，兵部同意孙继鲁的意见，朱厚熜不答应，又交给廷臣议。廷臣畏翁万达权势，又有意逢迎朱厚熜，便议请照翁万达意见办，朱厚熜才同意了。朱厚熜听信翁万达言，恼恨孙继鲁"腾私书，引往事议君上"，而夏言又记着过去为孙继鲁说情而不见报答的前衍，不愿为孙继鲁说话，于是孙继鲁被逮下狱。忠心耿耿地为维护国家人民利益而提建议，却蒙受不白之冤！入狱后，脖子上生疽，死于狱中。

孙继鲁被逮下狱时，曾到孙继鲁家翻箱倒柜的那些宗室贵族，站出来为孙继鲁辩冤，可惜朝廷根本不理。

孙继鲁作山西巡抚才4个月，山西人以其历来在各地做官都能为民做好事，期待他有所作为，而他却以非罪死，大家都为之痛惜。

孙继鲁不仅政治上有所作为，而且还是个诗人。他在狱中写的七言绝句一首，正气凛然，流传至今。原诗如下：

忧国忧民意自深，谏章一上泪沾襟；
男子至死心无愧，留取芳名照古今。

他的诗作有《破碗集》，大都立意清新，有较高的艺术造诣。兹录其一首，以见一斑：

温泉偶浴
七律
指点渊源碧溜清，火珠谁叫付波臣；
始今灵窍三冬暖，当住离情一脉真。
冷面宁趋岩蟑热，冰心独解玉壶春；
何当共说骊山好，千古溶溶不染尘。

孙继鲁的子孙，世居昆明，有的还有较大贡献。如孙继鲁的孙子孙光毅，字怀坞，鉴于祖父蒙冤而死，放弃举业，研究中医，取得较高成就。崇祯中，授太医院院判。解职还乡后，专心为人治病，从不计较报酬，亲邻有什么困难，他都竭力帮助解决，始终不倦。卒年93岁。

孙鹏，字图南，号南村，康熙举人，孙继鲁的六世孙，任过知县。是清代前期的著名诗人，著作有《南村诗集》（八卷）、《锦川集》、《松韶集》等。

纳 汝 珍

李景煜

　　班洪事件，是英帝国主义者在 1935 年武装侵略云南省沧源炉房银矿，以佤族为主的边疆各族人民，紧密团结，不畏强暴，共同抗御英军侵略的爱国主义事件。在班洪事件中，各族人民抛头颅、洒热血，倾家荡产，同仇敌忾，涌现了无数热爱祖国的英雄人物。他们高尚的爱国主义行动，永远是我们学习的榜样。在这个事件中也有少数卖国求荣的叛徒，甘心为虎作伥，他们将永远受到人民的唾骂。这里将有关班洪事件中主要人物之一的纳汝珍作一介绍，以飨关心这个问题的同好。

　　纳汝珍，字季卿，开远田心人，回族，元咸阳王赛典赤世子纳速喇丁之后。父名纳昆山，生三子，他排行第三，先后毕业于旧制中学、陆军小学、政法专门学校，历任省公署一等咨谋官、迤西宣慰使署中校参谋、丽江厘委、白井场长，廉洁能干，年轻有为。民国十九年（1930 年）云南设训政讲习所，他以第一名毕业出任镇康县长，历时 6 年。

　　他在 34 岁时当镇康县长，在任上做了几件好事，第一件是以改革者精神，推行法制。镇康向为土司统治，他以为"土司之一喜一怒，皆可以为祸为福，而各区之大丛头目习见为常，更复变本加厉，斩杀自由，人民人身财产，等诸草木禽兽"，规定"凡属司法事件，无论民刑诉讼，概不准许违法管理"。他亲自处理民刑诉讼，认真随批、随传、随办，不因循苟且。严禁吏役敲诈勒索，监狱中很少人犯。一改过去土司生杀予夺的封建黑暗局面；第二件事是大办教育，开启民智。镇康过去学校极少，他增设简易师范 1 所，高小 6 所，初小 60 多所，建立民教馆，购置《四部备要》、《万有文库》等图书，筹设国民识字简易学校，成立教育经费委员会，自任主任，主修《镇康县志稿》一部；第三件事是改革政治，振兴实业。成立乡镇训练所训练干部，调查户口，测绘地图，编定各区乡镇区划。废除大丛，建立仓库积谷制度。改烟种茶，禁绝放青烟，开办木龙铜矿，鼓励造林畜牧，这些都为彻底清除土司制度的积习打下了扎实的基础；第四件事是训练壮丁，清除匪患。他成立了常备大队，肃清了境内土匪，保障人民生命财产，商旅畅通，卓有成效。第一殖边督办李曰阶委为镇（康）保（山）龙（陵）三县联合剿匪指挥部总指挥官。会同顺宁云县缅宁耿马民团围歼巨匪杨再具，向英缅引渡逃匪黄发清正法，为边境除一大害；第五件事是在与英缅蛮爱会案中，担任中方第一审长官，坚持主权原则。他熟悉边情，善于应变，不亢不卑，为维护中方边民利益尽职尽责。

　　孟定属镇康管辖，与阿佤山接壤，在历史上有过隶属关系。班洪事件发生后，孟定土司报到镇康，镇康转报第一殖边督办公署及省府，省府电命纳汝珍全权视察界务，宣慰班洪班老各王。他亲自率团兵数十名，于二月二十二日到了距离班洪 50 里的班莫寨，通知班洪、班老各王，班洪王即派刘国用及其六弟前来会晤。纳汝珍赠子弹一万发、铜帽一万发、硫磺两驮，指示班洪代表要坚决抵抗，阻止英军侵略。现在只能以武力对付武力，以后根据事态发展，我国政府自然会出面承担。这些对于班洪佤族人民的抗英斗争，给予了很大的支持。二次会勘滇缅界务时，他又奉令为中方参议，也做了许多有益的工作。

　　纳汝珍曾于班洪事件前一年，因到蛮爱会案巡边路经班洪，班洪王以三子求名，纳汝珍取名如下：长子叫胡忠汉、次子名胡忠国、三子名胡忠华。班老王取名胡玉堂，永班王取名胡玉禄。班老困刚锡龙散勐也为二子求名，长子取保卫国、次子取保卫民。从他给这些王子头人所取的名字中，也可看出他对远居边疆第一线的佤族人民寄予多么殷切的厚望。

云南回族史料辑

马颖生　辑

这里所辑云南回族史料 10 件。第一件《镇南州志略》卷之六,为镇南(今南华)知州李毓兰、举人甘孟贤等人站在清朝统治阶级立场上,于光绪十八年(1892 年)纂修的。它记载了这一地区的回民起义及杜文秀回民起义军与清军对南华的争夺、占领和南华城最后被清军攻陷的经过。尽管文中污蔑不实之处比比皆是,但作为一个区域性的材料,还是有其参考价值的;第二件《劄付》,为杜文秀回民起义军进攻昆明时,杜文秀委张元林为大司治的委任状;第三件为 1867 年秋义军出师后,杜文秀复委大司戎马国春到楚雄总理军务,"带兵助剿"的"札饬";第四件系 1868 年正月义军东征期间,大司征马得重因负伤不能前进,情愿交出所统全部官兵随征,杜文秀命其部统归马国春指挥的"札饬"。这四个文件为大理政权进攻昆明时下发的重要文件,具有相当高的史料价值,原件今藏北京故宫博物院,由杨光楣同志抄出,今予以发表。第五件马云书撰《杜文秀起事原因》,简述了杜文秀起义的三点原因及其"德政";第六件为马元记录的《杜文秀后裔的有关材料》,对研究杜文秀后裔的情况有参考价值。这两个材料原载大理马元先生解放前编的《白旗史料》第四册内。第七件为昆明马仲良为大理保老师祖墓撰写的墓志。保老师祖名保善,大理人(一说沾益人),清代云南著名伊斯兰教经学大师,这篇东西是保善仅有的两件文字记载中的一件。第八件、第九件是大理马一波先生于 1944 年和 1946 年撰写的大理回族明德小学的创办经过及总结。马先生当时任明德小学校长,这是当时他写的原件,为研究解放前大理回族的文化教育状况的翔实资料。第十件大庄蔡建筠女士所撰《马维骐事略》。马维骐清末曾先后任广东提督和四川陆路提督,成都武侯祠悬有其书写的匾联。马维骐一生效忠清王朝,年轻时曾和起义军作过战,但他参加冯子才抗法战争一节则是应该给予肯定的。

这组史料第一、二、五、七、十件为辑者分段、断句。文中的缺字以□代替,错字改正入括号中。文中以"贼"、"匪"、"逆"等词句污蔑回族的地方一律保留,以保持原件的真实面貌。

1986 年 3 月辑者谨记

一、《镇南州志略》卷之六

甘孟贤

（咸丰）六年（1856年）四月二十九日，迤东回匪马飞龙结姚州回匪袭州城，官兵袭却之，贼退踞灵官桥。

先是楚雄回在石羊厂与临安沙丁互斗，姚州回结众数百往助之，道经楚雄之大小邑川肆行杀掠，上宪调兵缉捕，姚回惧，阴结迤东回匪马飞龙等千余人暗集姚州。为拒捕计，飞龙因与姚回谋取镇南，约以四月二十九日潜兵往袭州北堡冲。文生李开科侦知之，于二十八日报知州署。知州仲辑斥其妄，李生（声）：明日午刻贼若不至，请置吾于法。仲辑乃遣人飞报楚雄。时提督文祥驻兵于楚，闻报即遣普洱镇游击吕盛元率兵六百星夜来援。时州汛防把总邓某（佚其名）督城内居民登陴守望，自率兵丁出城西御贼，贼果于二十九日晨刻来扑西城，时守御已备，贼冲突十余次不得入。未几，吕盛元由楚雄至，以计授团长张福，率民练六十余人出北城，由石家园抄出贼后，盛元等开西城麾兵迎击，张福自后夹攻，贼大败，退踞州西灵官桥。

五月，永昌协副将福兆破贼于英武关，贼退还姚州。贼之退踞灵官桥也，窥伺州城无间可入，遂出没于州西英武关、沙桥驿、天神塘及姚州之普棚驿诸处，截杀官军以数百计。五月初，永昌协副将福兆奉提督文祥檄文，率师赴楚雄剿贼，师出州境，侦知贼盘踞山谷，道路梗阻，遂营于英武关，命前锋都司某（佚其名）率兵二百余，营于沙桥之色盆山，贼乘夜来扑色盆营时，壕栅未备，贼攻破之，营官及兵勇为贼所屠，无一脱者。贼乘胜进围英武关大营七日七夜，樵采不通，饷道俱绝，营中杀马以食。十三日，兆命把总张玉柱、队目周岐山率死勇百余突围而出，杀贼数十。时大风扬尘，贼惊溃，大军悉出追杀，俘首无算，贼退还灵官桥。六月初一日由灵官桥宵遁还姚州，城因之陷。（谨案：姚州以是年六月陷，七月文提督及福协戎引兵攻之，贼出降。至九年，杜文秀复遣贼酋袭踞之，而贼势遂不可制矣。）

（咸丰）九年（1859年）三月，逆回杜文秀遣贼酋起才顺、马存有窜入州境，都司高天泽等剿破之。

文秀以咸丰六年（1856年）陷大理城，随遣贼将攻陷永昌、腾越诸处，至是欲下窥楚、姚，遂遣伪都督起才顺、伪将军马存有勾结前年之漏网夷匪鲁贯石，率贼兵三千由赵州地窜踞南乡、三街、务苴、大迤能、烧香寺、玉屏庵等处，四处焚掠，提督文祥檄州举人纪肇修、增生郭凌霄、武生王盈、李应甲等调乡勇四千分剿，血战十余日不克，郭凌霄阵亡，贼焰愈张。会楚雄协都司高天泽、楚雄优贡丁灿文带乡练来援，贼始溃散。其鲁贯石之逃窜姚州也，匿姚之远乡夷人家几一年矣。后因捕拿稍懈，遂潜归结夷众与回逆相应窥伺州城，至是为高都司攻破，往投大古者妖道，为妖道所杀。时妖道聚夷人踞云南县之大姑者为乱，鲁贯石为夷人，所附妖道恐不利于己，故于其来归也，遂杀之。

十二月，逆回杜文秀遣将安某（佚其名）窜入州境，提督褚克昌剿破之。

起才顺、马存有既败，文秀又遣伪将军安某率贼千余由姚州之普棚驿窜踞州西沙桥驿、腊梅庄、青龙山、老厂、老羊冲等处，数十里之内焚掠殆尽。武生王盈、李应甲等带领乡练同都司郑洪顺、张玉柱攻剿，日久未克。会提督褚克昌自省回迤西剿匪，提督大兵袭之，贼溃散,沙桥一带肃清。

十年(1860年)六月十二日,迤东回马某(佚其名)遣贼将杨振鹏等陷州城。

初,伪总统迤东回马某于四月二十二日攻陷楚雄城,至六月十一日遣其将杨振鹏、马三猫、赛德等率贼四千余来攻州城,以十二日晨刻入州境,已刻合围。时提督褚克昌督兵往援云南县,城中空虚,居民惊惶。有土人张利贞于黄昏时缒城入贼营讲和,贼胁以威,利贞降。遂使率贼二百余乘夜叩西城城门,门启,贼长驱而入,城遂陷。振鹏纵兵搜括财物,杀不降者数十人。是冬,伪总统马某东归,杨振鹏以城献杜文秀。文秀遣伪将军蔡万纪、伪都督蔡七二人踞之。

十一年(1861年)正月,镇普汛把总丁同高等率兵进剿不克。

伪总统马某以十年冬归迤东,以楚雄城献杜文秀。十年官军进剿楚雄,授同高镇普汛把总,使之统兵与千总赵腾云、钱大川等进剿镇南。正月初五日,师至州境,立营大楸树。州武生王盈等集州属乡勇千余应之,立营周官冲、大河边、金珠河诸处,昼夜围攻,战颇力,城贼惧,遣人星驰大理告警。逆贼杜文秀遣都督刘某(佚其名)率匪千余来援,由赵州弥底间道潜入州南乡。三月初一日,悉众来攻,城贼亦开门接应,我师遂败,同高不能支,退还楚雄之妥甸。

同治元年(1862年)正月,临沅镇总兵田仲兴、迤西道夏某(佚其名)统兵进剿,三月初一日师溃。

贼既解镇南之围,遂陷楚雄。临沅镇田仲兴、迤西道夏某进兵攻克之。元年(1862年)正月统兵万余,督同游击李维述进剿。州举人纪肇修集乡勇六千助剿。二月,逆贼杜文秀遣伪大司徒马德才、伪都督马维宝率匪万余由姚州之普棚驿来援,仲兴急遣勇弁率劲卒三百余驰赴州西沙桥驿以遏援贼。贼设伏于隘,我兵遇伏遣还,贼蹑追之,遂破西门诸营,城贼开西门迎援贼入。三月初一日,贼以火器攻城南杨稻屯、小庙等营,营中火起,南面诸营望风溃散,贼遂悉锐猛扑东北面,东北面之营亦溃,仲兴等收余众退还楚雄。明年,楚雄复失。三年十二月,布政使岑襄勤公督副将赵发等进剿不克。岑藩宪以三年(1864年)十一月克服楚雄,副将赵发,夏毓秀、陈宗舜统兵进剿。十二月,师至州境。自冬徂春,攻甚力,贼以悍卒严守西北面通饷道。四年(1865年)二月三十日,我师立营西北之小山,营卒奔东南,贼乘势追之,诸营皆溃,我军退还楚雄。

八月,都司陈宗舜等复进剿不克。

八月十七日,都司陈宗舜、刘兴等自楚雄统兵进剿,甫入州境,贼来援于姚州。姚回伪将军契有明率贼千余赴援。二十七日,援贼至,城贼亦出,内外夹攻,我师寡不敌众,仍退还楚雄。

五年(1866年)春正月,署鹤丽镇总兵杨振鹏统兵进剿,三月师溃。

振鹏以咸丰十年(1860年)陷州城,寻归顺,授鹤丽镇总兵。五年(1866年)正月,统兵入州境攻剿,立营于海子山、丰阁山诸处,贼仍严守西面,以通大理消息。三月,杜军遣伪大司阃马旭率贼千余来援,由赵州弥底间道窜入州南乡。都司钱法有急往南界大庄柯堵御,遇贼前锋,奋身力战,贼继至,围之数重,法有左右冲突,身被数十伤,持刀陷阵,手刃悍贼数十而死,士卒俱溃散。贼乘胜夹攻振鹏,城贼开门接应,振鹏不能敌遂溃。(谨案:振鹏身陷州城,罪无可逭。是役也,果能力战恢复,或亦有解□之路。乃师出无功,而贼兵攻省旋又反叛去,直至省围既解,殆伏铁钺之诛,盖枭獍之心,反复无常有如此。)

八年（1869 年）冬十二月，巡抚岑襄勤公遣腾越镇总兵李维述统兵进剿，明年八月二十五日克之，贼酋蔡万纪、马定西伏诛。

先是逆贼杜文秀遣兵寇省城，连陷迤东州县，逆焰张甚。抚宪岑督将四面攻剿，省围既解，大兵西上，诸郡县城池以次收复。八年（1869 年）九月，楚雄协张士进剿州境，为悍贼伪大司衡杨荣攻破，退还楚雄。十二月，抚宪岑檄总镇李维述进剿，以副将张士进、刘兴、都司苏仲、张宗久、李杞材、李栋材、李芳梅等副之。维述立营州北斗阁山；士进立营州东张合屯；苏仲立营州南新村；刘兴立营州西大河边，旬日之间四面合围。九年（1870 年）六月，我兵攻城南鹅毛树贼营，贼将马开寿以营降，贼势渐敛，惟严守鹦鹉山以为固。是山近临西城，蹑其巅可观城中动静。自巅东下二百余步，名二台坡，去城愈近，炮铳可飞击城内，我兵屡攻此山，贼坚壁不动。七月，张宗久、李杞材、李芳梅等督兵急攻，贼仍守险不下。宗久等自山北砚瓦塘穿地道进逼山巅，又断其汲道，贼大窘，遂溃。我兵入据其营，贼又退守二台坡，宗久等仍如前进逼之，贼又溃，我兵又据其营，日夜轰巨炮入城，城内贼负扉以行。又数日，堡山贼酋梁某开营出降，是山附近西南城我兵既得，是营贼势益危。八月二十五日辰刻，守南城贼酋马某来降。巳刻，刘兴、李栋材、李杞材督兵集南城俟之。降贼绐之，我师力攻之，贼犹不退。戌刻，我师潜往东、西街纵火焚贼巢，贼见火起惊溃，我师追杀之，擒伪将军蔡万纪、伪参军马定西斩之。又搜捕窜匿贼数百人悉杀之，州境平。

镇南舟东，走集之郊也。东西以楚雄、云县当其冲；南北以姚安、景东为之蔽，且土地硗瘠，民情柔顺，即二三土职颇能以忠顺自守，故历代以来兵事绝少。惟咸同之际，夷匪倡乱于前，回逆盘踞于后，城池陷没十余年，官军进剿十余次，幸皇威远播，群凶授首，民困用苏，然锋镝之后，元气未复，生养保聚之道不可不亟讲矣。

二、劄 付

总统兵马大元帅杜 为

劄付事。照得都俞吁咈虞廷重郅治之隆，公侯腹心周室资亲臣之佐。方今龙图肇始，治政宜修，虎拜赓歌，治术宜讲。来仪鸣西岐，凤兆盛九臣。提剑斩当道之蛇，频兴三杰。要惟有非常之任，必推平治之司。查尔韬略素优，治安有策，数载拓土开疆，丰功累累，百战纵横连合，武备滔滔。既大用而大效，宜懋赏于懋功。兹才铨选，询谋金同，特授尔以总理行管军务大司治之职。仰即只领，勿负尔命。胸藏百万甲兵治臻上阵，布三千虎贲治本中和。遇事许以便宜，统兵更展才略，由此大业日新，上将高标于名府。鸿基顿辟，功臣继美于凌烟。分封茅士，世掌丝纶。堂哉！皇哉！钦付。

特札

  右札仰总理行管军务大司治张元林准此

    戊辰年四月   二十五日发

  帅 府   限六日缴

三、札

总统兵马大元帅杜　为

札饬仍然带兵助剿事。照得现在札委马大司戎，前来楚雄总理提调。仰该大将

军会同　骠骑大将军
撒安边大将军　带领本营官兵，协同该大司戮力功剿，以期迅奏肤功。合行札委，为

此。札仰定西大将军杨万庄知悉，即便遵札带兵协力助剿，凡事遵听该大司戎安排，兼受节制，勿得有遣。凛之，切切。特札。

右札仰定西大将军杨万庄准此。

丁卯年九月二十九日　札

总统兵马大元帅（印章）

四、札

总统兵马大元帅杜　为

札饬带兵随同助攻事。照得取省大兵，马大司征应当一路，因伤痕未愈，暂难前往。顷接来禀：情愿将本营顺宁全数回汉官兵，一面点交部员管带，随同马大司戎助攻等情。查，刻下会合各路取省，需兵甚多，该大司征既暂难前进，

仰该大将军会同　东威大将军贺国玺、安边大将军撒登高
骠骑大将军马天朝、中郎将金万雄　将本营顺宁中山、者街

等处官兵，商同管带，随同马大司戎取易门、出安宁，为会取省垣之计。俟该大司征伤痕痊愈，来营提调，又仍归该大司征部下可也。

合行札饬，为此。札仰定西大将军杨万庄知悉，即便遵札会同管带，仍遵听马大司戎节制，凡事和衷共济，相机进攻，共成大业，慎勿有违。凛凛，切切。

特札

右札仰定西大将军杨万庄准此

戊辰年正月初八日　札

总统兵马大元帅（印章）

五、杜文秀起事原因

马云书

按杜系永昌人。永昌之乱在道光二十五年（1845 年）间。事因汉、回无知子弟栽秧田中，唱曲戏谑，以致互殴。有土豪恶徒沈聚成、沈振达等挑衅其中。串通官府，纠聚南、北哨团入城，惨杀回民，不分老小。幸逃者，住于猛庭寨。既后，招抚逃亡回民于官乃山，有司出示，准其回人变卖产业。殊数百户回民产业被劣绅、恶徒等占据不还。杜首先回籍变

卖，竟被阻止。以下之人，无家可归，遂成游民。杜以官府、劣绅之苛虐，乃往来顺、云、蒙化间，联络同志，赴京上控。此满清官吏激成民变之原因也。

后道光二十八年，杜之京控得直，奏上谕，委云贵总督林则徐亲往剿办。前站之牌大书"南三哨则抚，北四哨尽剿"。风声传至永昌，永昌官民举手无措。而劣绅、恶棍沈某等，见地方之事情急，倡言于众曰："事急矣，如地方能凑百万资财，运动官府，可转祸为福。"众曰可。彼即带此款，招集该处打手，得六七十名，潜往地方专候。及林制军到红岩，隔弥渡十余里，该等一时借赌暴动，制军差知县弹压，反将知县扣留。该打手假扮回民，自称名姓某某。该劣绅无赖等，即运动妥福、妥寿当道面禀制军，反说回民横恶多事。于是制军大怒，即将弥渡回民诛灭尽净。及驻扎大理，办永昌案，诬办之人不下数千。杜见此情形，即逃亡四川、汉口等处。奉太平天国南京号召，革命满清，暗携带吕藩回滇（吕即洪、杨暗委之谋士也，蓄发易衣），即于云南之姚州举事。

至于云南之满清大吏，如舒抚、青藩等一般贪墨，种种之苛政，即如"灭回八百里"黑暗之说，震动全滇。鹤丽镇标千总张正泰及其父都司张鸿勋，先是奉调攻打江南。伊等见该处军威，且见洪、杨占去十余省之地，于是请假回守汛职。至是亦假威灭回，兵出大理。此时文提台已由大理救应姚州。殊杜由姚绕道蒙化，即入大理夺获城池，御敌正泰，后遂灭正泰等，占有大理一带。此即满清官吏之贪污，激而为之，亦洪、杨有以使之然也。此即杜起事原因之三也。

杜之德政及文武官制：

当咸丰初年，云南地方盗贼蜂起，四方丧乱，烧杀抢掠，闾阎不安。难民之逃出者，多被劫杀，无有容身之地。杜以身经大难之人，忘仇顾众，独能出示招安。投归者既往不咎，故仁风远播，闻声者欣喜还乡，愿为编氓。为士者设学校以养之；为农者给耕牛以助之；为工者广修造以惠之；为商者建行□以安之。春秋祀孔圣，钱帛济穷民。祖房被毁者，月免当兵应役以息其累；多田归公者，岁给赴仓廪谷以养其家。汉犯法则罪从减轻，回犯法则罪从重加。委镇地方，汉回同任；招待宾客，汉回同席。儆东岳庙之地狱以儆恶；修观音塘饰佛像以劝善。至于修桥补路、通水利、建城垣，种种善政，有令人歌诵（颂）难忘者也。故各属汉回官绅士庶敬奉匾额，颂扬功德。如太和之"一人定国"，蒙化之"大业日新"、赵州之"天与人归"、鹤庆之"保民而王"、邓川之"伐暴救民"、宾川之"尊贤使能"、浪穹之"定国安邦"、云南县之"顺天应人"。迤西各属士民之白虎堂对联"提三尺剑以开基，俨然汉高事业；凭一戎衣而定鼎，夺破胡人乾坤"等。

且当杜为帅大理时，占满官暴雪太过者，南则有鹿窝河罗金刚之乱；西则有山岗大二保驾之乱；北则有黄家坪谢老十之乱。烧杀抢掠，回汉两族人民之逃亡死故，寝食不安，不遑宁处。均赖杜救劫救民，次第攻平，百姓乃得安居乐业。至其五谷丰登，有"大理升重八斤，米卖六十文"之谣。五金产旺，棉花壹□换丝一支。虽然迤西一隅，而通商云、贵、川。云烟之出境，每岁不下百万计。有小偷则杀之；有抢劫则原案归还，至今尚啧啧人口。

六、杜文秀后裔的有关材料

记录：马元

一、赵建恒，北平附近泰和县人，自称系杜文秀孙，1942年5月，到云县张家后去西昌，已无消息。

二、据张廷芳①君言：民国初年，云县有一阿洪（訇）在沙甸教经，遇有一人为外国人当通司，姓杜，亦称杜文秀子。

三、元按：据家母云：从前听见"二姑太"（外姑曾祖母）说："杜公为帅大理时，提督文祥夫人尚在衙内，杜公以礼相待，文夫人甚感激，甘愿过继杜老夫人为义女，晨昏定省，事之甚恭。其子称老夫人为外婆，元帅为舅父。杜公子女称夫人为姑母，甚相亲善。后来杜公遣人护送文夫人至会理与提督团聚。临行，文夫人谓杜公曰：'兄今与大清分庭抗礼，成则王、败则寇矣！两者不可□也。妹愿得一侄同去替兄教养，以报厚遇之恩。若兄大事成就，骨肉有团聚之期；万一不幸，亦可为兄存一苗裔'，杜公然之。即以幼子□杨随文夫人去。"故余尝以为杜公有后当在北平或陕西，盖文祥后死于陕西提督任故也。今之赵建恒称为杜公后裔，或即□杨之后云。

一波又按："二姑太"与杜公王夫人为姊妹行，得出入禁中，故对此事知之甚详，□杨即王夫人所出云。

七、先贤保老师祖墓碑序

先贤姓保氏，讳善，邑廪生。其先翁于前清康熙时从吴藩军至滇，喜苍洱之秀，遂家焉。

先贤生而聪颖，性恬淡、好读书，念时人之失学，乃建帐授徒为己任。壮习天方经典，深得旨趣，顿悟大道。乃入山潜行，久之天机晓畅，学贯天人。以济世之心切，复游尘环，足迹遍天下。相传过洞庭，降伏蛰龙，居乡里役神遣电，灵异奇迹不可胜纪。如所遗祈雨大纛、铜牌等物是其最著者也。年九旬复住清碧溪黑龙潭，结庐静养，胸次悠然，活泼忘机。至乾隆四十三年（1778年）归真，时人悼之，葬于玉局峰祖茔之侧。余生也晚，于先贤之芳行遗迹，仅就父老相传略举数端，勒诸贞珉，藉以流传后世，使不从而表彰之，与蔓草荒烟□而俱寂，良可憾也！是为序。

昆明后学马仲良敬题并立石
大中华民国十四年岁次乙丑冬月□浣谷旦

---

① 张廷芳是杜文秀亲外孙，系杜文秀第六女与婿云县张志勋所生。编者注。

八、三年来之明德学校大理分校

马一波

　　知感真主！明德学校大理分校快要三周岁了。这未及三龄的婴儿，在艰难困苦中诞生，不知经过了多少颠险危运，好容易长成活泼伶俐，天真烂漫，可人意儿的孩子。可是始终先天禀赋太脆弱了！这将要脱离襁褓，学着走路的时候，她还是那么娇柔瘫软。腰儿是那么无力，腿儿是那么瘦削。站着有些不稳，走起路来一定有倾跌之虑。先天不足固然是最大的原因；后天失调也未尝没有影响。不待医师的诊断，她需要大量的"维他命"、"鱼肝油"来充实她的体力，或许还需要更多的营养来滋补她的脏腑，才会使他大跑大走，长成一个筋强力壮的青年。我想这个将要学走路的婴儿，因为她未来使命之伟大，一定有很多人关切着他的现状，希望着他的成长。

　　远在 20 年前，作者在初级小学读书的时候，回教俱进会大理分部，在现在的西门礼拜寺办有小学一校，很多的回教学童都在那里读书，作者也是其中的一个。这个学校虽说是回教俱进会主办的，可是与其他的学校并无二致，所教的学科与宗教毫无关系。同时南门清真寺聘了李敬之阿訇任教长，开办纯宗教性的小学校。回教子弟为求宗教知识之需要，又不能不参加，于是问题就出来了。表面上看去，两个学校都是回教办的，很可以合作了。然而一个是最旧的经堂教育学校；一个是新式的国民学校，两校之间又相距一箭之遥，终究没有办法合作。当事的也不作如是想，使我们这一群小孩子忽而跑这点，忽而跑那点，时间无论如何都是冲突的，常常顾此失彼，精神上感受无限的痛苦。来来去去，为要求上进的，都得丢了一头。当时大家都有一种幻想：两个学校能办在一起就好了！在那时，宗教化的学校的种子已下在我们的心田里了。

　　民国二十四年（1935 年），作者结束了学校生活，开始步入社会，受着大自然的教育，深感到家乡同教文化之落后，有心作远大之图谋，以提高教胞之智识水准。不过，因环境的限制，整整三年一无表现。民国二十七年（1938 年）夏大病暴发，三年不瘥，金刚样的青年，一变而为呻吟残喘的病夫，什么心愿都化为子虚乌有。可是也就在这时下定了办学的决心。民国二十九年（1941 年），回协会大理支会成立，得追随诸君子之后，赞襄会务，并负教育重责。这个千斤重的担子，根本不是一个呻吟残喘的病夫可以担当的。不过这个病夫，身躯虽然害了重病，他的志气却没有病，毅然担起那千斤重的担子，着手进行他的职务，实现他的理想。

　　在一个春光明媚的二月里，一位素孚人望的回教学者应聘到了大理，开始教育着一班比较时代化的未来的阿訇。暑假开始了，遍街什巷贴满了德新学校小学暑期补习班的招生广告，各小学校的回民儿女都被召集在那幽静的礼拜寺里。负责教授的人，都是来自各方的、各种学校的穆斯林弟兄。在无丝毫物质享受的环境之下，结束了一个理想学校的短期实验，这实验给予了同仁们兴奋和鼓舞，同时又得到了商界的董澄农先生 5000 元基金的补助，这小学校就在秋高气爽的 9 月 1 日正式诞生了。开学了，几个老态龙钟的绅耆，很肃静的坐在礼拜堂里，稀稀疏疏的几个小学生，歌也唱得参参差差的。那个"病夫"，他并未失望，且觉得心里有着无限的愉快，无限的希望，随时表现在他的脸上的是微微的笑。

　　上课了，依陋就简的教室，七破八烂的桌凳，空空如也的教员休息室，处处表现着漫无头绪，什么东西都需要现买现制，使人感到创造真不容易。

时光悄悄地溜过去，一个学期已告结束。检讨结果，虽无好的表现，也不算坏。这一期的缺点，因专任教员是两位女的，且私人的家事较多，管理的力量嫌不足，学生缺席甚多，礼节不好。这一期就学生人数与成绩的关系，编为初小一、二、三3个年级，采取复式教学法，二、三两年级一班，一年级一班，教师二人分别教授。

第二学期人事略有变更，管教双方都较上期有进步，有条有理的上了七八周的课，突然缅局遽变，腾、龙失守，日机空袭频仍，保山以下各属秩序大乱，学生多随家庭疏散乡间。这一来，学校大受影响，几至全停课（各校皆然），一个学期就草草地结束了。正在这严重时局之下，一个惊人的消息传出来：阿訇专修部的第一批学生毕业了！这难免使人不相信吧？学校才开门，就举行毕业典礼。可是我要向大家声明的是，这一班学生都是在各州县的经堂里受过了多年阿訇教育，在本校虽仅一年的短期训练，较之一般的"穿衣"① 阿訇也不算坏。在大理城内一次毕业十个阿訇尚属创举，不能不说是差强人意的事。

本校的校名原来是叫"德新"的，采用这两字的意思，本来是纪念先贤复初老②的。一方面也借复初老做本校的标榜。就字面上的意思，"道德日新"也是最好的。可是突然奉省分会函，嘱全省一致改为"明德分校"，我们为顾着团体的局面，就改为明德分校。

过去的两期因人事关系，读经钟点完全不曾加入，然聚礼日则回教的男学生皆能全体参加礼拜，拜后以利用余暇时间，每周有十五分钟宗教常识讲话，多用启发式，收效甚宏。

第三学期，小学部增加学生一级，仍沿复式教授，一、三一班，二、四一班。此期专任教员较负责任，管教成绩皆好。读经钟点已聘有专任教员担任，与教学钟点同时正式加入正课教授。第四学期亦有显著之进步。

第五学期开始，专任教员完全聘任热心的同教青年，各方面皆求改进，朝气蓬勃，焕然一新，学生各级递升增加五年级一级，各级人数亦有增加，课内之讲解，课外之领导井井有条。学生勤惰，管理甚严，成绩考核亦尽量提高。学期结束，虽未能尽如人意，然较之过去已进步多了。

现在第六学期开始，学生约增加三分之一，奈因座位之限制，来报名插班者未能全数收容，深引为憾事。在第六学期开始之际，我们把过去五个学期作一个总检讨，以求教正于社会人士。

（一）本校的优点

本校小学部基金现在说起来是非常少的。可是本校的保姆——校董事长丁煜堂先生，他的确尽到了保姆的责任，尽量想尽办法弥补我们的亏空，尽量张罗募捐基金，使我们不感棘手，这是值得我们感谢的。

阿訇专修部的经费，除每年有少数租谷收入外，完全仰赖同教仁人自动捐入，与亡人"以斯科"③ 之抽提，东拉西凑，整整维持了三年，未曾向教胞募捐毫厘，这也不能不说办事人的苦心了。

本校同仁有三分之二是纯粹义务的，劳苦而不要代价，这是伊斯兰教精神的表现，其他

---

① 回族阿訇学成毕业时都要穿绿色衣服，谓之"穿衣"。编者注。

② 即马德新。编者注。

③ 穆斯林死后都要散发一定的钱财，称之为"以斯科"。编者注。

是万万做不到的。作者常对人说："以我一个病夫而负此责任，人可能给我的代价是谈不上的，我们只有求祈真主回赐。"常以此自勉，并以勉同仁。

本校对学生是绝对宽厚的，不管经费如何困难，绝不愿向学生或学生的家长要一个钱，许多贫穷人家的子女都由学校给予书读，且用各种方法（如奖品等类）补助他们一切的文具，且学生的制服并未规定，所以本校的学生，吃不上饭的或许有，但读不起书的是基本没有的。

本校的课程与其他学校完全相同，过去五期采用复兴教科书，本期起改用国定本教科书，额外加入读经与伊斯兰教教义钟点，即所谓之国家教育宗教化之实践，也是本校开办之一大原因。

（二）本校的缺点

阿訇专修部因经费与人事的两重关系，不能实现宗教教育国家化之理想，虽先后毕业学生两班，然与一般的阿訇并未两样，这是眼前无法弥补的缺憾，只好待诸异日了！

小学部缺乏基本干部人才，教职员连年更变，对校务之推进大有障碍，这个问题使同仁们时感头痛。

校址太窄，以后小学部扩充至完全小学后，学生班次增多，人数加众，即有不能容纳之患。

这将及三岁的婴儿，她的使命是伟大的，她是穆斯林幸福的源泉，我们希望他大跑大走，快快长大，变成一个钢筋铁骨的青年，执行他伟大的使命。

九、五年来的大理明德小学

一波

本校在艰难困苦中诞生，好容易度过这悠长的岁月，脱离了襁褓，开始学着走路了。这不是偶然的事，一方面固然是保姆们的小心看护，另一方面得各方仁人善士尽量给予充分的营养，始有今日，这是我们得向各位敬致谢忱的。可是始终觉得单调了，大约不到一年光景，又承木华春、马玉先、马仲衡先生，慷解义囊，赐予赞襄，我榆教胞亦尽量捐献。于是我们就断然增加班级、添招学生，由三级而四级、五级；学生由 30～60 人，由 60～90 人，呈一等差级数的增加。仅三年就完成了六级四班完全小学的计划，学生增至 120 余名，教职员加至 9 名之多。去年 6 月，第一班学生开始毕业了。显明的告诉各位，我们的努力没有落空。可是，因为抗战到了严重阶段，生活无限的高涨，学校庞大预算筹措不易，乃经校董会通过进行公开劝募，求助于昆、关两地教胞。知感得很！两地教胞在经济极度不景气之下，仍然大量给我们捐助，使我们很平稳的渡过难关。董澄农先生仙逝了，董先生哲嗣仁民先生又以治丧节余巨资慨然赠助，使本校基础臻于稳定。而各级长官及教界同志之赐予热忱扶持；丁董事长之苦心奔走劝募，这是尤使我们感戴莫名的。今春以来，学生人数陡然增至190 余名，此等生率多贫穷人家的子女。他们在这里受着这完美的教育，完全是捐资诸公的阴隲恩惠。目前，第二班学生又毕业了，这表现出来的是学校计划逐步的成功，与诸善士的捐资兴学的丰功伟绩。以后每年都有学生毕业，每学期都有学生增加，那诸公的功德，更当滔滔不断，永垂不朽。

5 周岁的大理明德小学，虽然是能走路，头角峥嵘的孩子了，然它那脆弱的先天秉赋，是经不起瞬息千变万化的经济巨浪的冲击的。先天不足固是危险，然只要后天调养得宜，也能使他日渐筋强力壮起来，成为一个金刚一般的青年，肩负起我们所期望他负担的重担的。希望爱他的人们，尽量给他"维他命"和"葡萄糖"吧！

十、马维骐事略

蔡建筠

果肃公姓马名维骐，字介堂，云南大庄人氏。生于道光丙午年（1846 年），卒于宣统三年（1911 年），享年 65 岁。

先祖马诚，明朝末出仕，自南京应天府来滇，任建水州牧。公父定邦，道光乙□年恩科武举第一名。咸丰戊午年（1858 年）公 13 岁，闻师讲马援传，即立志效命疆场，保土卫国。学文之余，兼习武略。次，公父奉命援省，公请从，语甚壮，父许之，于是以武从戎自此始。父熟知公有勇，谕之曰：岳武穆等皆好读左氏春秋，吾实师之，故时博览经史，汝勉哉！公敬受命，遂从学。戊辰父卒，乡人举公继父总统团防，公（勤）任事，桑辛（梓）赖以安。同治十年（1871 年），公率部从张军门保□住昭零，屡建功，提（总）督刘长佑核其功，擢参将。光绪九年（1883 年），法越事起，襄勤督师援越，公带左营出关，独当一路。初驻军兴化，援应北宁，屡败敌，旋进攻宣化。公着越服，深入越境，侦察敌情，配合越军给予法军多次打击，后又往助冯启（子）才将军部，在凉山大捷中浮（俘）获法军指挥官。襄勤公对公深器之，尝从容语公曰：子才气过人，然古之名将数无不通知古今，故处变则决策无遗；处常则梓卒赖以安。后襄勤公保荐升任广东军门提督，任官以来，功勋卓著。总督刘长佑功奏擢授建威将军，调任四川陆军提督，赵尔康（丰）继奏请准公为巡防军翼长。公有诗曰："大江声不断，战罢一归来。阴雨沉千障，风云荡二台。东流河浩森，西顾几排（徘）徊，此地信天险，筹办待将才。"由此诗中可知公之儒将风度，然不（久）于宣统三年（1911 年）卒于任，帝赐曰果肃公。将公战功事情宣付史馆立传。三年，蜀绅伍肇龄等以公贵官，在民请指建专祠，诏曰"可"，命地方官春秋致祭。

公为培养人才，发展文化，在普洱设考棚，以免拔（跋）涉之苦；在大庄创办尤泉书院，赠书千册；植树万株，绿化荒山；一些清真寺均书匾；立功德、广施救济。在四川创办军官弁学堂，培育军事人才，成都博物馆立有公之传碑。

公故里建有果肃公家祠，祠内有果肃公碑两块，一块尚存；另一块被乡民移作修沟用。

果肃公之次子媳，开远大庄蔡建筠（写）

云南回族的渊源及会务史略

马伯良

一、云南回族的渊源

云南回族，遍布全省。远到泰缅边境，如澜沧、勐海、南峤、孟定、耿马等地；近到昆明市辖县、区，迤东如会泽、昭通、鲁甸、宣威，迤南如开远、蒙自、邱北、文山，迤西如楚雄、大理、巍山、漾濞、永平、保山均有回族聚居。人口比较多的滇中区如昆明、玉溪、通海、峨山、澄江，迤西如大理、巍山、保山、腾冲，迤东如昭通、鲁甸、宣威，迤南如开远、蒙自、邱北、文山。其余各县，人多寡不一。至其来源，则笔者所知，回族固然是从唐朝就有来中国的。但云南之有回族，元朝以前，难以考证。元朝初年成吉思汗的蒙古军几次西征，灭了中亚的回回国花剌子模后，他房获的回回，就很不少，都编入军中，军中遂有回回军。迨忽必烈从四川进攻大理，得胜班师（忽必烈曾驻跸大理"无为寺"）。留兀良哈台戍守大理，继而攻下昆明，陆续设置郡县。

元军戍守部队，一贯多分住各属，屯田垦殖，以维军粮。兀良哈台戍守大理多年，大理、巍山、保山、腾冲、漾濞、永平，都有部队屯田。老弱的就陆续退伍，就地安家落业。因而凡是部队所到地方，随之就有回族。哈元生军之于昭通、鲁甸。马青云军之于临安（今建水）各属，又其一例。

迨咸阳王赛典赤·赡思丁奉元世祖命抚滇，任云南省平章政事，又带来回族兵丁不少。其子纳速剌丁亦继任云南平章政事，其部队及子侄辈先后驻扎玉溪的大营、东营、西营、漆村营，河西的纳家营，古城大小回村。其子孙亦先后定居于玉溪、河西（今通海）、峨山。上述各村，连峨山的大白邑，全属回族。河西纳家营全属纳速剌丁这一支系。

有明以后，沐英、胡大海相继抚滇。沐英封国公后，且久住云南，所率领的部队多系南京、江西回族，颇多落业于云南各县。这些因素，就演成云南回族遍布全省的史略。

云南回族虽散处各县，但由于团结互助的性自天成，而省方的会务组织有序，领导得人，饱学名望素著的教长又多数人，多数时间任教昆明，因而各地教胞，拱向昆明，商量要事，解决疑难，都到昆明，求得结果。所以自俱进会、回教救国协会、回教协会，省县都系统地有了组织。就如清真寺管理的董事会，各县也都同样有了组织。经堂教育更是相沿成习，普及各地。我们知道，回族与伊斯兰教是分不开的，云南回民既受国家教育，又得到阿文经典学习。在党的英明政策的指引下，民族政策、宗教政策相继落实。崭新局面，更安定

125

团结。云南回族，欢欣鼓舞地生活于各地，尤其多聚居村镇。在农村生产责任制实行后，经济逐渐富裕，生活日渐改善，更与其他民族团结了。现将亲身经历回忆所及，叙述俱进会以来所办会务的历史概况。

二、俱进会会务史略

逊清末叶，咸丰、同治年间变动以后，以大理说，在岑毓英屠杀大理以前，原有人口 17 000 多户，被岑屠杀后，仅有 1700 余户，人口不到 6000。这是笔者 1934 年在大理工作曾看过大理县志史籍记载，信非讹传。民国初年，全国有"回教俱进会"之组设，云南有"回教俱进会滇支部"的组织。外县虽未普遍组设，但省城附近各县及回族聚居较多的县，都一律设有俱进分部，如呈贡、宜良、晋宁、昆阳、玉溪、河西、峨山、开远、蒙自、文山、邱北、曲靖、昭通、楚雄、凤仪、大理、蒙化（今巍山）、漾濞、保山、腾冲等都先后成立分部，对昆明常有联系，对延聘教长，办理经堂教育，管理寺产都有联系。有时地方纠纷，多来昆商量。有必要的，则报请政府解决。滇支部都确负责任，总希望相安无事。

滇支部自组成到抗战初期，为时 26 年。经堂教育，极一时之盛，都为品学均优的名教长主持。咸、同年间，昆明回族同遭巨难。杀戮虽不似大理的屠城，但死亡亦难数计。两个"万人坑"，为人所共见。一个在鸡鸣桥前侧蜈蚣岭，一个在现西站后金顶山麓，后迁葬金家山公墓，立碑载有墓表。昆明绝户不少，滇支部未成立前，提督马如龙即指示绅耆马观政（字敏斋）修缮南城寺、顺城寺，用费多系马如龙筹济，同时清理寺产。马敏斋清白持家，操守廉洁，热心公益。光复后，蔡锷督滇，首聘马为军都督府咨议。有马负责，两寺焕然一新，寺产亦清理就绪。凡属绝业，都清理归入寺产。回民面貌，大为改观。现分别叙述人事如下：

滇支部先是马敏斋负责。马敏斋，昆明人。为人正直廉洁，笃信伊斯兰。读书有素，习举子业未遂，即不谋进取，自奉马如龙手谕，负责清理回族产业。做得有条有理，册籍簿记，登记未稍遗误，深为马如龙所赞赏，即责令成立寺产管理机构，由马敏斋负责。有马和斋、马吉忠、曹小运分别协助管理房产田产，收支事项。负责人统称为管事，没有什么会的名称。民国初年，北京有俱进会的组织，云南亦接踵响应，遂成立滇支部。此时云南回族在咸丰同治年间遭受深痛的惨祸后，读书人太少，一般从事经商为生。所谓的做官人，除马如龙外，仅有马殿选，字俊卿，任中协，举人金汉卿，商务总办马善斋。经商较大的汇号仅有兴义和、兴顺和两号。兴义和是马善斋负责，而以石屏人赛复初，姚安人契吉康，昆明人马镇邦、马沛周协助办理。由于有人支持，支部会务日见开展。后马维骐提督由四川交卸回昆，白金柱提督亦交卸回沙甸（蒙自属）。协助支持，滇支部局面大涨。

滇支部会务开展后，各清真寺如南城寺、顺城寺修理一新。东门寺原在珠玑街（系陕西人在昆明筹建的），规模较小，乃移建于金牛街。迤西公清真寺亦在迤西殉难后裔的艰苦经营下，筹建完成。永宁寺亦相继建成。除支部办有清真月刊外，各寺经堂教育相继开展，各寺学生三四十人不等，均系名掌教主持。南城寺先是田家培哈只负责，后则马建之继位。顺城寺系王哈只子美负责。迤西公则系马维海、马平安两大掌教相继负责。东门寺系白忠美负责，后由大掌教马宜之担任。永宁寺则系纳三阿訇负责，后由纳亮卿继任。经堂教育极一时之盛，今日全省各地的负责掌教，十有九均系昆明各寺穿衣的学生。

云南重九光复后，蔡松坡都督聘马敏斋为都督府咨议官。滇支部一时仍无变动。为时不久，有新军旅长王某轻信乃兄的唆使，以马某等有贪污为词，借高级军官的势力，率乃兄及部分回民到南城寺将马某等吊打清算后，取消管事的职务。大部分回民对此种作法颇不以为然。马敏斋虽未受打击，但精神上深感不安。时马俊卿于光复后免去中协职，在家闲居。马敏斋乃商于马心泉（俊卿的儿女亲家），拟请俊卿出面负责滇支部事。俊卿鉴于回民整体大事，义之所在，不敢多辞。从此敏斋退而居其次，俊卿任支部长后，勇于负责，敢作敢为，除大力支持经堂教育外，还主张经书并授，主持成立振学社。事得其人，滇支部工作大为活跃。

时有昆明人马聪，字伯安，系云南武备学堂（讲武学校的前身）毕业，历任军职。在唐继尧由贵州调任云南都督，主持拥护共和及靖国护法之后，伯安参加靖国军任旅长，后调任云南督军公署军政司长、总参谋长，工作在昆。马俊卿以年事日高，对支部会务，颇有倦勤之意，多次商请伯安出面负责，众议签同，伯安也无可推却，乃经开会改选伯安任滇支部会长。伯安就职后，时敏斋年将八旬，经多年繁重工作，已深感疲弱，再再请辞。时有陆质卿者，曾任军械局总务官及河口督办，人极廉洁谨严。经伯安提出请其负责管理寺产，乃将南城寺、顺城寺、永宁寺的房产田产合并，把过去的管事制改组成立寺产董事会，以陆质卿任董事长，马仁卿（阿訇，经营牛羊皮生意）任常务董事，马锡三任收租员，从此寺产管理更制度化。

振学社成立后，对经堂教育，渐趋改进，远近学子，多来报考，学务均有成绩。经以掌教沙平安哈只兼任社长，以富民人马生凤任副社长，以成德中学校长杨仕敏（字文波），税局查验所长李敏生（字方伯）兼副之。在南城寺办理毕业两班后，杨文波提议为适应政府教育制度，拟将振学社所办的经书并授组织，改为明德中学，报请教育司备案，先招生一班。杨文波兼任校长。教育管理由李敏生负责，阿文课由沙平安（字竹轩）哈只负责，纳亮卿教长兼任语文，数学、史地均由教中人义务任教。盖由于经费均须由会负担，而寺董会所收房租、田租支付三寺（南城、顺城、永宁）教长束修。三寺水电修缮，教中杂支，尚感不裕。而在振学社成立后，经书并授继而开展，而《清真铎报》相继发刊，为不定期刊物。由于经费及主持人时有更易（系义务职），致时断时续，解放后即停刊。明中经费，至感支绌，始终勉强维持。

光绪末年，有一件值得大书特书的事。俊卿的亲家马启祥（字心泉）经营兴顺和汇号，号遍云南许多县，如玉溪、河西、墨江、思茅、普洱、蒙自、文山、开远、曲靖、宣威、昭通、大理、保山、楚雄等地。省外如四川、汉口、上海、湖南。在四川并经营川盐，从自流井经富顺、泸州、纳溪、永宁、毕节、威宁而运销滇东一带，故各县均设有转运站。而以自流井、纳溪为重点号。营业范围广，资金也不少。乃兄马启元（字善斋）为部委云南商务总办，经营兴义和汇号，经营范围虽不如兴顺和之大，但当时也算云南商界巨擘。弟兄笃信伊斯兰，对宗教的扶持，不遗余力。弟兄协议出资刊刻《古兰经》木版全部，请马敏斋负责经手管理，请雕刻工四十余人，在滇支部大厅亭内工作。心泉弟兄不时到寺查看。经约两年，始告竣工。在云南各县回族中，清真寺及私人都纷纷请购刷本，几乎各家一部，利于诵念。功德之巨，众口皆碑。这部天经刻板，系田家培哈只所写，字体端正而清晰，众所称颂。解决了教中诵念天经的重大问题。在抗战期间，日军进入越南，对昆明狂轰滥炸时，这部版本经救国协会常务理事马伯良、木逢春，寺董会常务董事马仁卿装箱疏散于海口、寻甸两地，幸保存无虞。在"文化大革命"中，红卫兵扫"四旧"，除烧毁难以计数的天经刷本及各种经书外，已将这些天经木版，搬堆于天井中，放火焚烧，所幸木质坚硬，一时未能燃烧，红卫兵不耐多等，遂弃而不问。在南城寺住的阿訇才急忙将火扑灭，这部版本，得以幸存，现仍很好地保存着。

鉴于明德中学在艰难中不断地维持下去，以迄于解放后，市教育局接收办理，中间经历十多年，校舍初在顺城寺旧有的大殿后一院。大殿北侧新建一院，使用多年。后经费另有来源，改在顺城寺南侧新建较大的一院（现十三中沿用），校长则多次更易，均系教中人兼任或专任。自杨文波起，李敏生、沙宝臣、桂希禹、马坚、纳忠、纳训都相继担任。白寿彝亦短期一度兼任。

抗战初期，全国有回教救国协会的组织。云南回族，爱国不敢后人，经与唐柯三取得联系后，遂筹组救国协会，乃函各县俱进分会，推选代表来昆商量改组救国协会。随即选举干事15人，互选常务干事5人，马伯良、李士厚、马治平、木逢春、马子静，并由大会主持，公推马伯安为干事长。后因马子静公务不能分身，改推纳忠继之。两次连选连任后，第三次改选，常务干事除木逢春坚辞后，另选出马逢春、纳季卿、金荣生、木逢春、杨月樵5人继任，干事改为理事，仍推马伯安任理事长。抗战期间，尤其日本进占越南以后，大军云集云南，各县协会分会发生事务颇多。最突出的如掌教被拉当兵，清真寺被军队占驻，事属急迫，均经报请行营主任解决。

解放后，改组成立回族联合会，经大会选举产生。以马继武（曾任过师长）任总干事，不两年另成立回教协会，以赵钟奇任主任（曾任靖国军左翼军司令，解放后任省政府委员），不久即另成立教委会，后改成伊斯兰协会，由沙竹轩任主任。1956年沙竹轩病故，由马惠亭继任。

1985 年 9 月

云南回族在抗日战争中的贡献简介

沙德珍　纳钟明

我国是一个统一的多民族国家，在长期的历史斗争中，各民族有坚强的意志，有奋斗的勇气，对祖国各个时期的革命斗争，无不热诚支持，积极参加。云南回族，作为中华民族大家庭的一员，爱国素不后人，对祖国各个时期的革命斗争，同样热诚支持，积极参加。兹就云南回族在抗日救亡运动中的贡献，简介如下。

1937 年，"七·七"事变后，中国共产党提出了正确的政治主张和军事战略，指明了抗战胜利必由之路，动员广大群众，鼓舞了全国人民必胜的信心。以国共两党合作为基础的抗日民族统一战线的建立，促成了举国上下共御外侮的局面。云南回族在中国共产党号召下，1939 年 1 月，为了促进回胞认识抗战之意义，发挥回族固有的优良民族性，以加强我们整个民族抗战的力量，予敌人以严重打击，全省 50 余县回族代表齐集昆明，成立以马伯安先生为首的"中国回教救国协会云南省分会"。会后特发表宣言，首先指出："自从七·七事变引起了全面的抗战，暴日凭借其数十年经营结聚之新锐武器，屠杀我人民，蹂躏我沿江沿海各省区，凶锋所及，惨酷之状，可算为历史上开一空前未有的创痛。但暴日除付了重大的代价，占据了我们一些重要交通点线外，其他大半土地，仍在我们手中，无法控制，敌人越进，则消耗越多，控制越难……现在敌人的实力已消耗了大半，敌人的国际地位，已降低了许多，我们在政略上已将敌人速战速决的迷梦打破，在战略上已达消耗战预期的计划，最后胜利，快要临近我们了。"

接着指出："我中国回胞自国难发生以来，坚决拥护团结抗日的主张，站在全中国革命战争的立场上，做了许多救亡工作。无论敌人对回胞怎样的利诱威胁与怎样的侮辱惨杀，而回民总是纯洁无私，效忠祖国，毫无二致。尤其是从军杀敌之回教将士，其忠勇牺牲，证之于前线各战役所表见的，已素见不鲜，在民族抗战史上，实占有光荣而不能磨灭的一页……"

宣言最后号召全省各界回胞："在这救亡图存保卫国家的光荣战争中，我们要遵循经典圣训之指示，来尽我们应尽的使命，那才算是忠实的一个穆民，才算是一个伊斯兰信徒……"①

抗战开始后，有云南回族和云南其他民族参加的六十军、五十八军和新三军，先后奔赴抗日前线，英勇作战，屡建战功，涌现出许多英勇抗战的爱国官兵。例如六十军一八三师五四一旅参加第二次台儿庄大会战，在火石埠、东庄的战役中，敌军集中炮兵火力，猛击我军

---

① 《清真铎报》1940 年 6 月新 1 号。

阵地，在旅长陈钟书、团长莫肇衡先后牺牲后，回族副旅长马继武率部猛攻，又夺回了阵地，始终未让敌人前进一步。他们的战功被载入史册，受到人们的崇敬和纪念。

1939年冬，回协滇分会曾号召云南省高中二年级以上的回族同学，报考前中央军官学校南宁分校（即六分校），当时响应号召报考者甚踊跃，录取了150多名①。由沙柱臣、穆省三两人率领，自昆明启程，前往南宁报到入学，1940年毕业。但这一批同学在未毕业前，日军已从海道进攻广西，20天内，攻入广西南部各县。际此紧要关头，全体应届毕业同学，订立了一个《爱国抗敌公约》，冒着敌人炮火，冒着敌人狂炸，走上前线带队杀敌，其中有的在报到途中便被敌人的飞机炸伤，还有的被炸死，但总没有炸跨回族青年报国之心。

1942年，回协滇分会又继续号召云南高中二年级以上回族同学报考前中央军官学校桂林分校（即六分校），据不完全的统计，录取120多人，② 由马恒丰、马奉一、合翠等带队报到入伍，编为一队，每天除操、课外，还要做礼拜，斋月要封斋，回族宗教生活习惯得到照顾。在这段时期中，他们生活虽很艰苦，但精神是愉快的。"民国三十三年（1944年）当桂林战局失利时，因大军他调，他们曾参加过有名的虎牢关战役，以少少的人数，枵腹赤足苦战数日，竟阻住了近万敌军之进攻，直到大军赴援，才扭转了战局……写下军校学生抗战

---

① 在录取同学中，根据马恒丰同志的回忆：有昆明的马国铭、马耀麟、杨祖惠、杨家福；巍山的米龙翔、朱盛昌；大理的杜开毅；永平的马如葵、马鹏举、寇邦英、罗国栋；保山的马子骒、马应良；大姚的姚同光、马凤书；泸西的马复礼、马恒丰；沙甸的王慈元、林万兴；大庄的金鼎、马克家、马云武、纳从龙；新寨的马仲臣等人。

② 根据马恒丰同志的回忆，第二批录取的部分名单是：

昆明：晏吉光、马金柱、沙景、桂龙标。

昆阳：杨朝汇。

田心：马兴礼、马自兴、赛家祥、王炳章。

通海：张平耀、李中英、钟开运、何连忠。

盘溪：马本鹏、马本和、马本泽、马兴邦、马良慈、马鸿瑞、马泽贤、马俊文、金华超、金同泰、马弼忠、杨绍林、马义元、金福正、马应、马有成、马清文、马学文、马玉屏、纳忠存、马本德。

红溪：马有仁、马应祥、张树仁、赵柏、马宝生、马群生。

大庄：马富林、田家良、王保德、李中堂、马恩喜、马德中、马配英、马耀武。

峨山：马祝忠、马锦全、合天荣。

泸西：马恒兴。

玉溪：马家义、马绍文、桂槐、马子顺、速兆光、马光荣、马光有、金吉德、马学德、马福义、田齐良、马本良、杨文才、马如林、马正兴、李同运、马国忠、李士贵、马俊。

澄江：马兆昌、马兆龙、马鸿昌、马正义、马选廷、速文喜、马桂林。

楚雄：姚学祥、姚国栋、契明祥、马金辅、马炳义、金铨、马为林、李何生、樊顺武。

下关：马德荣、马思明、马质彬、李润深。

大理：沙永金、马至顺、马文元、杨忠、杨金玉、马应存、杜开祥。

洱源：马廷相、马廷高、王立志、马仕贤、马守信、王信真。

巍山：朱亚武、朱品昌、米善彩、米学昌、马应连。

寻甸：保如珍、保世席、马子成、叶云芳、赛兴元、沈家良、王信、马自成。

昭通：马辉。

沙甸：沙荣光。

史中最光辉的一页，也充分地表现了穆民的忠勇战斗精神"。①

与此同时，为了反击滇西日军，第六军特成立"随军海外战地工作队"，招收了滇西归国华侨中熟悉印、缅、泰语言的回族青年学习，毕业以后分发前线部队抗日。

回族男青年踊跃参军抗日，回族女青年也积极参加战地服务。1938 年 10 月，云南组成了"云南省妇女战地服务团"，全团共 60 人，其中云南回族有：马少良、沙英华、马如琴、撒明腾、马玉仙、李淑珍等 6 人。经过短期培训后，先后随同六十军参加鲁南台儿庄第二次大会战保卫武汉战役。1938 年秋，五十八军由云南开赴湖南、江西，部分团员参加了长沙会战。另一部分团员如撒明腾、李淑珍等随接收新兵人员回云南，1939 年冬又加入新三军第十二师，随军出发抗日。

云南妇女战地服务团出发到长沙后，其中 6 位同志投奔陕北，加入中国共产党领导的革命队伍，回族马少良（即马月仙）是其中一人。

总之，云南回族女青年和云南各族女青年"随军抗日，足迹遍及贵州、湖南、湖北、江西、河南、山东、江苏、安徽、浙江、广西等省，接触千千万万民众，同滇南健儿一道，浴血抗战，由 1938 年到 1942 年这些年月里，甘冒枪林弹雨，从炮火硝烟中走过来。"② 现沙英华、李淑珍均尚在昆明。马少良解放后原在省博物馆工作，现已离休。

在宣传方面，云南留学埃及爱资哈尔大学的马坚、纳忠、林仲明、张有诚、纳训、马俊武、林兴华等，七·七事变后，每逢国家及宗教节日，以文字或广播在开罗积极宣传我国全面抗战的精神，揭穿敌人的各种阴谋，并暴露其残暴的真相。其间适逢日本帝国主义组织朝觐团到麦加进行宣传活动，我云南留埃同学受国内回胞的委托，也组织了以马坚为首的中国留埃同学朝觐团到麦加进行宣传，并在《埃及人报》、《埃及邮晚报》及《妇女周刊》刊登有关抗战的文章和图片，博得阿拉伯国家穆斯林的关注和同情。此外，"七·七"事变后，北平达浦生阿訇出国进行访问宣传，在埃及撰写了《告全世界回教同胞书》，译成阿文由云南留埃同学负责代译。③ 按该书历述中日关系，60 年来日本侵华罪行，以及中国穆斯林抗战的事迹，号召全世界穆斯林兄弟给予日帝以舆论的谴责及经济上的制裁，在埃及《金字塔报》上发表后，引起了埃及和各国朋友的重视。

马坚、纳忠等留埃同学对祖国抗日救亡运动的宣传，一向甚为关心，在埃及留学期间，做了不少工作，毕业回国后仍始终不懈，积极进行。故《清真铎报》于 1940 年复刊后，马坚、纳忠先后担任主编，加强了国内的宣传。

以上简介，大多是 30 年代和 40 年代的材料。由于缺乏原始素材，有的是凭回忆写下来的，不全面之处在所难免，希望读者指正。

1985 年 10 月写于昆明

---

① 见 1947 年 7 月《清真铎报副刊》第三期刊载马开兴寄自上海的《军校二十期毕业的云南教友访问记》。

② 见《昆明文史资料选辑》第四期的《云南妇女战地服务团随军抗日散记》。

③ 见 1984 年 1 月《中国穆斯林》达杰作《达浦生阿訇传略》。

李长彦同志事略

王吉清　武洛缨　江新泽　刘文清

在会泽广大东北部游击区生活过的同志，回忆往事，对当时的领导者李长彦同志印象都十分深刻，他性格开朗，思想活跃，语言诙谐，善于言辞，有思想，有朝气，好学习，不怕艰难，无所畏惧，富于创造的形象，使人难以忘怀。

长彦同志系昭通市城关镇人，原籍鲁甸县岩洞乡，回族，1925 年 8 月生。他早年丧父，家境困难，靠母亲和亲友接济，1945 年夏毕业于昭通中学高十班，随即考入云南大学法律系。1945 年 8 月在云大入党后，积极参加了"一二·一"、"李闻惨案"等学生运动。1946 年、1947 年被选为云大学生会干事，同年夏天离校到会泽组织农民武装。解放后，先后任昭通团地工委副书记、宜良团地工委副书记和在省委、省政府办公厅工作。1958 年 4 月 5 日，长彦同志到北京参加全国第一次档案工作会议，飞机失事遇难，年仅 33 岁。长彦同志因公殉职后，中央对这次飞机失事的遇难者十分关心，省委办公厅和人民政府办公厅为长彦同志召开了追悼会，颁发了有毛主席签字和省长于一川签字的公职人员牺牲证明书，周总理还发了唁电。对于他的早逝，大家都很悲痛。多年来战友们历次聚会，都念念不忘长彦同志为开创和建立会泽广大游击区，以及为开创云南省档案工作所作的贡献，希望把开拓者的足迹记录下来，推动和激励后继者去追求、去创造，以表达我们对死者的思念之情。

抗日战争结束不久，昆明学生运动遭到了蒋介石反动政权的血腥镇压，抗战胜利带来的微弱曙光，已被乌云遮盖。1946 年 11 月上旬，党中央指示云南地下党："立即将工作重心转入农村，选派工人、知识分子到农村去组织农民，发动游击战争，牵制部分蒋军，以利将来华北华东反攻。"

当时，长彦同志正在云南大学法律系读书，并任云大学生会干事。在那腥风血雨的年代，面对白色恐怖，他无所畏惧，积极宣传鼓动发展组织，团结广大进步群众投入火热的斗争。因积极活动被敌注目，省工委决定长彦同志转移到农村去开展工作。他转移到会泽后，云大当局以参加学运之名开除了长彦同志的学籍。这时他是一个刚满 20 岁、入党两年、血气方刚、工作热情很高的年轻党员。

到会泽后，他以在楚黔中学教书为职业掩护，担任地下党会泽支部宣传委员、特支宣传委员。当时正处于国民党反动政府的血腥统治下，地下党的工作只能依靠自己的模范行动去团结群众，有职业掩护的要熟悉和精通业务，当学生要求品学兼优，当教师要治学严谨，为人师表，对进步群众政治上要引导，生活上要成为知友。长彦同志就是按党的要求去开展工作的。他以讲故事、野外郊游，广泛接触群众，宣传马列主义和党的政策，成为青年学生的良师益友和引路人。1948 年下半年，会泽地下党在火红组织武装斗争，党组织派长彦等同志到农村第一线，按照统一战线的原则，团结民族上层金绍清参加了起义。失利后，又于旧历冬月初三再次组织尖山起义，长彦同志先后担任党代表，但两次起义遭到伪专员安纯三的血腥镇压而失利。革命群众遭到了血腥镇压，但长彦和同志们经受了考验，没有被敌人的残酷镇压吓倒，迅速将起义武装和没有暴露的力量疏散隐蔽，并认真总结经验教训，教育群众，做好扎实的基础工作，等待时机，重新夺取胜利。在这段时间里，他继续深入牛栏江沿岸农村组织农民武装。这一带是滇黔两省结合部，又是彝族土司统治的地方，要站稳脚跟，首先要依靠贫苦农民，搞好统一战线，团结一切可以团结的力量。为了完成党交给的任务，长彦同志经受了艰苦贫困生活的磨炼，和农民一起种地、推磨做苦工，从而结交了许多农民朋友，组织了农民翻身会，和其他同志一起认真做基层工作，建立秘密武装，传播革命火种。同时他还肩负着与外线组织的联络工作，经常奔波于牛栏江沿岸会泽、宣威、威宁等地，由他建立和联络的秘密武装据点达十五处之多。由于战线长，流动性大，很多时候都需要单独行动，又无职业掩护，无固定的工作地点，无工资收入，过着衣单被薄、风餐露宿、饥一顿饱一顿的艰苦生活。同志们看到他的衣服太单太烂，要给他添补一套，他却乐观地说："只要能活下去干革命，吃穿苦一点不要紧！"在敌强我弱、白色恐怖、曲折复杂的斗争环境中，有的人动摇，有的人不敢接头，有的人灰心丧气，长彦同志想尽办法历尽艰辛耐心做宣传、团结疏导工作，走遍了这里的山山水水，躲过了敌人的多次追捕，他化名为王小二，被敌人悬赏追捕。他时刻想到的是如何积蓄更多的力量，坚持斗争，等待时机，打击敌人。经过半年多的努力，终于在会泽的迤禄、者海、乐业、罗布古、硝厂河、尖山、待补等地组建了拥有800多人的7个游击中队。

1949年初，永焜支队（边纵六支队前称）继解放宣威城之后，准备从牛栏江上游的沾益德泽进入会泽县，即将行动时，突然接到情报，敌人沿寻会公路来了一个保安团。会泽地下党和外线工作的同志，必须竭尽全力，很快与主力部队取得联系，使主力部队改变原定过江路线，避实就虚，出其不意地打击敌人。长彦和其他外线工作的两个同志，克服了部队行踪游移不定，流动频繁，难于寻找的种种困难，披星戴月，跋山涉水，终于找到了部队。马上给司令部汇报了敌人在会泽部署的兵力、城防情况和地下党县委对部队进入会泽的意见。支队领导及时改变了原行动计划，和长彦同志一起研究了过江的准备工作，并采取昼夜急行军，迂回到下游渡江。接着，长彦同志则从德泽乘小船沿江东下，抢先到达迤禄，给游击队部署，及时派出向导，组织船只，迎接主力部队，使部队一夜之间顺利渡江，拂晓包围了驻扎在迤禄街之敌陆积先民团武装500多人。我主力部队从正面进攻，迤禄游击队100多人配合，从后山进行围堵，全歼了民团。我仅牺牲胡导发、严发新两个游击战士，为解放会泽县城打下了基础，鼓舞了士气。在县委领导下，长彦和同志们更加紧工作，穿梭不断，进行内外联系，组织各地秘密武装和革命群众，抓紧时机，主动出击，收集枪支武器，扩大武装力量，分散隐蔽在尖山、罗布古、硝厂乡一带的武装重新聚集起来，组成两个游击中队，者海、黄梨树的部分武装则与矿山的起义矿警结合，组建了者海游击中队。同时还协助支队领导，选择了群众基础好、农翻会员多的兴发村，作为解放会泽城的隐蔽点。由于组织周密，封锁严紧，部队在这里隐蔽了一个星期敌人都未发觉，有力地配合部队一举解放了会泽县城。会泽县城的解放，震撼了滇东北及云南全省的反动派，也大大鼓舞了广大的革命群众，为开辟和巩固滇东北的游击根据地发挥了积极作用。边纵六支队司令部负责同志在写党史时都十分肯定长彦同志的英勇献身精神，也充分肯定会泽地下党支援部队为解放会泽所作的贡献。

1949年上半年,会泽东北部地区的者海、罗布、迤禄、罗业、硝厂5个游击队,在地下党县委和长彦同志领导下,活动更加频繁,采取统一指挥,有分有合,平时分散活动,有任务联合出击,有力地打击了地霸武装,巩固了根据地。这段时间,长彦同志代表县委不断到各地检查帮助和研究部署工作,由于长期营养不良,风餐露宿,身体十分瘦弱,几次病倒,但他仍以坚强的革命意志和对人民解放事业的赤胆忠心,坚持工作,经常带病带着两、三个联络员奔波于滇东北的边远山区,组织各地游击武装,打击罪大恶极的地霸匪首,收缴武器,维持地方治安。通过这些活动,进一步扩大和巩固解放区,并解放了寻会公路沿线的鸱鸡、待补,组建了待补游击中队。尤其对龙三勾结地霸土匪先后两次进犯我解放区进行了联合阻击,打退其对寻会公路和者海解放区的进犯,迫使其很快接受我方条件,退回其据点。同时在主力部队远离会泽,各区工作队人数很少的情况下,有力地打击了牛栏江沿岸重新纠合起来与我对抗的其他地霸武装(约2000余人)。

部队组建初期,虽然主要成分是农民,但个人成分复杂,如何严明部队纪律,明确革命目标,用"三大纪律八项注意"指挥部队行动显得十分重要。为了提高部队战斗力,取得群众支持,长彦同志和各地游击队的党组织共同研究,采取果断措施,严肃处理了违纪事件,先后处决了抢劫群众财物的迤禄游击分队长、主犯李其科和者海游击队的一个分队长。

通过这些行动,教育了广大干部战士,加强了团结,提高了部队素质。但长期的分散活动,各自为战,已适应不了革命形势迅速发展的需要。为了进一步加强部队思想政治工作,加强组织建设,在地下党县委领导下,由长彦同志主持,以会泽东北地区的6个游击队为主,配合从巧家起义到者海根据地休整的两个游击队,共800多人,在者海会师,进行整顿。部队集中后,通过召开活动积极分子会、军人大会,学习文件,总结经验,回忆对比,开展批评与自我批评,从而加强了内部团结,树立了整体观念。同时加强了军事训练,组织教唱革命歌曲,召开营火晚会,演出自己编排的文艺节目,许多新参加的干部战士都学会了唱《三大纪律八项注意》、《游击队歌》等歌曲,更增强了革命信念和组织纪律性。在组织建设方面,又发展了党、团组织,建立了党的支部,并从陆续参加部队的青年学生及农村知识分子中,挑选了一批政工干部,每个班都配备了一名政治战士,中队配备了政治指导员和文化教员,建立了政治文化学习制度。部队一进村,群众一眼就把游击队和各种反动武装区别开来,到处都得到群众的拥护和支持。九月,长彦同志率领者海、罗布、待补3个游击队出击寻会公路沿线时,还进行文化考试,组织学习毛主席农村调查等文件,到边远山区农村调查阶级状况和群众生活状况,提高了部队指战员做好群众工作的积极性和工作能力。至今仍萦绕于同志们脑际的游击队军歌:

> 背着人民的重担,
> 我们爬过了万水千山,
> 随着斗争的铁流,
> 我们熬过了雨雪风霜,
> 黎明黄昏,踏着脚步快乐的歌唱,
> 正午清晨,踏进斗争学习的课堂,

加紧学习，为迎接民族的解放斗争而不断努力苦干，

加紧团结，为迎接全国的自由解放而歌唱，

工作中学习，战斗中成长，

我们要把历史的任务勇敢地担当。

这就是当时战斗生活的写照。

随着我解放大军在淮海、渡江等战役的节节胜利，蒋介石残部沿黔桂线向云南方向溃退，滇东北的宣威、沾益一带成为与敌短兵相接的前线，原设在宣威西泽的滇东北干校、后勤医院及印刷所等相继迁到比较安全的会泽者海区。为了巩固根据地，会泽各区建立了党的区委会和区工作队，地下县委重新分工，长彦同志兼任第六区区委书记，率部队到寻会公路沿线开展工作，控制寻会公路及牛栏江沿岸，为者海中心地带建立屏障。长彦同志率部出击寻会结合部的光头、驾车、功山一带，在这里又组建了光钢游击队，配合其他游击队进行防守。接着，敌二十六军进驻沾益，并派兵驻扎牛栏江边的德泽一带，与待补、鹧鸡仅一江之隔，咫尺就可进入会泽县境。为了阻击敌人，长彦同志和第六区工作队积极组织民兵武装，加强训练，并试验爆破，在险要地区用滚石擂木布防，又在大海梁子一带布点，为部队迁回作战进行必要的准备。在区委领导下，工作队一边帮助区乡建立政权和各种群众组织，一边严密防守，保卫群众利益。由于加强了这一地区的工作，使寻会公路沿线和牛栏江上游地带成为昆明至滇东北根据地的重要通道。地下党从昆明疏散到会泽的同志和组织下乡的青年工人、学生，此时大都从这条路线到者海受训和分配工作。随着革命形势的发展，分散在各地区的游击队奉命进行整编，寻会公路沿线的游击队和会泽那姑游击队被整编为边纵六支队三十二团二营，长彦同志兼任营长。全省解放前夕，会泽、寻甸结合部土匪猖獗，二营奉命保护寻会公路沿线商旅和群众安全，清剿沿途土匪，并进驻寻甸县境，帮助建立县人民政府。昆明保卫战前夕，又进驻羊街一带。部队返回会泽后，长彦同志调县委工作，营长由陈礼昌同志接任，部队由团部统一指挥，配合解放军清剿残匪，维持地方治安，先后消灭了易培春、刘正清等匪霸。1950 年 6 月，全营 300 多人，大部分编入中国人民解放军四兵团第十五军四十三师一二七团，部分组建为盐津县公安中队和会泽县各区武装，有的转入地方工作。

解放后，长彦同志调省委办公厅负责秘书处的工作，后调省人民政府任档案处副处长。在省委于一川、马继孔、梁浩等负责同志教育帮助下，政治思想、理论水平有很大提高，干起工作来总是井井有条，效率较高，并富有创造性。他努力培养周围的同志建立新的工作秩序，为云南省档案工作做了许多有益的建树，至今仍为云南省老一代档案工作的同志所提起。长彦同志刻苦自学，兴趣广泛，他还学会了速记。他在大学读书时，英语基础较好，这时又用业余时间刻苦自学俄语，经过短期努力，达到了中学教师水平。

长彦同志是党培养起来的回族干部，从抗日战争到 1958 年飞机失事遇难，他从一个 20 来岁刚从大学出来的青年知识分子，在曲折复杂的斗争中经受了严峻的考验，逐步成长，能够担负复杂而艰巨的工作，而且百折不挠，勇往直前，锲而不舍，坚忍不拔地去完成党交给的各项工作。如果没有对革命、对党、对共产主义的崇高信念，没有马列主义的世界观，是不可想象的。

参加革命经历

聂映仙

　　我是一个共产党员，但在入党时，虽然宣誓要为共产主义事业奋斗终生，那时却是没有什么明确的共产主义思想的。正如刘少奇同志所说：有的党员是为了抗日救亡，赞同和拥护共产党的主张来参加革命的；有的是为了找出路；有的是由于家庭的压迫，对包办婚姻不满……来参加革命的。我也正是这样一个情况，正当我才十五六岁，还在省立女子中学读书，快要毕业之前，因感到家庭经济困难，对于我继续读普通高中，是一个很大的负担，于是在初中快要毕业的前夕，改名聂映仙考上了伪建设厅办的道路工程学校。该校既是公费学校，又许诺毕业后即分配工作，对于我想学一门谋生的本领很有点引诱力。我在女中的名字叫聂玉英，为了取得女中的毕业证书，在考上道路工程学校后，我仍然保留着女中的学籍，而且把在道路工程学校上学的事保密，分别在两个学校上学。好在女中时间不长，1931年末上完女中的课程，终于取得了毕业证书。在当时女子是受歧视的，道路工程学校虽是男女同校，招生广告说男女同等待遇，但实际上女同学没有得到与男同学平等的待遇，本来是两年毕业，但我们女同学才上了一年半，就将我们抽调出来绘制图表，就算毕业了。分配在伪建设厅制图股当绘图员。所以我才十六七岁就参加了社会工作，成了职业妇女。但也好，道路工程学校的一年半和社会职业的磨炼，使我走上了另一条道路，为共产主义奋斗终生的道路。由于反抗包办婚姻的胜利，更坚定了我奋勇前进的信心。

　　在道路工程学校上学时，正是"九·一八"事变后，日寇侵占了我东北三省大片领土，蒋介石采取不抵抗政策，全国人民都非常愤怒，誓雪国耻。昆明也是一样，特别是我们这些青年学生，无不热血沸腾，义愤填膺。除了参加学校组织的义勇军，穿军服，受军训之外，同时参加了同学们自己组织的演讲会，每礼拜六在学校作一次宣讲，内容是抗日救亡，反帝反封建等，激发了我对日寇及封建黑暗社会的愤慨。同时这些内容对于我这个出身于回族封建家庭，套上了包办婚姻套索的女孩子来说给予又很大的启发和鼓舞。再加上从小就曾经看见过逃来云南的越南侨民诉说法帝国的欺凌和压迫，亡国的痛苦，悲惨生活。我不愿当亡国奴，更不愿当封建家庭包办婚姻的牺牲品。在演讲活动中，由于得到了同学马若璞（马仲明同志）的帮助，鼓励我阅读革命书刊，后来又由他介绍认识了他的姐姐马冰清。在他们的帮助下，我逐步懂得了些革命道理。特别是马冰清，既得她的帮助，我也对她很同情。她的爱人王德三是大革命时期的地下省委书记，被叛徒出卖，于1930年遭国民党云南军阀龙云逮捕杀害。那时，马冰清也被捕，关在陆军监狱，在狱中生了一个男孩，她1933年出狱的时候，这孩子都快3岁了。以后因在农村工作，孩子被狂犬咬伤，生活很艰苦，不能及时治疗，就死去了，时年已8岁多。我就是在她出狱后不久，由马仲明介绍认识她的。知道了她的这些斗争历史，悲惨遭遇，我很同情，也很钦佩她；她也给了我不少的帮助。通过她的关系又认识了杨静珊、伏瑞珍、江玉芝等老一辈的革命女同志。在她们的帮助教育下，我找到了一条革命的道路。

1937 年 7 月 7 日，"卢沟桥事件"爆发，全面抗战开始，在党领导开展的抗日救亡的宣传鼓舞下，我积极参加了活动。在马冰清的帮助下，参加了民众教育馆（现在昆明市群众艺术馆）李家鼎同志领导的民众歌咏团，又参加平民夜校教课，并在每礼拜天参加读书会；敌机轰炸本市，又组织我们到法国医院学习救护知识和技术，以备有空袭时救护受伤群众。直到 1939 年 11 月经马冰清介绍我加入了中国共产党。那时我的社会职业是伪公路管理局的技士，马冰清于 1939 年底离昆回昭通后，由郑速燕同志直接领导我们，仍以社会职业为掩护，开展抗日救亡的宣传、义卖、募捐等。同时参加以女青年会为据点的活动，还与禄厚英、周赞淑等同志参加了女子中学同学会，学会除以团体名义参加社会活动外，还出版了同学会会刊，与在前方的妇女战地服务团的同学联络感情，团结、鼓励她们坚持抗战。在那艰苦环境下，由于经费困难、稿件缺乏，学会会刊只出了几期就停刊了。"新四军事件"发生后，因时局紧张，根据党的指示，许多同学都疏散了，同学会的活动也受到了影响，慢慢地停止了活动。可惜自己没有存有同学会的会刊，内容也都记不得了。

我个人于"新四军事件"后，按党的十六字方针"隐蔽精干，长期埋伏，积蓄力量，以待时机"和"三勤"（勤职、勤学、勤交友）的指示隐蔽下来，没有参加公开活动。当时是在伪民政厅工作，仍以社会职业为掩护，并利用社会职业的方便，做些社会调查工作，向党提供了当时各地的伪政府关于农村情况的内部报告，贪官污吏危害人民以及国民党征兵征粮，苛捐杂税的残酷剥削等情况的内部资料。

1943 年，为了掩护马仲明同志去昭通办《云南日报·昭通版》，组织上要我放弃社会职业，陪同他到昭通，以家属面目掩护其工作。这时我已经生了两个孩子，4 个人的生活全靠马一人负担，当时报馆的待遇是比较菲薄的，而且物价不断上涨，收入则固定不变，所以生活相当艰苦。为了避免暴露，我也没有找社会职业，参加社会活动；其实在那地方，除了教书外，也没有什么社会职业可找，但学校正是敌人最注意的地方。所以我只有帮他做些积累资料的工作，并根据他的建议，在报馆内部学习无线电收发报技术，以备党的工作的需要。但因孩子的拖累和家事干扰，没有坚持学下去。

1945 年末至 1946 年初抗战胜利之后，马仲明已脱离云南日报社，和其他几个同志自己办小报——《中国周报》，我做些收发保管报纸的工作。

1946 年 7 月 11 日，李公朴先生被国民党杀害。第三天，一个在伪政府负有相当责任的熟人暗中通知老马，敌人要逮捕一批共产党员、民主人士，黑名单中就有老马。他根据组织指示，立即转入地下，又离开昆明。我带着 3 个孩子，生活更加困难。党组织指示，仍须以社会职业为掩护，进行地下工作，才又重新寻找社会职业，回到伪云南省公路局当技士，在绘图股绘图并管理图表，这就给我后来获取军用地图创造了有利的条件。

因为我曾向党提供过关于云南省公路进展情况和图表，所以 1948 年 3 月党就给了我一个光荣而艰巨的任务——获取军用地图。

1948 年初股里安排我管理图表，3 月间党组织指示：为了游击战争的需要，要我设法弄一套陆军测量局测制的全省的军用地图。这是极机密的十万分之一或五万分之一的地图。那时全省 131 个县、市，设治局，按十万分之一，一个县的图纸，最少是以新闻纸为标准的 4 开 4 张，多的 5 张、6 张，40 磅的道林纸印刷，全套的重量也在 20 磅以上，捆起来，跟一个一两岁大小的婴儿差不多。任务是艰巨的，但能够为党作出即便是很微弱的一点贡献，自己的心情也是愉快的。何况为了游击战争的需要，报答党对我的信任，必须努力完成党交给的这一光荣的任务。总算想尽千方百计，不计个人安危，在最危险的场合，取得了全套十万分之一的全省军用地图，交给了组织联系人李剑秋同志，没有辜负党对我的信任。为了避免敌人追查军用地图的去向，而对我下毒手，同时游击战争刚刚兴起，也需要工作人员，虽然我的工作能力很微弱，但还能做到党叫干啥就干啥。党决定我立即离开昆明，并派高鹏云同志护送我和兰玲同志（原名罗丽英，朱家璧同志的爱人，在游击战争中牺牲了）到游击区去。

这时，我已经有了 3 个孩子，大的不满 10 岁，二的 5 岁不到，小的只两岁多点。作为母亲来说，跟孩子们分离总是有点依恋之情，但此去是为了革命，我不能只顾幼小的孩子，丢弃共产党员的职责。于是把孩子们寄托给我的两个姐姐照管。我走时孩子们还在甜梦中，没有惊动她们，就悄悄地走了。那时物价一日几变，生活很困难，我姐姐她们也不富裕。1950 年 4 月间调到蒙自专员公署工作后，才和孩子们见面。原来我思想上也考虑过，估计孩子们无论从政治上、经济上都可能出问题，不料 3 个孩子都活得很好。这首先是得到组织上的关怀，在组织很困难的时候，还不时派人来看望，给予经济上的帮助。其次是得到姐姐们的辛勤帮助、教管，使我解除了后顾之忧，得以在革命道路上轻装前进。现在孩子们都长大成人，有了幸福的家庭，都工作在四化建设的岗位上，三对中已经有 4 个党员，她们之有今天，也是党的爱护培养的结果。我衷心地感谢党。

1948 年 4 月 8 日，我们化装离开昆明，到了党在陆良的地下联络站，遇到了曾经见过的谢敏同志，商定了我化名王平。第三天平安地到达圭山，在宇维哨赶上了朱家璧同志领导的部队。参军后先分在政工队工作，不久在弥勒西山三家作战，有几个战士受伤，当时部队已经建立了医务室，但只有一个杨治平医生和缅甸来的华侨学生周毅同志搞医务，除了少数几个政工队的同志临时协助之外，人手较少，我就主动要求去护理伤员。过去敌机轰炸昆明市时曾经学过包扎护理常识，这时刚好用上。此后，我就搞医务工作，直到 1948 年底，我才被调到地方工作。

转到地方后，先后在泸西县云兴乡、永宁乡、天华乡等地工作。任务是建立人民政权，发动和组织群众，巩固根据地，支援游击战斗，粉碎敌人的围剿。这些地方由于有较长时期的地下工作，群众觉悟较高，基础好，我们在此基础上，组建了儿童团、妇女会、姐妹会、农会等群众团体。那时虽然要建立新政权，在没有政权机构之前，我们就不拿工资地到学校教书，利用学校，组织青少年夜校，搞识字班、读书班、扫盲等来接近群众，发动群众。在发动和组织群众的基础上，逐步建立了区乡的人民政权。我虽然没有什么工作经验，但是在党组织的领导下，同志们的共同努力下，工作还比较顺利，我自己也得到锻炼。这说明，人是逼出来的，工作担子重，才压出了人的本事。到云兴乡，那里已有几个同志，如李韵、姚群、李林、王问达等，开展了发动和组织群众进行建政的工作，由于群众工作的基础较好，领导上先后号召开展"双减"（减租、减息）动员参军，划分、建立行政村等，都顺利地完成了任务。那时我任泸西县第二区委书记。

1950 年初，全省解放后，我从泸西调到蒙自专署，搞秘书工作，后任民政科副科长，到 1950 年 11 月才调回昆明。

云南回族文物

马毅生

云南回族，是在云南土地上出生的一个具有悠久历史和光荣传统的民族。云南回族和其他兄弟民族一样，为中华民族的进步和发展作出了卓越的贡献。

解放 30 多年来，云南回族史的研究工作，在政府有关部门的关怀下，经过一些热心于此项工作的同志的努力，取得一定成绩。特别对近代史上云南回族的情况，写出了不少较好的研究文章。可是，对云南回族文物的搜集和研究却重视不够，这是云南回族史学研究的一大不足。虽然说文物是历史研究的补充，但这一"补充"的作用，在云南是不能低估的。我们知道，有关云南回族形成和发展的史料，古代部分是非常有限的，近代部分的，找得到的史料大多是统治阶级站在反动立场上歪曲事实的记录。史料，人民群众中虽有口传笔录，但多数也随着人类的新陈代谢而不断消失。所以，今天研究云南回族史，在史料单薄的情况下，文物的"补充"作用显得更为重要。本文就云南回族文物工作谈几点看法。

一、云南回族文物概述

在云南省394 000多平方公里的土地上，长期以来，回族人民以大分散小集中的分布特点，与 23 个少数民族共同生活在一起，在全省 100 多个县市均有回族分布。他们的人口是447 947人（1984 年统计数字），多数信仰伊斯兰教。在历史的长河中，云南回族是以一种独特的方式形成和发展起来的。勇敢、团结、勤劳的云南回族人民，以惊人的智慧，创造了大放异彩的精神财富和物质财富，为后人留下丰富的文化遗产。

过去曾有一种说法：回族文物少。这种认识可能产生于两个原因：一是近代史上反动统治者对回族文物的摧残，历次战争的破坏以及一定的政治原因，使回族文物损失较多；二是对回族在形成、发展过程中，民族之间相互交流的情况缺乏认识，总以为回族文化一定要具有伊斯兰教文化特点。回族使用的、生产的东西，有吸收其他民族文化部分都属于非回族性质。这样一来，回族文物的征集和研究路子就相当局限，工作自然很难开展。笔者认为，第一种原因是历史事实。第二种原因值得商榷。为进一步探讨，让我们追溯一下形成云南回族的历史条件吧。

云南回族先民是波斯、大食阿拉伯国家的商人，早在 7 世纪中叶，他们就到南诏洱海地区进行商业贸易活动，带来了伊斯兰教和阿拉伯文化。元宪宗三年（1253 年）世祖忽必烈率"探马赤军"平云南后，大量信奉伊斯兰教的士兵、商贾、工匠、手工业者、宣教者进入云南，一时间，伊斯兰教大盛。阿拉伯文化和伊斯兰教文化在当政者庇护下，与其他民族文化、中原文化抗衡，相互交融，形成了一个色彩斑斓、具有共同经济生活以及表现于共同的文化特点上的共同心理素质的共同体，这就是初期的云南回族。由此可见，这种"交融"就是云南回族历史文化的最大特征，至今在实际生活中还找得到印证。最为突出的是云南回族长期使用汉语、学习汉文。在其他少数民族聚居地的回族，又学了白族语、彝族语、藏族语、傣族语，还有一部分学会纳西语、普米语、苗语、哈尼语等。当然，其中也还汇合有少量的阿拉伯语。学会了其他民族的歌舞、体育、游戏、乐器、民族工艺的生产技能，如织布、绣花、草编、篾编、泥水匠、木匠、银匠、冶炼、制陶，以及生产劳动方式和工具的使用。云南回族多数着汉族服装，仿汉族房屋建筑。少数杂居在其他民族地区的回族，服装、建筑均与当地民族风格统一，又揉进回族传统文化。例如，在回族庭院的壁画中，多采用国画素描手法，内容反映有代表阿拉伯文化的葡萄、圣地风光、星月、经对，也有其他民族喜爱的花草、鸟兽、风物及图腾象等。前些年，一位同行到中甸调查，意外发现一家全藏化的回族，他们只知道自己祖上是回族，不吃猪肉，从大理搬过来的。他家里挂有藏传佛教的"唐卡"，另一面又写着"主圣庇护"。

总之，云南回族在其形成、发展过程中，也和其他兄弟民族一样，创造了自己丰富的文化财富，是客观存在，不可磨灭。文物是历史文化的物证，只有进一步研究，再认识云南回族历史文化特征，才能发现，众多的云南回族文物仍在各地民间散发着光彩。

二、云南回族文物的类别

解放以来，云南回族文物工作尚未听说设有专职人员，文物专题性的理论文章也较鲜见，可移动的有形文物收集了一些，多数存省博物馆、昆明市伊斯兰教协会、大理州文管所、省民族学院文物室，个别地、州、县文化部门亦有少量存物。其中以清代云南回民起义时期的文物为多。另外，还有不可移动的文物，如古清真寺、古墓、坟地、古战场、碑碣等遗址、遗物遍及各地。大量的无形文物流传于民间。为今后工作之便，笔者参考外地经验，结合云南回族文化特征，试将云南回族文物作个分类，供参考。

1. 古建筑：古代回族在各个地区所建盖的清真寺、学堂、馆驿、住房、楼亭、桥梁、水井等的建筑形式、结构，各种门、窗、梁、柱的雕绘装饰。完整的砖瓦、礼拜堂、经堂、邦格楼的建筑结构、造型和内外装饰。各地区各教派、宗族、家族的坟场、庐墓、墓穴。此外，还有历史上回民起义的地址、帅府、重要战斗遗址以及重要人物的故居、活动场所等。

2. 与伊斯兰教活动有关的东西：如阿訇服饰，礼拜用的缠头、盖头、白帽、红毡帽、六角黑帽、绿帽、太斯比罕（数珠）、香炉、跪毯、尔梭棍、各种版本的《古兰经》、经箱、净水壶、脸脚巾、龙牌、云板等。

3. 历史上回民起义及回族人参加重大革命运动的文献及实物：如告示、宣言、纲领、法律、法令、令箭（牌）、传单、信函、旗帜、甲胄、武器、文书、印章及主要人物的遗迹和遗物。

4. 服饰：古时回族人使用当地其他少数民族的服装及各类饰品，男女不同，老少各异。婚、丧、娶、嫁以及作战时、各种祭事活动中所穿戴的特别服装及饰品。

5. 生产工具：古代马具、镰刀、锄、犁、耙、二牛抬杠。制革、银、铁、木、泥、石工具及草编、篾编、织麻、织布、染布、刺绣的工具。货担、背背板、柴刀、宰牛刀具。

6. 生活用品：各种质料的花瓶、香炉、盆、盘、围屏、画幅、楹联、经对、中堂、吊灯笼、扇坠、条桌、茶几、椿凳桌类、椅、床、柜、箱；日用品有针线笸、熏炉、手炉、烘笼、炊具、各种质料的纸、砚、笔、墨、笔筒、笔架、墨盒、印盒；送葬用的经匣、抬架、停床、卡方布；结婚用的喜轿、配花及各种用品。

7. 碑刻：历代用汉文字、阿拉伯文字及其他民族文字记录的有关回族史实的石经、经幢、墓志、墓碑、刻石、题记、石雕、木雕及其他雕刻、花纹、图案、匾额、刻版等。

8. 语言文字：回族使用当地其他民族语言文字，如汉语文、傣语文、彝语文、白语文、藏语文及阿拉伯语文等，各种语言文字混合使用的典型例证。用各种文字记录的书稿、手抄本家谱、族谱、《古兰经》、圣训、信札、函件等。

9. 各种古代传统工艺技术：（实物与方法）制盐、制革、农桑、铁、铜、银、金、木、锡、石制品、剪纸、刺绣、屠宰、食品加工及其他手工业的制作。

10. 历代统治阶级镇压回族革命运动的各种实物、文献、武器、碑记、刑具、告示等。

当然，有形文物只能反映物质文化，而精神文化就得通过无形文物来探索。所以，民族的歌舞、体育、游艺及各类传说等都应着重整理，其中，除了发掘本民族传世的东西外，要特别注意宗教活动中诵经、赞圣的音律、调门及学习其他民族的歌曲、舞蹈、体育、游戏、乐器。此外，尚有历史人物的故事，祖宗的传说，来自阿拉伯的风物、童话等。

以上诸条不一定全面，仅供参考。

三、介绍几种同云南回族有关的文物

（一）剑川石窟波斯国人

剑川石窟在剑川县城西南 25 公里处，它是负有盛名的南诏、大理国时期的大规模石雕群。其中有再现南诏王室活动的场面，有原始图腾的"阿央白"，众多的人物偶像中以佛教造像为最多。在这佛群笼罩的山上，却出现一尊与云南回族历史有关，很可能是回族古代先民，"波斯国人"的雕像。此像已遭破坏，现依稀可见，头戴弧形冠，深目高鼻，帽带两条自颈部外飘，披布幅，有风动之感。两手左上右下，垂直握一根树杆，下粗上细。身着短腰裙，腰束帛带，穿皮靴，整像略前倾，给人以动感，好似一个在沙漠戈壁中，风尘仆仆跋涉之人。刻像右上角镌有"波斯国人"四字。从此像特征和"波斯国人"四字来判断，颇似古代伊斯兰教的传播者，可能与云南回族的先民有关。那么，在这森严的佛教地方，冒出一尊伊斯兰教信徒的雕像，意义何在呢？笔者认为，在缺乏唐宋时期伊斯兰教传入云南的史料的情况下，这尊像大致可以说明：第一，当时确有波斯人来到云南，带来了伊斯兰教和阿拉伯文化。第二，手持树杆是伊斯兰传教的象征。这树杆被称为"尔梭棍"。由此可见，当时大理一带，伊斯兰教的传播已在进行。第三，伊斯兰教把一切偶像视之为"以比利斯"（魔鬼），所以，该像决非伊斯兰教徒所作，大概是有一定权势的佛教徒，才可能在佛教的领域中，刻上个异教的形象。同时也说明，这一时期，伊斯兰教已有良好的群众基础，这是伊斯兰教传播、发展的重要原因。第四，从人物造型的准确、人物特征突出上分析，当地人对波斯人比较熟悉，说明可能在一起生活了较长时间。

(二) 几种不同风格的清真寺

昆明地区的清真寺,多系元明时期始建。后多次修葺、重建,从形式到风格都起了很大变化,最后于清代重修成现在的模样。而修建的主要工匠多数来自中原、江南一带,设计施工多以中原清真寺为模式。飞檐斗拱、厢房、耳房连为一体。有的大殿前庭立一亭角式的经堂,门窗布满雕花图案,房顶有兽形装饰,整个格局既有汉文化特点,又仿一般寺院建筑,还不失当地民族文化风格。此以顺城、正义路、东寺街清真寺为典型。

与白族、彝族杂居的回族所建盖的清真寺,基本上按当地"三方一照壁"、"四合院"的建筑格式。白族、彝族人民喜爱的龙、虎,在清真寺的屋檐、屋顶上都有雕饰。白族人民绣花图案上的飞禽走兽、花草,在清真寺的外装上都有不同程度的表现。同时,也保留了阿拉伯和伊斯兰教的若干特点。

居住在西双版纳地区的"帕西傣"(傣语:傣族地区的回族),他们人数不多,但也有自己的礼拜寺,它的建筑风格别具一格,适应当地的自然情况,与西双版纳建筑群融为一体。以竹木为料,干栏式建筑。清真寺在热带植物凤尾竹、油棕、芭蕉树的点缀下显得典雅端庄。

近年来,一些地方按阿拉伯的特点建盖清真寺,绿色圆顶、星月标志。如沙甸和通海纳家营等地,他们新建的清真寺与原来的古寺有了许多不同之处,可谓增添了一种新的建筑风格。

四、对征集云南回族文物的几点建议

上面谈了云南回族文物及特征,下面就今后征集回族文物提几点建议。

第一,选择有特点的文物。与云南回族有关的东西是很多的,我们不可能见什么抓什么。应选择那些最有代表性、最能反映民族生活特点、文化特点与时代特征的各种文物。当然,要找到有代表性的东西,首先应该对云南回族的形成及发展作认真的调查研究,作出准确判断。总而言之,选择最能反映某一时期文化生活的一个侧面和最具代表性的文物。

第二,有形文物和无形文物都同样重要。过去,由于缺乏条件,多以收集有形文物为主。现在有了现代化的工具,录像机、录音机、照相机,就得注意民族、宗教的大型聚会活动的实况及生活断面的记录。

第三,民族文物的质料贵贱不能决定文物本身的历史价值。论民族文物的社会价值,不能以其质料的贵贱来区分,应以其对社会历史的证明价值来决定。当然,物以稀为贵,对那些善本、独件更应引起重视。

第四,文物征集工作应分先后。现在有个口号叫抢救民族文物。抢救应有个先后,要有个总体规划。应先抢救消失最快的东西。

第五,要改善文物的保管条件。目前回族文物保管分散、条件很差,应引起有关部门重视。

第六,相应的组织机构和专职人员。应有专职人员负责云南回族文物的清理、征集、研究工作。也希望能安排专门经费。

茂克回族乡情况调查

文山州民委

一、基本情况

文山县红甸区茂克回族乡①是 1984 年 3 月建立的。全乡辖茂克、上、下路得、小茂克 4 个自然村，分为 14 个队，其中 1~10 队是茂克村的回族队。全乡总面积约 9 平方公里，折合13 500亩，东面是本区的小六寨乡，南面是本区的红甸乡，西面是德厚区的云峰乡，北面是砚山县的小石桥回族乡。该乡居住着回、壮、苗、彝、汉 5 个民族，共 635 户3419人。其中回族 419 户，2419人，占全乡总户数的 79.5%，占全乡总人口的 79%。回族群众大多数人信仰伊斯兰教。全乡现有耕地面积7337亩（人均占有耕地面积 2.3 亩多，其中回族人均 2.4 亩多），约为总面积的 54.3%，其中雷响田 600 亩，占总耕地面积的 8.2%；地6737亩，占总耕地面积的 91.8%。现全乡有牛 450 头，马 400 匹。茂克乡地处山区，交通不便，系无常流水的干旱山区，水土流失极为严重，山穷水尽，饮水和燃料很困难，文化教育落后，又是"沙甸事件"的重灾区。这样的自然环境，在很大程度上限制着该乡政治、经济、文化的发展。

二、生产生活情况

茂克乡的回族勤劳勇敢，擅长经营管理，历史上多数人有经商为生的习惯。1952 年土地改革后改从农业，限制了回族群众的长处，加之"左倾"错误政策的影响，压制了生产积极性的发挥。虽然生产有发展，生活有所改善，但除 1966 年获得粮食总产911 489斤（人均 440 斤，自给）的较好收成外；全乡从解放到 1979 年一直吃国家的回销粮，仅 1977 年的回销粮数就达 36 万多斤，人均 128 斤，多数群众生活得不到正常提高和改善。直到党的十一届三中全会后的 1979 年，全乡才甩掉了吃粮靠回销的帽子。随着各项农村政策，特别是经济政策的落实和改善，茂克乡的生产生活才逐年得到发展和改善。

茂克乡的土地是 1979 年承包到组，1980 年到户的。全乡总耕地面积 1978 年是 3359 亩，

---

① "茂克"现为红甸回族乡的一个行政村。修订注。

143

1980年是4677亩，1981年是5140亩，1982年是6868亩，1984年是7169亩，1985年是7337.7亩；粮食总产1978年是1 261 784斤，1980年达1 579 840斤，1981年达1 901 523斤，1983年是2 536 000斤，1984年是2 710 000斤，1985年是2 900 000斤；粮食总产值126 178元，1980年157 984元，1981年190 152元，1983年253 600元，1984年计划是514 900元，1985年计划是551 000元；经济作物产值：1978年38 270元，1979年8528元，1980年22 850元，1981年359 425元，1983年395 000元，1985年475 296元；工副业收入：1982年150 000元，1984年406 439元，1985年769 008元，总收入情况：1978年164 448元，1980年180 834元，1981年549 577元，1983年798 600元，1984年1 233 839元，1985年1 795 304元；生产成本：1978年14 000元，1979年18 660元，1980年25 380元，1981年31 700元，1983年37 440元，1984年1 233 839元，1985年1 795 304元；纯收入：1978年150 448元，1980年155 494元，1981年517 877元，1984年789 339元，1985年1 744 504元；人均纯收入：1978年52元，1981年174元，1984年257元，1985年569元；人均有粮：1978年442斤，1979年560斤，1981年645斤，1983年848斤，1984年885斤，1985年947斤。其中10个回族队的耕地面积：1978年2140亩，1980年3453亩，1981年4016亩，1982年4750亩，1984年5620亩，1985年5845亩；粮食产量：1978年1 073 500斤，1980年1 257 830斤，1981年1 354 000斤，1983年1 863 000斤，1984年2 710 000斤，1985年2 452 000斤；粮食总产值：1978年107 350元，1980年125 783元，1981年135 400元，1983年211 500元，1984年445 170元，1985年465 880元；经济作物产值：1978年161 507元，1979年131 219元，1980年206 500元，1981年319 301元，1983年303 000元；1985年412 560元；工副业收入：1982年150 000元，1984年406 439元，1985年769 008元，历年总收入：1978年142 500元，1980年146 433元，1981年454 701元，1982年516 860元，1983年664 500元，1984年1 113 639元，1985年1 647 448元；生产成本：1978年12 570元，1980年15 450元，1982年20 280元，1984年30 300元；纯收入：1978年129 930元，1980年130 983元，1981年439 250元，1982年496 580元，1983年644 220元，1984年1 083 339元，1985年1 617 714元；人均纯收入：1978年58元，1981年189元，1982年213元，1983年279元，1984年468元，1985年667元；人均有粮：1978年480斤，1980年543斤，1981年584斤，1983年916斤，1984年1015斤。

到目前为止，全乡尚未出现专业户和联营户，仅有重点户59户，其中回族42户，占71.1%；有商业11户，加工业6户，运输业16户，饮食业6户，合作医疗2户，放电影1户；全乡有粮食重点户16户，其中回族10户，占62.5%。据不完全统计，全乡现有万元户23户，其中回族20户，占86.9%；千元户300户，其中回族270户，占90%；人均1500元以上的16户，其中回族12户，占86.6%；回族人均收入达1100元的有26户；人均收入500元的20户，其中回族10户。加工的项目有碾米、磨面、榨米线、卷粉、糕点、冰棒、粉碎、铜铁用具、皮革等。茂克六队商业重点户马存志家，全家2人，1984年收入12 000元，人均6000元；1985年计划收入14 000元，人均7000元。茂克二队的粮食重点户马凤国全家8人，1984年收入粮食25 000斤，人均3125斤，卖给国家2万多斤。1985年计划生产粮食18 000斤（折合人民币3060元），人均有粮2250斤；卖花生600斤，收入300元；辣子2200斤，收入1320元；蔬菜收入200元，副业收入2100元，其他收入700元，总收入7680元，人均960元。茂克二队运输重点户沐进清全家8人，有汽车2辆，仅此一项，1984年纯收入16 460元，人均2057元。1985年计划粮食产量4000斤（折合人民币640元），人均有粮

500 斤；卖花生 700 斤，收入 350 元；辣子 500 斤，收入 300 元；副业收入2000元，运输收入20 000元，总收入21 310元，人均2680元。中等收入的马腾忠全家 5 口人，1984 年粮食产量2100斤（折合人民币 80 元），人均有粮 400 斤；卖花生是 400 斤，收入 160 元；辣子 500斤，收入 400 元；副业收入7500元，全年总收入8440元，人均收入1688元。1985 年计划粮食产量2900斤（折合人民币480 元），人均有粮 560 斤；卖花生 800 斤，收入 320 元；辣子800 斤，收入 480 元；副业收入9000元，全年总收入10 280元，人均收入2056元。全乡有 11户回族有汽车 12 辆，手扶拖拉机 5 台；缝纫机 200 户架，其中回族 170 户；收音机 130 户台，其中回族 100 户台；录音机 30 户台（回族）；单车 150 辆，其中回族 130 辆；手表 600块，其中回族 500 块。虽然如此，但发展是不平衡的，全乡仍有无经济收入的 16 户64 人，其中回族 7 户 25 人，各占43.7%和 39%。如回族马文得家 5 人，1984 年粮食总产量985 斤（折合人民币 147 元），人均有粮 181 斤，人均收入 25 元。五保户 5 户 6 人，其中回族 4 户 5人，各占 80%和 83.3%。

三、文化教育

解放 36 年来，全乡（包括外出工作的）有初中生 328 人，其中回族 280 人，占85.3%；高中生 63 人，其中回族 56 人，占 88.8%；中专生 30 人（回族）；大学生 3 人（回族）。全乡现有小学 4 所（含民办 2 所），共有教师 19 人，其中回族 15 人，占 78.9%；男教师 10 人，占 70%；女教师 9 人，其中回族 8 人，占 88.8%。教师的文化结构：中专 3人（回族），高中 4 人（回族），民办、代课各 2 人，初中 6 人（回族），小学 1 人（回族）。三率情况：1978 年7~11 周岁适龄儿童共 397 人，入学 369 人，入学率达 92.95%，巩固率达91.8%，毕业率79%（含回族310 人）；1982 年适龄儿童453 人，入学 414 人，入学率达91.3%，巩固率97.7%，毕业率81.7%（回族生 353 人）；1984 年适龄儿童453 人，入学439 人，入学率达 87.5%，巩固率96.9%，毕业率84.9%（回族生 340 人）；1985 年适龄儿童为 444 人，入学 441 人（3 人病残），入学率98.5%，巩固率97%，毕业率87%，回族生 400 人，普及率95%。党的十一届三中全会以来，全乡高小毕业生 386 人，其中回族 354人，占91.4%，高小毕业升初中的 181 人，其中回族 157 人，占 86.7%；升高中的 23 人，其中回族 18 人，占 78.2%；升中专 7 人，其中回族 4 人，占 57.1%；升大学 1 人（回族）。1978 年高小毕业两班 74 人，升初中 41 人，占 55.4%，其中回族 34 人，占 45.9%；1979年毕业两班 71 人，升初中 41 人，占 55.4%，其中回族 36 人，占 48.6%；1980 年毕业两班80 人，升初中 40（回族），占 50%。以上 3 年因当时本校有附设初中班，故升学面较大。1981 年毕业两班 62 人，升初中 11 人，占 17.7%，其中回族 9 人，占 14.5%；1982 年毕业一个班 40 人，升初中 3 人（回族），占 7.5%；1983 年毕业两班 61 人，升初中 7 人，占11.4%，其中回族 5 人，占 8.1%；1984 年毕业两班 55 人，升初中 8 人，占 14.5%，其中回族 7 人，占 12.7%；1985 年毕业两班 57 人，升初中 5 人（回族），占 8.7%。现在全乡有文盲1657人，其中回族文盲1148人，占全乡文盲人数的 69.3%。

清真寺现有教经师傅 11 人，其中男的 7 人，女的 4 人。从 1979 年开办阿文班，现已毕业两班 16 人，其中男 2 人，女 14 人。现在还有 11 个班469 人，其中男 228 人，女 241 人。在 11 个班中 10 个班是早晚班；一个班是白班，共20 人，其中外地来的 5 人，即贵州威宁 2

人，通海 1 人。该班系五年制，现已学了 3 年。

四、急需解决的几个问题

以上述情况看，党的十一届三中全会以来，随着党的民族、宗教及经济政策体制的逐步落实和改革，出现了民族团结、人心思富的大好形势。全乡生产得到逐步发展，生活有了改善和提高，但也存在着阻碍该乡政治、经济、文化进一步发展和提高而亟待解决的几个重要问题。

（一）文化教育问题

共有九个问题分述如下：

一是由于历史以来形成和其他一些因素的影响，在回族群众中出现了一些轻视中文，重经济、轻文化的现象。这种情况，若不正确疏导，将严重影响着茂克回族地区经济和文化教育的发展。

二是茂克小学的 15 名教师全是本村的回族，其中只有 3 名具有中专学历。因教师素质低，该校的小学毕业生质量太差，能升初中的越来越少。今年两个毕业班 57 人，考取初中的 5 人，仅占毕业总数的 8.7%。群众和学生非常不满地说："这是老师不得力，学生混日子，实在误人子弟。"迫切要求上级教育部门调水平较高的老师来加强茂克小学，否则，不但茂克乡的各族群众失望，连仅有的两家双职工老师也不安心学校工作，因子女升不了学而要求调离。

三是由于学校的教学质量太低，绝大多数毕业学生升不了学，年龄又小，家长担心出问题，加之各种影响，社会和家长自然地把这些不能升学的孩子送进清真寺去学阿文。

四是新学年快到了，茂克小学 1 至 5 年级共 12 个班，500 名学生，学校只有 4 个教室，其中两个教室是危房。除向乡政府借得两个教室加上学校的共 6 个教室外，尚有 6 个班无教室。

五是建盖学生教室的经费严重不足。1984 年由省戴帽下拨 5 万元基建款，拆除危房原教学大楼重建。计划分别建筑 420 平方米的 6 个教室和 560 平方米 8 个教室的两幢教学楼。若要使这两幢教学楼尽快完工使用，尚需资金建盖。

六是茂克小学从 1980 年至今，公办老师退休 2 人，离职 1 人，调到开远市 1 人，调入文山 1 人，合计 5 人。而有关方面一个公办教师都未补给，只批准学校请了 3 个代课老师。所以学校迫切要求上级领导调几名其他较有水平和经验的老师到茂克帮助教育改革。

七是为加速培养大批少数民族的四化人才，解决当地回族学生因伙食或经济困难，而不愿到外地读书，致使当地难出人才的现状，各方面应考虑在茂克办一所民族中学。

八是交通生活不便，外地民族教师均不愿到茂克小学工作。

九是茂克回族乡至今没有文化室，干部群众迫切要求上级帮助解决。要求配给相应的文化娱乐用品，丰富群众的文化生活。

（二）交通问题

茂克回族乡是夹在文山县的红甸和砚山县的小石桥回族乡之间的一个山区乡，交通极为不便，严重影响着该乡政治经济文化的发展。茂克距小石桥前面的砚开公路6公里，离通红甸的四级公路3公里。此两段路路基和路面极坏，仅天晴能勉强通车，乡干部和群众都急切盼望上级党委政府和有关部门帮助支持把这段路修好（四级公路）。乡干部决心很大，计划秋收后立即动员领导群众修路，在年内修好。除上级交通主管部门和县政府每公里各补助5000元外，尚缺经费数万元，群众虽然自筹部分，但大部分还请上级帮助解决。这段路修好后意义重大：一是它把文开和砚开两条干线由小石桥和文山的花庄两地连通；二是使沿线附近八个乡两万多各族人民到文山的路程缩短了50多公里；三是从文山直达茂克、小石桥、稼依等地的班车当天可以往返两趟，这就使沿线人民的农、工、副土特产品及时运往文山城，必将极大地促进沿线商品生产的大发展；四是随着交通问题的解决，外地其他民族教师怕到茂克小学工作的问题也就迎刃而解了；五是茂克回族乡和沿途附近各乡各村的工副农业生产将会更加迅猛发展，各族人民的劳动致富也必然加快；六是先进的文化科学技术必然迅速在这一带传播，大大推动这一带各方面的进步和发展。

（三）人、畜饮水问题

茂克回族乡是个无长流水的干旱山区乡，人、畜饮水困难，群众迫切要求帮助解决。近年已在北面距茂克村1公里左右的山脚发现有丰富的地下水，离地面仅2米多深，只要接通高压线，盖好机房，安上抽水机，接好水管，就能解决茂克村回族人民多年渴望解决饮水难的问题了。

茂克回族乡有个有文化、人年轻、有理想、有干劲、密切联系群众而团结的领导班子，随着该乡电（已解决）、文化教育、交通、人畜饮水等问题的解决，茂克乡的农工副业生产将会突飞猛进地发展，面貌将很快得到改观，各族人民富裕幸福，经济将出现新的腾飞，一个团结、富裕、繁荣的茂克回族乡必将加入全州先进乡的行列。

独特的通海纳古乡
小五金手工制造业

纳家璧

　　在云南省通海县农村的回族居民中，有两项传统的重要经济活动：手工业和长途马帮运输。解放后，公路日益四通八达，昔日云南全省以马帮为主的落后的交通状况，已经逐步成为历史陈迹，而手工业的发展则方兴未艾。以包括纳家营和古城两村的纳古乡①为例，它的手工业过去就包括制革、鞍辔、驮铃、熬胶、铁木制品等，其中比较突出的是小五金手工业。最近十多年来，它的主要产品火药猎枪以及各种刀具，几乎与纳古乡齐名。这当然是对内容丰富的纳古手工业的误解，但在一定程度上，也的确反映了当地的小五金技术及其经济水平。由于种种原因，纳古乡的小五金制造业形成了一种产品种类比较单纯的状况，因而正当农、副业的商品生产和乡镇工业蓬勃发展，各种农村专业户雨后春笋般出现之时，纳古的小五金手工业却正处于一个早在预料之中的萧条时期，大部分停工待产、无事可做。然而在党中央正确路线、方针、政策的指引下，我们可以断定，这种暂时的萧条即将过去。(84)一号文件将会逐渐深刻贯彻，好的、更大的转变发展是完全可以预期的。

　　纳古乡地少人多，人们显然不可能依靠人均三分耕地的单一农业经济，来维持那里的社会活动。"无工难富，无商不活"，纳古小五金手工业的兴衰，关系着全乡1100多户5300多人口的90%以上的生活问题。因此，如何调动群众的积极性，为它具有悠久历史传统的手工业，寻求一条更为有利于"四化"建设的出路，并满足人民群众日益增长的精神和物质文明的需要，这既是一个调动各种积极因素建设"四化"的问题，也是一个帮助少数民族如何发展经济文化，为社会主义建设多作贡献的新课题。

　　为了探求一条可行的途径，我们试图首先弄清纳古乡回族居民为主的小五金手工业的发生和发展情况，研究它独具一格的特点。这样就不能不涉及纳古地区的历史演变，更不能回避它过去长期存在的手工生产枪支武器的历史。

一、纳古乡历史上生产武器的由来

　　回族在中国是一个比较年轻的民族。它的繁衍、分布与元朝时期关系很大。它在云南有据可查的始祖，是元朝的云南行省平章政事（相当于云南省长的职务）、咸阳王赛典赤·赡

---

① 纳古乡，现为通海县辖镇。1957年属杞麓县四街公社，1963年属四街区，1987年设纳古回族乡，1997年建镇。位于县境北部，距县城11公里，面积10.8平方公里，人口0.7万，回族占81%。修订注。

思丁家族及其部属。通海地区的回族纳、马、合（哈的变音）三姓，确证即为赛典赤的后裔。清朝乾隆四十三年（1778 年），后人为明朝世袭锦衣卫纳永阶①立的墓碑写道："……人本乎祖，寻流溯源……粤稽我纳氏宗谱，远祖肇自西域，自所非尔，入贡中华，受爵奉（封？）王。数传至赡思丁，生而神灵。元世祖以平章政事，命辅滇南。凡治水教稼、教学明伦，惠政罔弗备举。滇民戴之，朝廷隆之，敕封咸阳王。而二世、三世祖，俱封王爵。至四世祖纳数鲁，接授沅江，临安宣慰司都元帅……"

这段碑文表明，通海回族纳姓以及马、合两姓的祖先至少从纳数鲁起即已出现在通海及其附近地区。他们当初定居在杞麓湖畔，又必然与其所参与的元朝的政治、军事活动有着直接的关系，纳古乡的传统手工业以及其他副业，如刀、枪（包括古代的长枪即矛、戟，和火药发射武器）、鞍、辔、皮革和马帮运输等典型项目，毫无疑问都与旧时的军事活动有关；纳古乡后的狮山之麓，至今尚存有被废弃的古矿洞。如果这不是古代燹具的律高矿的遗址，至少也是过去人们在这里试图找矿的证据；从屡经毁坏，残存下来的古墓碑上还可以看到，一度时期，这里许多人的名字都带"金"旁，如钢、钧、镐、锠、锕、钡、铭、铮、镇……有的字带"金"旁，颇为少见，如锕、镇、锠等。这种当时人们对"金"旁的偏爱，是否可以认为和他们自己所从事的重要生计有关呢？从对上述蛛丝马迹的推断中，大概可以这样说，当地居民祖辈中的相当一部分极有可能是元朝军队中军械制造方面的随军工匠，因而他们的特殊技术，辗转相传以至于今。一些民间传说也表明，很早以前，当地的小五金手工业就带有兵器和火药发射器具的特点。据某些老人讲，若干年前，乡里出过一位很出名的"合二师傅"，他就是一位技艺高超的火药枪专家。现在能访知的当地最早的火药枪是原始的管状火铳，硝石火药自管口填入，然后点火绳引爆。这种原始武器的历史，至少也有几百年了。以上是纳古乡手工业伴随该地回族居民点出现的第一阶段的简况。

第二阶段的起点，应自 1856 年开始，在太平天国运动直接影响下，爆发的著名的云南回族抗清斗争，对纳古乡的手工业生产是一个重要的促进因素。在清朝反动统治者的挑动和镇压下，当时云南各地的回族多有被无辜残杀了的。如省城昆明的回族就几乎全被杀净，死里逃生者，仅只两、三人。可是，现属通海县的原河西东乡坝里的汉、回等各族人民却相安无事，叫做东乡州六营，"回保汉、汉保回"。不仅如此，纳古乡的回族还能派出以纳海为首的志愿武装驰援省城的起义活动，抵抗清军。回族人口毕竟只是少数，河西当时能够如此，首先当然是这里的各族人民能够和睦相处，他们在对清朝反动统治者根本矛盾一致的前提下，能够彼此互相同情和谅解。但是，另一个因素看来也是不可忽视的，这就是纳古回族具有能够制造武器的能力。

1926 年，这里的做枪师傅们，还在修造一种独响枪，即发射一粒子弹的旧式步枪。1949 年底，河西（现通海县的河西区）解放后，驻守东门城楼的边纵滇中护乡第九团"回族连"的许多战士，在那里见到过一支被弃多年的德国造毛瑟枪（MAUSER），长约 2 米，枪管外径约 30 毫米，重 50 千克左右，两三个人才能抬得动。1926 年前后的独响枪产品就很接近于这支又被人们叫做"洋抬机"的德国老毛瑟，外观和质量要差一点，但规格尺寸、重量却轻巧得多。人们能把仿制品改造得精巧一些，也是一种进步的创造性的劳动。辛亥革命后，由于修理破损和配制零件，带弹仓的，一次能装填五发子弹的新式步枪，也开始在这里出现，如法国造小五子等。1926 年前，滇南地方和全国各地一样，军阀混战、土匪猖獗、

---

① 纳永阶墓位于晋宁—建水公路 80 公里 150 米处西侧，距纳家营居民区约 200 米。

官匪难分。云南军阀为了巩固、扩充和争夺地盘，鼓动各地自造枪支、建立民团武装。当时，纳家营的马二师傅应聘到曲溪、建水附近的麻栗树地方任阿訇。他在当地招请了包括纳古乡人在内的若干做枪师傅到那里去制造武器。这些人除按传统工艺生产外，还在那里向由昆明请去的兵工厂的专业工人学习了新技术。此外，纳古乡人还到过玉溪寻师访友，交流技艺。

1926年是纳古乡人记忆惨痛的一年，同时也是具有特殊历史意义的一年，在这个特定的历史背景条件下，纳古乡的小五金手工业进入了它发展的第三阶段。

这一年，纳家营的地主豪绅纳某，为了他儿子霸占他人从国外带回来的一支当时极为罕见的手电筒，竟不惜杀人害命，激起暴力反抗。这个地主恶霸后来竟又搬请军阀部队前来镇压，于是酿成了一场地霸官匪勾结，杀良冒功，大肆焚烧抢劫的大惨案。当地居民被无辜残杀百人以上。除清真寺及个别人家外，全村房屋都被当作匪窝，一把火烧个精光。而真正的土匪却被官兵受贿放走了。当时，纳家营全村人口不过千余，荼毒之惨烈，可以想见。此事至今虽已过去半个多世纪，但即使处在历史条件最好的今日，历史陈迹断垣残壁，仍依稀可辨，当年官匪留下的创痕仍未能完全恢复。这场使整个村庄生命财产遭受重大损失的大惨案，使纳古乡的回族人民永世难忘，子孙相传，至今都还保留着一定的纪念仪式。"民国十五年火烧房子"也就成了人们记忆中的一个时期标志。

这场惨案对于加剧当地的阶级斗争所起到的积极作用，这里不作过多的叙述。现在只讲通过这件事，更加促进了人们对于掌握武器、实行自卫的认识。很多人都认为要是有枪，有更多的好枪，就可以自卫、可以反抗，纳家营就不会吃这么大的亏。当时，好枪、外运枪的价格胜过黄金。因而，这就自然地促使人们发扬自己的传统技术优势，去谋求制造和掌握武器。为了生存，纳古乡人必须在农业生产之外别谋生路。横遭大难之后，尤其如此。因而，祖辈传下来的"走迤南，赶马帮。支夹子，自造枪。"（按：当地人称钳工用的钳为"夹子"）就进一步成了纳古人当时经济活动的重要趋向。上述事实表明，如今这里三分之二的人家有海外关系，90%以上的人口与小五金制造业相关，都是有深远的民族与社会的阶级根源的。

所谓"走迤南，赶马帮"，就是由滇中进迤南思茅、西双版纳一带地区，以至越境入缅甸、泰国进行物资交流的马帮运输活动。当时那里不仅多是高山峡谷，人迹罕至的原始密林和虎豹出没的瘴疬之地，而且沿途都属封建世袭的"化外之境"，土司头人、恶霸地主把持一方，官亦是匪，匪亦是官，盗匪众多，道路很不平静。欲以马帮为生，自卫手段必不可少。因而，新式武器，哪怕是手工仿制的土造枪，都极受欢迎。随着马帮运输贸易的发展，土造枪由纯防御性工具，逐步演变成为一种商品生产。在马帮与小五金两种经济互为影响的发展下，纳古乡的状况逐渐有了改善。由于会造枪，它的名声也大不相同了，土匪绕道而行，官府都不敢小看这个地方。1928年，西乡文沙冲（即今峨山小街地区文明村），当时属河西管辖，被巴正喜匪帮围攻，形势十分危急。纳古人得知后，立即聚众百余前往救援，很快解除了文沙冲之围。这些声援者多半带的是新式土造枪。1926年后的"支夹子、自造枪"，指的是有更多的人做这门手艺，并开始学做新式枪械。在此以前，纳家营有个出名的手工师傅纳仲品，在长期帮人修配枪械的实践中，首先接触到一支七响连发的拉七手枪。给他拆卸反复观摩后，按照原物悉心仿造出来。这就是纳古乡第一支土造拉七手枪。古城李姓，是祖传制作马帮"头骡"、"头马"佩挂的特大"钢铃"的名家。以其工艺独特，铃铛声响洪亮而深受使用者的欢迎。李家的技术名手李目辉很快也掌握了拉七枪的工艺技术，有了第一批人的突破，其他人也就竞相效尤，老毛瑟因而被逐渐淘汰。此后，到1949年为止的23年间，纳古乡的土造枪除拉七以外，发展了许多型号品种，如左轮手枪、十响枪（即驳壳枪，又叫盒子炮）、双箍枪（仿造的改型步枪）、小卡宾（一种可以连发15粒子弹的，仿美造轻型半自动步骑枪，还有另外一种则只是外观相似，只具有普通步枪功能的小型步枪）、轻机枪、十三拉（仿美造大型手枪）等，花色颇为不少。当中有的零件全部自制，有的利用破旧枪机（俗称"老机柄"）零件配制。这段时期，纳古乡的土造手工技术的发展之快，很是令人惊异。东南亚泰、缅诸国1941年先后被日本侵略军占领后，海上通道隔绝，因而土造枪的销路又从滇南方向发展到外省其他地方。日本投降后，高潮期就消失了。以上事实可以看出，1926年后纳古乡手工造枪业的兴起与国民党反动派的残酷压榨、日寇的入侵和人民群众在黑暗统治的重压之下寻求生路，有着很密切的关系。特别值得一提的是，1949年云南解放前的一段时期里，在中国共产党的领导下，回族人民积极参加了反蒋爱国的解放斗争，从而结束了当地回族人民单纯抗暴自卫的历史，把自己的命运和国家的以及无产阶级的革命斗争结合在一起。

因而，上述主要产于回族村庄的土造枪，在武装群众，削弱和推翻国民党反动统治的革命运动中，曾经有所贡献。至少在党直接领导下解放河西地区以及保卫和巩固当地人民政权的斗争中，是发挥过相当作用的。当然，也毋庸否认，没有阶级性的枪支武器如果落到阶级敌人的手里，也必然给革命造成危害。解放后，人民当家作主人，这种无计划、无组织领导的，以落后手工技术生产武器的种种条件已经不复存在。因此，这种由古代随军工匠流传下来，为求生存，反压迫，最后演变成为商品生产的手工土造武器的历史也就永远结束了。

二、纳古乡历史上小五金手工业的技术特色

1970年，由于战备摸底，上级领导机关曾交给纳古大队一个任务，要求仿制两支当时部队装备的半自动步枪和五四式手枪。任务很快完成，产品的外观、质量和射击效果都很理想，据说只是热处理差一点。如果现在还能找到几支过去这里的手工产品，人们将会发现，在没有任何机械设备的条件下，四五十年前的农村土铁匠作坊，居然会造出这种玩意来，而且又都是一群目不识丁的造枪师傅们的杰作，实在是令人意外。其实，土造枪之"土"，主要区别无非是手工制作的意思。它的外观、质量和使用效果，以当时技术水平衡量，都是独具特色的。传说1943年时，从工业强国来的驻云南美军，曾有个别人到当地参观，对如此精巧的手工制品颇感惊异。还据说，某一个国民党师长出自有意刁难，指名要高价购买以制作者绰号出名的产品——"灰三枪"。条件是必须连续射击50发不出故障，否则就要找麻烦。结果任由他挑选的土拉七手枪连续发射了100多发子弹，裹着湿手帕的枪柄都冒起了青烟，那个国民党师长不得不佩服地表示，莫说土造枪就是他见过的外造枪能够达到如此程度的也不多见。

人们要问，那么这样的产品是怎样做出来的呢？我们在这里只简单地谈几个突出的特点：第一，传统的自力更生的五金加工技术，比如人们使用的老虎钳等工具，都是自己的手工产物。虎钳的重要部件，起传动和紧固作用的螺旋丝杆，按一般常规非用机床加工不可。但是，当地的人们却用铁棒、铁丝在炉子里钎焊后手工修锉的办法，把它做出来。这种被叫做"公榫"、"母榫"的土造丝杆螺，直到1970年前后都还被人们广泛地使用着。又如钻孔

作业在五金加工中所占的工作量其比重是相当大的。在没有钻床设备的情况下，若干年前的钻孔工具，还在使用着，这是一种近似补瓷碗用的即"扯钻"。第二，善于学习和吸收外来的新工艺——如简单的电镀，以及热处理中比较先进的，土洋结合的"渗炭"技术（当地某些人把这种表面和里层硬度不一的热处理技术叫做"闹钢"）。突出的应该算是仿造成功各式各样的产品。第三，实践中不断出现的创新，这方面主要表现在不断摸索改进的各种产品的制造工艺上，如深孔加工，简单实用的手工冲压技术等。

从上面简略概括的介绍中，可以毫不夸张地说，纳古乡手工小五金业一方面继承了中华民族某些古老的五金加工技术，另一面又及时地吸取了某些外来的先进工艺，而更为重要的则是，在学习继承的同时，因时因地有所创新。在能工巧匠们的许多产品中，比较突出的要算是仿德造七响枪。这种枪的特点是，在它的基本结构中，每个零件环环相扣，彼此节制浑然一体，啮合机巧，既不用一颗铆钉，也没有一根螺栓。这就决定了每个零件的几何形状，公差尺寸，外表光洁，物理性能，都必须制造得十分精确。四五十年前居然能纯粹凭手工制造出这种产品来，做枪师傅付出的心血和艰苦劳动可想而知。以后，大约在1946年前后有人仿造了捷克轻机枪和卡宾枪，但终因技术条件所限，试制结果没有能够达到预期的目的。

当时做枪的地方，除纳古乡外，还有下回村、小回村等地的个别人家。河西城郊的汉族村庄如寸村、落脚村有做成品的，同时还是各种碎铁料"煮"的土铁枪坯、废钢轨、钢筋等洋枪坯锻件的主要供应者。其中出名的有李、段两姓，而据说那里的技术都来源于纳古乡。邻县玉溪是又一个出产地，但那里的做工稍嫌粗糙，以致有人买回玉溪枪来翻新返修后，按原价提高两三倍重又卖回去的。

在可记忆的四五十家枪户中，除上述的纳仲品、李月辉、马相林弟兄外，二林子（李永林家的子弹）、灰三枪（纳文庆家出产的拉七枪），以及马春能、黄玉龙之父和纳文真、纳文贵弟兄的左轮手枪都比较著名，一些技术好手大都出自上述名师门下。

纳古乡的小五金手工业者，他们在旧社会时代造枪，如前所说，是以前的社会条件所造成的。但是这并没有使他们丧失对改进生产条件，创造美满幸福的劳动生活的向往。我们现在至少知道曾经有人做过改进农村交通工具的尝试，把最原始的木轱辘牛车改造成能够大大降低人畜劳动强度，提高工效的马拉辐条式车轮结构。可惜由于客观条件所限，这一改进，既没有也不可能得到推广运用。

上述技术上的特点不仅只是部分的叙述，而且也还没触及它根本的特点，即所有上述一切精巧的工艺和智慧的产物，实际上全都出自一群农村文盲之手。在他们的整个工作过程中，既没有，也不需要图纸技术资料。这些以今日之眼光衡量可以称之为"万能师傅"的人们，既缺乏起码的书本理论知识，又没有什么公差配合标准，甚至没有量具中最起码的钢皮尺。他们仅仅是凭实物仿制，凭"比子"（卡板），凭自己世代相传的实践经验，造出了一件件精致的手工产品。

可悲的是，这个半个多世纪前的老问题，解放30多年之久竟还依旧存在！文化严重落后的情况，极大地阻碍了纳古乡传统的小五金制造技术的提高和发展，限制了它本该为社会主义建设作出的更多的贡献。

三、革命解放为劳动者创造了新的广阔天地

1945 年，随着抗日战争的胜利，美帝国主义把大批战争剩余物资倾销到中国市场来，既扶植装备了一支中国历史上最为庞大的蒋介石反革命军队，又强烈地冲击了中国的民族资本主义。民生凋敝，经济衰败，中国工农大众生计日绌，内战频频，纳古乡手工业者的命运可想而知。洋枪充斥，土枪冷落（过去虽然没有成批订货，但生意"兴隆"就是了），虽有零星需求，但在反动统治的横征暴敛下，手工劳动者朝无夕粮，养家糊口都成了问题。因此许多人弃农弃工，铤而走险，赶马帮走迤南，在人为的刀枪丛林，在崇山峻岭和荒草密林中，与虎豹争食，企图摆脱国民党反动派的统治压榨，梦想到国外"夷方"，去寻求新的生活出路。在这条荆棘丛生的崎岖道路上，有成为野兽果腹之物的，有死于瘴疠病毒的，有被土匪强盗、地霸武装杀死的，也有从白骨堆里挣扎出去至今侨居国外的。

但更多的人却依然留在家乡，在国民党反动统治之下勉强度日。这部分人中的大多数，在切身的惨痛生活中，逐渐地觉悟和看到了国家、民族和个人的希望之所在。1949 年，他们终于在中国共产党的领导下，充分发挥自己的有利条件，积极参加革命武装斗争，为家乡的解放，以及巩固和保卫新生的人民政权作出了自己的贡献。一支主要由纳古乡回族子弟组成的，中国人民解放军滇桂黔边纵滇中护乡第九团"回族连"，在当地的武装解放斗争中曾经颇负盛名。

在推翻国民党反动统治，人民当家作主之后，纳古乡的手工业者立即抛弃了土造枪的行当，努力以自己的技术特长为人民服务。早在 1950 年，纳古乡两个十五六岁的小伙子（纳臣正、纳文正）就根据报载的招工通告，跑到二〇三厂（即现昆明机床厂）要求参加工作，应考时，他们表现了异常熟练的钳工技术。工厂领导对此十分重视，经了解后，二〇三厂派专人到纳古乡等地，先后陆续招收了一批具有丰富实践经验的农村技术工人。这样，纳古乡传统的手工业者从刚解放起，就兴高采烈地成了新中国工人阶级光荣的一员，直接参加到社会主义机械工业的大生产里去，为祖国建设事业贡献力量，从而实现了纳古乡人祖辈相传，梦寐以求的美好愿望。

但是，工厂的容量毕竟有限，农村手工业者不可能，也不应该全部都进入工厂。因此，纳古乡的手工业生产潜力依然很大，当时面临的主要问题是生产什么？早在 1948 年，一位技术很好的青年师傅，偶然接触到一把法国六开刀。这把铜刀柄上印着足球运动员浮雕，具有大小刀叶、凿子、钻头、罐头起子等多种功能，当时十分稀罕。精巧实用的小玩艺儿，引起了小伙子的莫大兴趣。他花了三天功夫，照原样仿造出来，爱不释手经常随身携带。削水果、撬、钻物件，两刀相砍比试"钢火"（硬度），吸引了不少人的注意。这第一把六开刀，最后在街子天比赛劈甘蔗时，硬被过路人以高价购去。此事启发了人们的思路，先是学着自制自用，后来就把它当作商品，但限于当时的市场购买能力，所以没有形成商品生产。1952 年土改后，农村经济发生了可喜的巨大变化，消费方面的需要相应产生，纳古乡小五金手工业转产日用小刀的销路打开了！起先是做折叠式的小刀，制造工艺虽然简单，但创始阶段还是很不容易的。人们自产自销，自己解决原料问题，不断改进工艺，提高工效，并根据各种不同的民族、地方特点，生产不同规格、式样的民用小刀。如单开、双开、六开等型号，除铜柄、塑柄外，还有角质柄等。

1955 年前后，农村欣欣向荣，纳古乡和其他各地一样，农民是自己土地的主人，副业也得到了充分的发展，城乡工农有了直接的联系，历来落后的文化教育事业也在迅速发展提高、成绩显著。重视文化科学技术的气氛，在互助合作化的高潮中，日愈浓重。为了保证农业丰收，即使得天独厚的杞麓湖畔的各村寨，也都更加重视水利建设。过去青山长流和深潭碧泉的自流水系，以及木制龙骨水车的人工水浇地，都因耗时费力，水量过小，不能适应生产的发展需要。植根于农村的手工业者，对这种艰苦繁重、十分落后的农业劳动，体会尤深。1954 年，在国家和集体还来不及兴修更多水利工程的情况下，纳古乡有几位手工业师傅在没有任何资料或技术指导的情况下，凭着自己的一点社会主义热情，自行设计试制了一套畜力提水装置，企图通过设在黄龙潭边上的这个简易机械，解决部分农田灌溉问题。遗憾的是，设计师苦心思虑，志向可嘉，但却缺乏应有的机械制造知识。他们虽然采用上等木材做齿轮和立轴，但栗木虽硬毕竟不能代替机械性能高强度的钢材，试验理所当然地失败了。这个听来似乎是笑话的故事，说明当时的纳古乡确实有那么一批充满革命激情，愿为社会主义贡献力量的，有理想有才干的人物。他们向往新生事物，得到群众的支持，只可惜他们的科学文化知识与此太不相适了。

1956 年，在农业生产合作化的高潮中，纳古乡的归侨和侨属首先组成了华侨五金社，在政府的统一安排下，开始进行有组织的民用小刀生产。制革、鞍马用具也相继转变为集体经营制造（这个行业后来合并到城里，乡里基本上就没有发展了）。华侨五金社即现在的通海县五金厂，除生产刀具外，还生产过猎枪、虎钳等，最先配置了机器设备，但仍以钳工为主，比较出名。生产时间比较长的就是火药猎枪，1958 年前，其他人大体上还都是分散独立的家庭手工劳动，一部分人则相继进了工厂。遗憾的是纳古乡的手工生产，特别是前阶段突出表现出来的，大部分人的社会主义积极性，并没有及时地受到应有的重视。其原因与当时是非颠倒，冤案连连，这个地方在某些人的眼中和口里，被当作所谓的"小台湾"关系极大。

紧接着是大炼钢铁，"人民公社化"和"大跃进"，大批劳力被抽调到水利工地和炼铁炉旁参加战斗去了。除了属县管理的华侨五金社因厂址就设在乡上外，其他人有调到县上其他单位的，有到外地参加工作的，属于本村的手工业基本上都暂时停滞了。

1961 年，党中央对国民经济实行"调整、巩固、充实、提高"的正确方针后，乡上的五金手工业重又恢复了蓬勃的生机。大队指派专人负责组织领导全大队的副业生产，主要项目仍然是民用刀具。此外还生产行军床、熬牛皮胶等。自 1962 年起，集体副业活动逐渐发展兴旺，开创了纳古乡五金手工业生产的新局面，社会主义集体的扩大再生产取代了从前单家独户的简单生产。个人收入和公共积累都有了显著的增长，从而对消除三年困难时期造成的经济生活的不利因素起到了积极的作用。因此，半机械化的砂轮机、台钻、冲床、车床等简单设备开始在纳古乡出现。机器的轰鸣一步步淹没了过去打凿锉的敲击声，并占据了生产中的重要地位，成吨的原材料（绝大多数是工厂里的边角废料）一车车拉进来，各式各样的产品一批批运出去，纳古乡出产的民用小刀，也就源源不断地通过百货公司，或自销途径流向市场。解放、土改、合作化，特别是党中央调整国民经济的正确方针，为农村手工业的恢复和发展，创造了美好的前景。这就是国家通过商业部门的大力扶持，迅猛增长的社会购买力和政策调动起来的社员们努力劳动的生产积极性。那时，很多人不仅白天要在副业社上班，晚上还要继续干带回家去做的工作，几乎所有能劳动的男女老幼都投入了民用刀具的生产。

在当时的大好形势下，这种极为可贵的劳动热情，如果能够得到妥善的引导和安排，对国家、集体和个人，都会是很有利的事情。遗憾的是，当社会需求已经达到十分饱和的程度时，国营商业部门还当作救济性措施，勉强收下那些市场上已经相对过剩的产品。人们没有去考虑更多的五金制造业的发展问题，除了刀具以外，没有想办法做点别的新品种新项目。纳古乡小五金产品单一的严重弱点，未能及时为人们所认识的后果是严重的。大批质量、款式都已相对落后的刀具仍在日夜生产着。紧接着，"文化大革命"来了，上边派下去的工作组（队）你出我进，忙于抓"中心"工作，"造反派"此起彼落，热衷于"路线斗争"，对牵涉较广的小五金手工业生产问题，却没有加以认真的考虑。

1970 年的通海大地震，面对空前惨重的自然灾害，纳古乡在党的领导下，生产、生活都很快得到恢复和发展。除旧房修复外，15 年间新建住房几乎达到原居住房屋的 50% 以上。此外还依靠集体力量兴修水利，修筑专为开发山地服务的、长达九公里的盘山车道等农业基本建设工程。这一大笔资金主要就来自大队小五金手工业的生产积累。而能够做到这个地步，与它当时生产的两个传统刀具类的新品种项目关系很大。

第一个是原来华侨五金社生产的火药猎枪，由于各地订货蜂拥而来，因而生产队也开始成批生产。工艺比较简单，枪管可以采用来源较广，又能重新拉制成所需规格的各型钢管，其他零部件数量不多，精度要求不高，所以一个四五十人的生产队副业组，月产量高达百余支。猎枪价格不高，每支约 40 元以下。生产的主要收益，在于制造它射击时必不可少的"底火"（俗称"铜炮"）。底火工艺极简单，耗料极少，老弱妇幼，一对模子一把锤头人人都能制作，只是点药时的劳动安全问题比较大，利润即多半由此而来。猎枪产量，前后多年不下数十万支。猎枪的适当社会保有量，是有利于社会主义建设的。但那时来自省内外国营商业部门的大批订货却表明，猎枪的生产已经失去控制，这样就不能不影响到我国某些地区的自然生态平衡，甚至危及社会治安问题。从而猎枪成为限产、禁产产品。

1970 年后，纳古乡出现了一种传统工艺技术和实践经验的产物——扳弹簧自动开关刀。这种刀，刃藏柄内，一按开关立即跳出，被人们形象地叫做跳刀。它很受某些消费者的欢迎。这个工艺品性质的跳刀，由简单粗糙的雏形阶段发展到目前的基本构型，不知经过了多少人的创新改进，人们找不出谁是它的发明者和创始人，因而只能说它是群众性的创造品。起初，跳刀是极为细致的手工活，成品率低、产量少，因而物稀为贵，单价高达一二十元，随着销量剧增，它的各道生产工序逐渐形成自锻坯、冲压、切削到装配的半机械化的加工制造，效率、质量提高很快。刀柄的铜握手白花包，省料的塑料，有机玻璃等方面不断改进，于是价格逐步降低，其他品种也就日趋淘汰，但国营公司收购量很少，买主多是远地来客贩运。此外，生产者老弱妇孺群聚车站码头，持刀求售，景象十分独特。近年来，跳刀已被列为禁产刀具。

在"文化大革命"中，整个国民经济都受到了严重的破坏，人民的生产生活蒙受了重大的打击和损害。纳古乡在天灾人祸面前，能保持住当地农、副业生产的稳定局面，小五金手工业是起到了生产自救，发展经济的积极作用的。然而，世间一切工具本来没有什么阶级性，但如加上使用它的人以及使用目的两个因素后，创造财富的生产工具如三角刮刀竟成了歹徒的行凶器具，尽管是工艺品性质的跳刀，落在不法分子手里，又岂能免得了同样的悲惨命运？有关管制和禁产部分刀具的命令，最后阶段才通知到生产者。其实纳古乡的手工业者还是识大局、顾大体、懂得维护党和国家的利益的。例如在"文化大革命"形势最为严重的时候，各生产队都正在加工和保存着一批猎枪，但不论集体或个人都没让任何一支火药枪被挪作非法用途。禁产某些刀具的命令同样会得到大多数人的拥护，一年多的事实已经证明这个估计是有根据的。

解放后，集体的小五金手工业和其他副业，有力地支持了农业发展的事实证明"以副养农"的方针是正确的。30多年来的小五金手工业为纳古乡创造了历史上最多的财富，对社会主义建设作了应有的贡献，要不是由于种种客观原因的影响，这个继承和发扬了中华民族古代五金工艺技术的纳古乡的小五金手工业，本该还会有更大的发展，发挥出更大的作用的。但是，要谋求更大的发展提高，除了客观因素，还得努力改变自己的不利条件，这在目前已经成了刻不容缓的事情。

以上大约就是解放后进入它发展的第四阶段的情况。

四、人们在努力寻求为"四化"建设多作贡献的途径

党的十一届三中全会后，农业生产上实行联产计酬的经济责任制，农村的面貌得到迅速改变，有关纳古乡几桩历史冤案的复查平反，更是影响很大。这些因素都为这里的经济发展创造了良好条件。和农业一样，手工副业也早已分散经营，承包到户，但是经济发展的客观规律，又逐渐使手工业个体户走向专业分工的重新组合。刀具生产如此，新发展起来的钢窗、报夹以及其他零星加工也都如此，自发组合的趋势极为显著。

在这样的良好条件下，本该是纳古乡小五金手工业发展的大好时光，是它大显身手的黄金时代。可就在这时，它却进入了自己的萧条期。主要原因就是，文化科技水平落后造成的品种单一。具体表现是，刀枪禁产后，适合做的东西找不着，做得到的产品又做不了，很多人不能迅速转产其他产品。今日的情况，很早以前就有人料到。因此，某些生产队早在刀具旺销时期即已组织生产别的东西，如打气筒、行军床、牛皮胶等（华侨五金社一度还准备上工具类产品，后来都停掉了，主要原因在上级规划上）。打气筒的重要质量指标，压强还超过了省外产品。钢窗的生产供不应求，其他方面也有探索，只是顺利转产的为数不多。

现在，在这么个历史悠久的小五金手工业之乡，目前竟然没有几个人能够看懂一般的图纸技术资料，生产机具已在普遍使用，但能够修理的人却很少。这种情况在青年人当中感触尤为深刻。因此，他们迫切要求改变落后状态。

在乡党支部的号召下，群众和各生产队都已经重视并着手解决教育问题，党组织和上级机关，近几年来在师资、校舍、经费等方面，都大力支持，加强了领导和管理工作，这一措施影响深远，收效很快，短短两三年的功夫，纳古乡小学的升学率已基本恢复到30年前的水平，居于县的前茅。乡党支部领导群众办好农村教育的做法，已经引起了上级机关的注意，1984年初，许多青少年积极要求开办夜校。他们主动向老师诉说自己在与社会接触中没有文化的痛苦；识字不多的要求扫盲，学文化；有一定基础的高小初中生，要求学习机械识图制图和技术理论。报名者即达500多人，初次编成9个班，上课时间从下午到夜晚，人流不断。许多人都在歇活后坚持学习，情景十分感人。结合实际情况考虑，夜校将可能发展成纳古乡目前极为必需的、培养和提高青年一代文化技术水平的农村职业学校。

要改变技术落后状况，还有一个可以值得考虑的途径。50年代出去参加工作的人，如今大都到了退休年龄。他们分散在各个地区部门，其中许多人在单位上表现很突出。有的人多年来一直参加了各种先进产品的研制工作，并曾作为国家代表团成员参加了世界性的博览

会。有的人是高级精密设备、关键性零部件的制作者，有的是某项技术工作突出的模范标兵，还有的是机械模具方面的专家和钳工能手。根据有关政策规定，在可能的条件下，应该请这些与乡土技术有血肉联系的人，对改变家乡技术落后状况尽一点义务。

在提高文化技术水平的同时，经营管理也要十分重视。过去生产刀具，技术要求不高，生产周期短，经济收效快，批量不限，随产随销。以后的市场情况可能与此相反，批量不大，品种繁多，而技术难度却比较高。个体专业户或是集体联合组织，要讲发展就得适应这样的社会需要。要争取时间，讲究效率，发展技术优势方面求得经济效益。如今会做的人太多了，大家都瞄着同一只饭碗，找活计做就很难了。目前乡上正在做的产品，其特点是材料用量大而又远离产地，往返运输量大，但加工技术并不很复杂。如某些矿山、建筑的大件。成本高或低，是影响经营竞争的因素。为了预防和适应这些变化，长远的努力方向唯一的只可能是提高技术，争取承揽那些有一定技术难度、大厂干不划算、小厂又吃不了的活计来做，继承老传统形成自己新的技术加工特色。这种类型的产品在矿山、能源、建筑、交通等部门都存在不少缺口，可以通过承包来加工制造，实际上有些人就是这样做了。

纳古乡的小五金手工业还应该从农村实际出发作些考虑，沼气、太阳能、风力的开发利用还有许多工作可以做。民用刀具如果在外观、质量上作些根本改进，使它精致美观、功能多样，品种规格多一些，销路还是有前途的。

当然，单靠搞小五金手工业还不行，还要十分重视精神文明的建设，做好思想政治工作。经济上还要规划多种经营，充分利用自然条件，发挥优势，搞好农牧业、种植业和饲养业。

1984 年 3 月三稿

马毓宝传略

马 骏

马毓宝君字善楚，云南昆明人，回族，生于清末甲午年（1894 年）。自幼聪明伶俐，倜傥有大志，待人和蔼可亲，对于不公正的事，总是挺身而出，不畏强暴。这是他在世时独有的特性。

1909 年他刚满 15 岁，就进入省立高等学堂，学习上孜孜不倦，废寝忘食。不仅如此，他还兼学法语，并且从幼年时候就崇拜历史上的民族英雄人物，如岳飞、文天祥、郑成功等。他公公正正地把岳飞的"还我河山"四个大字写在宣纸上，挂在卧室的书桌前，作为自我勉励、奋发图强的座右铭。

光复后，他在高校实科毕业，便投笔从戎，于 1912 年考入云南陆军讲武堂。由于在校成绩优良，被列作优级生，提前派往南京军官学校肄业。1913 年江西革命军起义，他应总司令何子镝的召唤，前往湖口任陆军营长，参加何领导的"江西之役"，初次立下了军功。事定回滇后，他暂在云南第二师第八团充候差员。1914 年他又被派先后充任玉皇阁和董干各汛一等副汛长。在职期间工作积极，责任心强。他办事有力，有条不紊，深得道尹何国钧的重视，特向当时的云南都督府推荐，电请把他从董干调到田蓬，因为该地防务吃紧，调他到该地仍充副汛长，借重他的才干。1916 年袁世凯在北京称帝，护国第二军总司令李烈钧再调他到广南杨益谦部任副营长。不久，他又奉派回省募兵，充募兵委员。王襄臣旅长曾再三挽留他，要他到四川去任职，后因故不能成行，使他上下为难，在家书里他曾经写上"马高镫短，上下两难"的词句来说明当时他处境的困难。后来他又不得不陪王旅长到蒙自去，改派他去充当蒙自保安团的教练官。

马君多年苦练，精通法语。在蒙自任职期间，他和当时驻在蒙自的法国领事福拉远先生（L·FRAYER）相识，在友好往来中关系十分融洽。每当他们在谈话中提到欧洲战争剧烈，德意志发动战争，祸延其他国家和人民时，马君总是愤怒异常，露出极为痛恨的神色。他紧握拳头，有时在怒气冲动下，他甚至拔出自己佩戴的指挥刀大舞起来，恨不得立刻去到欧洲战场和德军决一雌雄，并大声地说道："我发誓要消灭掉这支疯狂暴虐的军队，否则我决不愿和它同处在一个天地间。"足见他好义勇为的军人本色。但他深知中国国势太弱，现正遭受着外人的欺侮，要想对国家有所帮助，除非是借重这个大好时机到国外去学习和观察，有了成就再回来报答祖国。于是他决心要外出锻炼，希望在实际战斗生活中学到经验来为自己的祖国效劳。法领事福拉远对他这种愿望非常欢喜，当面称赞他有远大志向，并对他同情法国人民遭受战争痛苦的这种国际人道主义的高尚美德和坚强不屈的正义立场，表示大大的嘉许。为了促成他的愿望，法领事答应他的要求，特别准许把他申送到欧洲战场去参加实际的工作。他们双方当面还商定，法领事让他到法国去参加外籍志愿军团，不入战场，俟服务两年期满，再让他升入法国陆军军官学校以资深造。法领事征得他的同意后，就让他在 1916 年 12 月间辞卸了教练官的职务前往越南河内。到了河内，法国总督撒俄（A·SARRAUT）亲自接见他，考核了他的才能和法语知识，对他的优良品质和坚强的意志深为满意，认为完全合格，即日把他编入法军，送到越南安沛的法国军营服务。

1917 年 2 月，马君奉派同法政府人员开赴非洲，先后在摩洛哥和阿尔及利亚的法国屯戍军内服务，并参加了法军的军事训练。时过不久，中国正式加入协约国对德宣战。这件重大的事件，对当时中国的国际地位来说，诚然有着莫大的关系。马君听到这个消息后，认为这是个千载难逢的好机会，他不仅欢欣鼓舞，为中国的前途抱着极大的希望，并且也为着自己能够到战场上得到实际的锻炼，从而获得国际战争的具体经验。他认为自己这次远涉重洋参加法国陆军，固然是出于个人的志愿，但自己始终是站在正义立场，既然中国已正式参加了协约国对德宣战，在联军中，中法两国都处于同仇地位，自己当然有着义不容辞的义务，必须挺身向前，竭尽全力。虽然眼前自己的身子在法国，而内心里确实是面向着祖国，时时都为报效自己的国家在作打算。

马君一面苦心学习，务期达到完全成功的目的，一面又把自己的打算专函到国内给王襄臣旅长，请求他帮忙，并请王旅长转恳云南第二师刘继之师长，报请当时云南省政府大力协助。刘师长接受了他的请求，请省府用正式公文转咨我国驻法公使胡维德，由胡公使照会法国陆军部。经该部同意后，指示法国驻非洲屯戍军总司令，复蒙他的允许，特备了公文，正式派送马君去巴黎，再转赴法国前线。抵巴黎后，他办完了一切手续，便毅然决然地要求参加了法国陆军外籍志愿军团的义勇挺进团，不多时就开赴法国北部旧庇卡底省（PICARDIE）前线作战。他在巴黎时还会见过中国政府派到法国的观战员长、陆军中将唐在礼。唐君知道他驰骋在法国前线作战勇敢，大为赞赏。他亲自委托马君逐日把前线战情写成日记报告给他，再由他转报给当时的中国政府中枢。马君慨然允诺，他写的作战日记详述战斗情况，按时完成，聚成好几厚册送报唐在礼。在那时期，战争不断地在升级，马君白日作战，奔波于猛烈的炮火下，戎马倥偬，劳苦奔驰，把生死置之度外，虽然风餐露宿，又要抵御前来突击的敌人，处境艰苦，但他还是手不释卷，毫不气馁。黑夜他就在帐篷尽头，或是在战壕沟里，执笔疾书，记载当天的战斗情况。唐在欧洲时期，全靠马君报导一切战情然后转报北京的中枢，完成他的任务。马君作战英勇，和战友们同甘共苦，彼此相助。尽管他身经血战，却是万苦不辞，每遇交锋，他总是身先士卒，冲锋陷阵，勇往直前。由于他性情豪爽，作战勇敢，因此屡获军功，袍泽战友，对他这种精神，无不敬佩。

这个时期，德国势力强大，战斗剧烈，战线长达数千里。法国北部大片土地均被战火吞没，情况恶化，更勿论德军飞机随时前来空袭，大炮轰击，日夜不停。幸得外籍志愿军团顽强抵抗，拼死血战，防守之际又大力猛攻，才得保全阵地，对改变法国前线的形势十分得力。

1918 年 3 月，马君参加了法国北部旧庇卡底省三大战役（由 1914 年底开始到 1918 年 9 月 14 日）中的第二次大战役（1918 年 3 月至 5 月）。他在索姆河（SOMME）右面的安克（ANCRE）大战中，为了抵御德军的疯狂进攻，他的头部中弹，伤势严重，幸得及时救护治疗，才度过险境。伤愈不久，他便积极投入战斗，以顽强的精神继续奋战。同年 6 月间他又参加了瓦兹河（OISE）左面的色尔河（SERRE）前线大战。德军为了掩护进攻，发射毒瓦斯氯气弹，他在英勇的突击进军中又受了重伤，中毒甚剧，人事不省，急由国际红十字会抢救，并送往巴黎医院治疗和调养。法国政府以马君战功屡著，奋不顾身，壮志可嘉，特别颁发给他法国国家荣誉十字勋章，并把他的一切功劳记进战功簿，送报法国陆军最高当局以资鼓励。中国驻法公使胡维德和在法的中国观战人员都称赞他的英雄气魄，同时也非常爱惜他的才智，对他的高尚品格十分推崇。对他的前途也很关心，时时都在为他考虑，生怕他会遭遇到什么不幸的事。胡维德进一步劝他暂时留在巴黎，进入法国陆军军官学校，借以休养和研究战术，并且亲自给他向法国陆军部交涉，让他留在巴黎。虽然法国陆军部已批准，但马君仍愿以中法同仇，中国既已参战，就应该履行自己的国际义务来要求自己。可是在很长的时间里，却没有中国人员在前线直接参加战斗，他深深地感到羞耻。再则战争未息，中途脱离战场必然会遭到外人的讥笑，被认为是一种畏缩的表现，况且战斗已经到了关键时刻，指日可望获得全胜，若是脱离战场，那便会功亏一篑，实在太不明智。他感谢大家对他的关怀，从民族的利益出发和国家的得失着想，即使他个人牺牲了，也在所不惜。因此他不能接受胡维德等的劝阻，毫不犹豫地下定了决心，一直要战斗到底。待他的伤势稍愈，他又立即重返前线，和战友们并肩战斗。他抱着早日打败德军，获得最后胜利的希望，参加战斗。谁知他壮志未酬而身先殉难。这年秋天他又参加了旧庇卡底省决定最后胜利的第三次大战役（1918 年 8 月 8 日至 9 月 14 日）。大战前夕，他在家信中也提到最后这次战役的关键性。他抱定在这次战役中，一定要立功，为国争光，即使不能成功，也要成仁的坚强决心。1918 年 9 月 2 日，在索姆河上亚眠城（AMIENS）东面的哈姆（HAM）前线，经过艰苦顽强的血战，当突击进军追击敌人时，马君不幸中弹在阵地上壮烈牺牲了，当时年仅 24 岁，距离获得第三次大战役最后的胜利只差 12 天。

马君这次在向敌人突击进军中，被敌人的炮火击中，他意识到自己今后再不能为祖国去争得更多的荣誉了。他咬紧牙关，忍着伤口的疼痛，用尽最后的气力，挣扎着，先一句汉语，后一句法语，振臂高呼："自由、博爱、平等万岁！"和"中国万岁！"两句口号，喊完后才倒在地上，流尽自己最后的一滴血。他的口号声和冲锋号的尖鸣声，雄壮地鼓舞着战友们忘我地朝着敌人冲去，击退了敌人的反扑，获得了胜利。战斗结束了，马君献出了自己的宝贵生命。他的遗体，后来由法国政府收拾，按穆斯林的礼节，把他公葬在法国北部瓦兹省的若勒希坟地，后移到埃纳省苏瓦松专区的首镇埃纳河畔维克城（VIC—SUR—AISNE）的法国陆军公墓里。在花岗石的巨大墓碑上刻写着"1918 年 9 月 2 日为法国而阵亡的外籍志愿军烈士马毓宝"字样的碑文。

孙中山先生曾亲书"黄胄光荣"的挽词来纪念他；前总统黎元洪也书有"邦家之光"的大副横联来悼念他；前政府中枢的许多知名人士也都怀着惋惜心情，对他的逝世表示十分悲痛。云南省前回教俱进会的同人公赠了"中国有人"的巨型木质漆金匾额。另有几位负责人又联名赠送了木质长条匾额。各省军政机关、社会公众团体、学生会和外国使节赠送的悼词、挽联等近千件。昆明知名士绅 45 人还专为表彰马君在欧洲阵亡，联名公拟追悼办法，向当时领导全省行政的云南督军公署提出申请，一致要求对马君要予以晋级优恤，建表入祠，并举行追悼大会，在昆明市选择适当地点立标纪念。此外由于其家属辞谢法国政府的恤金，则请我国政府向法国当局提出交涉，请法国政府在他阵亡地点留一永久纪念。

1920 年春，前北京政府派来专员，代表当时的中枢，并由前云南省长唐继尧遵照指示，在昆明前忠烈祠举办全国性的"协助联军，欧战阵亡，追晋陆军中校马君善楚追悼大会"，唐氏亲临致词。驻昆外国使节和旅昆法、英、美、希腊、日本、越南等各国侨民以及昆明学生队伍、知名士绅、亲友等都前来参加，大会盛况空前。本省军政人员及中外各界人士公祭后，曾安放其灵位于忠烈祠以供春秋祭奠。公众印发的讣文记述马君事迹和阵亡过程，中西多种文字并列汇集一厚册，叙述尤其详尽。公众撰写的传记，一致歌颂他为国争光的光荣事迹。最后在赞词末尾还特别提出"古之人所谓成仁取义者，其毓宝之谓欤！其毓宝之谓欤！"的重复词句作为结束语，以纪念他杀身成仁的事迹。

本文和资料提供研究回族史的同志参考，希望得到正确评价。

附件一：

马毓宝

马毓宝字善楚，昆明人，年 24 岁，曾毕业本省高等学堂实科中学，娴习科学兼通法文。光复后，以云南陆军讲武学生派送南京军官学校肄业。江西革命军起，在湖口何司令子琦部下充当营长。事定回滇充云南第二师八团候差员，续委玉皇阁、董干、田蓬各汛一等付汛长。袁氏称帝，护国第二军李总司令烈钧调往广南杨团长益谦部下充当副营长。旋奉命回省募兵，王旅长襄臣挽留赴川未果，旋随王旅长赴蒙自，充当保安团教练官，在蒙时与驻滇法领事交好，每谈及欧洲情形，奋发自兴，欲赴欧投效，以求实地之练习学问。言之再三，法领事喜甚，特准申送赴欧之队，许其防守边地，不入战线，俟义务二年期满，补入法国军官学校，以为酬劳。两相议决，遂于民国五年（1916 年）十二月辞卸教练差，前往越南，由河内总督试验合格，送入越南安沛法国军营服务。民国六年（1917 年）二月开赴非洲屯戍。未几中国实行加入联军战团，于国际上诚有莫大之关系。亡弟闻之，欢欣鼓舞，誓必加入战线实地练习，一则使外人观之，不敢轻视我中国对于邦交间尚有勇敢者。在苦心求学期达完全之目的，并将此意来函请托王旅长襄臣转恳云南第二师刘继之师长，正式公文照会驻法胡公使在案。复蒙非洲屯戍总司令官允准，备文派赴法都，编入友籍军义勇敢死队。并得晤中央派法观战员长唐在礼君与亡弟接洽，且托亡弟将逐日前敌战阵情形，编成日记转报唐君互相研究。于是身经血战，万苦不辞，每遇交锋，必先士卒。民国七年（1918 年）三月战于罕戛，头部受伤。医愈又于六月战于色物耳，又中瓦斯炮毒，经红十字会救护送回巴黎医院调养，承法政府以战功屡著，赐给奖章，并蒙中国驻法公使胡维德君嘉许，以亡弟屡经血战，两经危险，特向法政府严重交涉，要求脱离战线，令入军官学校，以资造就。曾经法陆军部照准，定日送校。不期亡弟慨念我国加入联军往欧赴战者寥寥无几，且战事未息，中道脱离，恐被外人讪笑，况事关祖国荣辱，虽一人牺牲不惜也，志向既决，仍赴前敌，孰意壮志未酬，而身先死，竟于民国七年（1918 年）九月二日阵亡。因重洋万里，音信难通，于民国八年（1919 年）一月十九日接获法陆部饬知驻滇法交涉员转知舍下，始得颠末。

载 1919 年 2 月 13 日《滇声》报

（云南省图书馆参考阅览室收藏）

附件二：时评

马毓宝

暴德专横，流毒世界，凡为人类，莫不切齿。我国虽入战团，然反注力内竞，而未履行职务，此固勿怪乎协约责言，列强腾笑也。

何意马君毓宝，以吾滇英俊，投身漩涡，而竟轰轰烈烈，著殊功于欧洲战史，乃壮志未酬，赍志以终。吾国人之效命其间者，马君实为仅见！

诗曰："彼其之子邦家之光"，其即马君之谓也夫！

载 1919 年 2 月 13 日《滇声》报

（云南省图书馆参考阅览室藏）

附件三：

公 呈

呈为公拟表彰欧战阵亡马君毓宝办法恳请核示事窃闻常人溘逝尚传露之挽歌古代勋臣亦著凌烟之遗像查有马君毓宝者曾赴法国编为客军一战而伤于松模河之罕夏再战而伤于爱四能之色物耳三战而竟歼于敌以死于阿米养之哈门迹其躬蔽甲胄命致疆场气奋风云勋成异域强敌慑同仇之威德意志当为夺气友邦慕死事之烈法兰西曾锡褒章斯固军界无上之光荣抑滇人非常之庆幸已如斯义烈史乘可传不有表扬风声奚树德润等集会磋商拟办法谓宜开追悼会吟楚些以招魂入忠烈祠国光而崇祀欲慰忠勇之英魂资袍泽之观感应请量予晋级择地建标其家属之愿辞恤金也拟恳照商法员在战地谋作纪念其身后之应邀荣典也拟恳详叙事实容

军府锡以褒嘉理合备具公呈附拟条件并行述伏气　俯赐鉴核冀资激劝于将来更求

批准施行明示权衡于至当除呈

云南省长唐

　　计呈公拟办法一件行述一件履历一件

民国八年十二月二十日具呈人

马鑫培	秦光玉	秦光第	顾视高	陈价	张贵祚	李正芬	黄德润	杨福璋
马殿选	倪惟钦	陈皮	保廷梁	张学智	王鸿图	祈奎	吴琨	何海清
李天保	马聪	袁嘉谷	孙永安	周传性	陆邦纯	陶凤堂	叶大林	钱用中
唐启虞	钱万甲	徐之琛	周声汉	李玉昆	黄实	易文奎	李修家	张翼枢
李秉阳	王兆翔	马为麟	徐进	龚文	张祖荫	饶重庆	惠我春	李春酿

（云南省档案馆藏）

附件四：

公拟表彰欧战阵亡马君毓宝办法缮呈

钧核

（一）追晋阶级并从优给恤

马君毓宝，曾充云南董干、田蓬等副汛长，并在广南杨团长部下充当副长。本为上尉阶级，兹因我国对德宣战，投效法军，屡战阵亡，实与寻常身死国事者不同。拟请咨陈军府，准予破格追晋中少校阶级，从优给恤用，以示表扬。

（二）建表入祠并开会追悼

马君阵亡异域，骸骨未还。现在既无基地，拟请由公家指定地方，或在滇越铁路公司车站，或在公园，以及公共游观之所，准予建一纪念表以慰幽魂。其形式工程临时酌定，至建表及开会追悼经费，拟请由政府核发若干，余由同人等量力捐助及马君家属等筹补。

（三）辞谢法国恤金请在战死地方留一永久纪念

法国政府照章应给马君恤金，该家属拟辞谢恤金，即以此款在战死地方留一永久纪念。应请令行文交涉署照会法交涉员，转请法国政府照办。

（四）开会追悼办法

马君阵亡，驻滇英、法、日各领委多有题赞，以志钦崇。此次开追悼会，自应通知外宾莅会。所有筹备事宜，拟请就交涉署为集合地点，请军、政、警、学各界，各派一二员由交涉署订期集会，筹商开会地点日期以及一切办法。入祠一节亦拟就开会日期同时举行。

以上各节是否可行敬请

核示遵办

（云南省档案馆藏）

附件五：

马君善楚欧战阵亡行述

呜呼自欧战之兴列国人士相继战死于枪林弹雨中者不可胜道然皆关系于其国家之存亡而义无容辞独吾友马君以中国之英才加入于友邦联军而慷慨激昂转战以死凛凛烈诚自近古以来所绝无而仅有者也马君讳毓宝字善楚云南昆明人少有大志倜傥不群初入省立高等学堂实科毕业兼治法兰西文民国纪元入陆军讲武学校以优等选送南京军官学校肄业癸丑江西之役赴何司令子铣之招往湖口任陆军营长事定旋滇候差于陆军二师八团继任董干田蓬各汛一等副汛长袁氏称帝护国军兴应李总司令烈钧之调任广南团营副长并充募兵委员各职旋充蒙自保安团教练官君固娴于法国语文因与法国领事福拉君善每谈及欧战剧烈情形辄拔剑起舞恨不能身临阵地纵其壮观又默念中国时势亦非藉资习练归贡国人不足以转弱而为强乃由福拉君保送欧洲战

地编入客军服务边防期满升入法国军官学校民国五年冬旋赴越南河内经法总督撒俄君试验合格送赴安拜法国军营差遣复派屯戍于非洲之摩洛哥国无何中国加入联军与德宣战君以前此之入法军者自行请愿也今中法既已同仇益宜挺身前进以尽绵力盖身虽受任于法军而心实报效于中国尚联军而胜其于中国大势自亦不能无补乃邮陈滇省大府转咨驻法公使以君加入战争之意照会法国军部盖君之是举也恐身虽入于其间而名实无关于国际故也于是遂由非洲屯戍总司令申送巴黎任为法国客军义勇敢死队队员派赴前敌与德接战时也中国特派赴欧观战员长唐中将在礼知君驰骋战线异常勇敢谆托将每次战况编成日记交伊转报中国以资参考君慨然允诺书则乾糇戎马夜则搦管幕中唐君深资赖之维时德焰方张战线绵亘数万里情态变幻迅若风霆民国七年三月大战于松模河之罕夏地方君中弹伤医治甫愈六月又大战于色物耳遇德人施放绿色大炮君中毒甚剧经赤十字会救送巴黎调养未几寻愈法政府以君战功屡著颁给奖章中国驻法公使胡维德及参战各员均佩其勇而爱惜其材交口荐誉之中国诸公要人皆欲得君为用且不欲见君因是或罹不测乃请法政府收君入高等军事学校暂资休养君辞曰劲敌在前忽焉入校是畏葸也指日歼敌功亏一箦智者不取因复之前敌再战于阿米养之哈门用是阵亡时民国七年九月二日也呜呼君之智勇洵称卓绝倘天假之年将来未必获大用入联军独战死疆场名暴于世为联军国人士所称道不置者惟君一人而已耳君其为中国之英特有数者耶君生于甲午年九月卒年二十四父母俱在兄曰毓祥字瑞卿弟一自君阵亡法国政府已优加奖恤而驻华法国领事等又为之登报表扬其兄瑞卿痛弟之死亦欲有所纪述乃检君家书数十及法国文件以相示某等或与善楚有旧或与瑞卿至交故于兹事知之甚悉因述其行略尚冀名公文豪俯赐观览锡以铭传章词汇刊成帙庶几联军人杰名问并彰而成使少年借传不朽耳

民国八年八月　　　　　　　　　　　　　　　　　　　　　　　　　保廷梁填

马　聪
回教俱进会滇支部会长马殿选暨全体会员谨述
马鑫培

（云南省档案馆藏）

附件六：

履　历

兹将马毓宝履历开折呈请
查核
马毓宝云南昆明人前清高等学堂实科中学肄业生民国元年入陆军讲武堂校以优等选送南京军官学校肄业癸丑江西之役赴何司令子锜之招往湖口任陆军营长事定旋滇任陆军二师八团候差员继任董千田蓬各汛一等副汛长护国之役应李总司令之调在广南杨团长益谦部下充上尉营副长并充募兵委员旋改委蒙自保安团教练官迨保送赴欧曾入法国军官学校复充法国客军义勇敢死队队员两次受伤战功屡著经法政府颁给奖章后因与德剧战阵亡于阿米养之南部年二十四岁

（云南省档案馆藏）

附件七：

马毓宝传

君姓马氏，名毓宝，字善楚，云南昆明人也。幼聪慧，倜傥，有大志。己酉入省立高等学堂实科毕业。壬子以讲武学校优等选送南京军官学校。癸丑何子锜招往湖口任陆军营长。旋返滇任董干、田蓬各汛一等汛副长兼募兵委员。旋充蒙自保安团教练官。君娴于法兰西国文字，与法领事福拉远善。每言逮欧罗巴洲战争之烈，德意志之无道，祸延十余国，君辄忿形于色。福拉远因送君欧洲战地，入边防各军服务，期满升法国军官学校。丙辰冬，辞教练，差越南赴考。法总督撒俄试及格，派君屯戍于非洲之摩洛哥国。丁巳，中国加入协约，对德宣战，君以中法同仇，慨然曰："吾当效绵力以战德，德苟败，中国亦去一毒。"乃由非洲屯戍总司令申送巴黎，为法国客军义勇队队员，赴前敌与德战，白昼入锋镝中，勇敢异常，入夜则斗帐搦管记载战争，以告唐在礼。在礼者，中国特派赴欧观战员长，唐之赴欧，多赖君书以报命。维时德国势焰方张，亘欧洲数万里地，摧裂殆尽。君大愤曰："天下竟无一人以杀其淫威耶？吾誓灭此暴国，不与并立天地间。"戊午二月战德于松模河，中弹。六月又战德于色物耳，德发绿气炮伤之，中毒甚剧，赤十字会救之。寻愈，法政府以迭次军功，颁章以奖之。中国驻法公使胡维德及参战各员莫不爱君义勇，常交誉之，又恐君之罹不测也，劝君捷入法国高等军事学校以资修养。君辞之且曰："德残忍国，天下人应共诛之，而中国名加入协约，无一人与德战，吾甚耻焉。诸公爱吾，吾何敢自爱，而使人疑吾为怯耶！"九月，复与德大战于阿米养之哈门，遂阵亡。欧美协约各将士服其义勇，知与不知皆深惜之。君生于甲午，卒于戊午，年二十四。

赞曰："毓宝者，其傅介子、班超之流耶！然二子立功异域，荣当世，传后人，诚不朽之业也。毓宝少年壮士，重泽数万里外，赍志以殁。天下事，真有幸不幸哉！人心愦愦，何厚于二子而薄于毓宝也。呜呼，古之人所谓成仁取义者，其毓宝之谓欤，其毓宝之谓欤！"

载《续滇南碑传集》卷四
（云南大学图书馆古典书办公室藏）

附件八：

马毓宝传

马毓宝字善楚，昆明人。幼聪慧，倜傥有大志。己酉入省立中学堂实科毕业，壬子以讲武学校优等选南京军官学校。癸丑何子锜招往湖口任陆军营长，旋返滇任董干、田蓬各汛一等汛副长兼募兵委员，旋充蒙自保安团教练官。娴于法兰西国文字，与法领事福拉远善，每言逮欧罗巴洲战争之烈，德意志之无道，祸延十余国。毓宝辄忿形于色，福拉远因送之欧洲战地，入边防客军服务，期满升法国军官学校。丙辰冬辞教练差越南赴考。法总督撒俄试及格，派毓宝屯戍于非洲之摩洛哥国。丁巳中国加入协约，对德宣战。毓宝以中法同仇，慨然曰："吾当效绵力于法，德苟败，中国也去一毒。"由非洲屯戍总司令申送巴黎为法国客军义勇队队员，赴前敌与德战，白昼入锋镝中，勇敢异常。入夜则斗帐搦管记载战争以告唐在礼。在礼者，中国特派赴欧观战员长，唐之赴欧，多赖毓宝书以报命。维时德国势焰方张，亘欧洲数万里地摧裂殆尽。毓宝大愤曰："天下竟无一人以杀其淫威耶？吾誓灭此暴国，不与并天地间。"戊午二月战德于松模河中弹。六月又战德于色物耳，德发绿气炮伤之，中毒甚剧，赤十字会救之。寻愈，法政府以迭次军功，颁章以奖之。中国驻法公使胡维德及参战各员莫不爱毓宝义勇，常交誉之，又恐其罹不测也。劝暂入法国高等军事学校以资修养。毓宝辞之且曰："德残忍国，天下应共诛之，而中国名加入协约，无一人与德战，吾甚耻焉。诸公爱吾，吾何敢自爱，而使人疑吾为怯耶！"九月复与德大战于阿米养之哈门，遂阵亡。欧协约各将士服其义勇，知与不知皆深惜之。生清光绪甲午，卒民国戊午，年二十四。

载《续云南通志长编·人物志》
（云南省图书馆参考阅览室藏）

昆明回族的婚姻

王运方

　　婚姻对回族青年来说是件当然的事情，而回族老人也把为子女筹办婚事当作了"担子"。因为《古兰经》明文规定："你们婚配你们中未成嫁之男女。"穆罕默德圣人也说："结婚是我的定制，谁违背了它，不是我的教生。"所以，昆明地区回族穆斯林无论男女在思想意识上都视结婚为履行义务，人伦大典，很少有终身不娶，或者终身不嫁的观念，那么他们的婚姻习俗是怎样的呢？

一、求婚（选择对象）

　　昆明地区回族穆斯林的婚姻在解放前一般都很重视彩礼，讲究门当户对，父母之命、媒妁之言是不能违抗的。解放后，自由恋爱结婚的人越来越多。但由于信仰伊斯兰教，又由于渗入了儒家伦理思想，使许多以伊斯兰教规和伊斯兰教形式出现，但并不完全是伊斯兰教规的婚姻习俗渗透到回族穆斯林的婚姻过程中。

　　在昆明郊区村镇的回族家庭中，求婚普遍是男方请媒人去女方家说亲，称作"提话"。若同意，男方就要下"聘礼"和"认亲"，并在适当时候把婚姻订下。城区虽没有这样多的礼仪，但也得请媒人在中间搭桥，许多回族老人十分愿意干这行，因为教规上曾有"人一生应作三次媒"的说法。当然，媒人搭桥后就是双方的事情了，而双方能否婚配还得看条件，如经济、政治、思想、工作、身体、外表、家庭、民族、宗教等因素。

　　按照伊斯兰教教规，回族穆斯林婚配必须具备如下几个条件：第一，双方皆信仰伊斯兰教；第二，双方当事人同意；第三，双方家长同意。另外，还要有媒妁介绍。若自己认识，须征得双方家长的同意，而双方家长在子女选择对象时，一般不强迫服从自己的意志，只注重双方是否"隔教"，是否"同族"，因为它涉及婚后的生活及习俗。然而，由于昆明地区经济、文化、交通运输的发展，由于回族人口因素以及与汉族的杂居，使青年选择对象的门路越来越窄，因而出现了许多"回汉通婚"的问题，昆明伊斯兰教阿訇、回族穆斯林通过"随教方式"使这一问题得到部分解决。

二、随教（改变生活习俗）

大家知道，"回汉通婚"是一个历史现象，伊斯兰教本身虽不主张这种通婚，但并不严格禁止。《古兰经》规定"你们不要娶以物配主（不信教）的妇女，直到他们信道"。这就是说，伊斯兰教最基本的信条是信仰真主，只要信仰真主，任何种族、民族都可通婚、结成家庭。因此，无论汉男娶回女或汉女嫁回男，只要皈依伊斯兰教，尊重回族生活习俗均可通婚。当然，这必须通过一定的仪式才能被承认。

这种仪式，昆明回族俗称"随教"。随教一方须作沐浴（洗大净，即洗手、漱口、净鼻、冲洗全身），然后，家长把阿訇请到家中或清真寺内为男方或女方举行随教仪式。首先，阿訇教念清真言："万物非主，唯有真主，穆罕默德是主的奴仆和差使。"并讲解伊斯兰教道理，为随教青年男女取经名（伊斯兰教先贤、圣人的名字），他要求随教一方要有"伊玛尼"（信仰），不仅口头招认即念清真言，还要心中诚信，身体力行，要遵守伊斯兰教教规、遵守回族生活习惯。具体讲就是要改变他们原来的生活习俗，不要乱吃禁食（如猪肉）、不要信佛、卜卦、抽签、算命，做一些伤害"伊玛尼"的事情，随教后的心要像用清水冲洗过那样洁净。当然，不少青年在现实生活中仅仅是遵守不吃猪肉这一信条而已。

目前，在回族婚姻问题上，少数青年男女不愿"随教"，使父母的意愿受到损害，造成家庭不和；一些未"随教"或口头上"随教"的回族家庭，也因不能遵守生活习俗而影响夫妻关系，有的甚至离婚。因此，一般人对回汉通婚问题既不支持也不反对，但要求自愿通婚的回汉双方互相尊重，特别是要求汉方尊重回方的习俗，这是十分必要的。

三、念"尼卡哈"（举行结婚仪式）

昆明地区回族穆斯林结婚仪式除遵守伊斯兰教规外，还受到汉族结婚仪式的某些影响。

首先，双方家长要一道商量选定结婚日期和地点。日期一般要由清真寺阿訇选定（多选在"主麻日"，即星期五）。而斋月和穆罕默德圣人的忌日一般不结婚，地点多在男方家中，也有在清真寺内举行的。

吉日这天，男女双方一早各自洗"伍素奴"（大净）后，男方由亲友、媒人等陪同一起到女方家"接亲"。新娘接到家后，双方家长把各自亲友相互介绍并传糖果。中午，男方请来清真寺阿訇数人正式举行结婚仪式。阿訇们翻开《古兰经》高声朗诵，称为念"喜经"，随后，阿訇及亲友们围桌团坐，桌上摆有糖果，新郎、新娘并肩坐在桌旁，由一位阿訇（一般是清真寺的教长或伊玛目）主持。他首先向双方的父母贺喜，说他们已经对自己的子女尽了最后一个"哈解"（即义务，伊斯兰教规定：父母对子女应尽三个"哈解"，第一，生下儿女取经名；第二，长大送儿女进清真寺念经；第三，成人后要帮助成婚）。然后，他转向新郎、新娘要求他们承担孝敬、赡养父母的义务，要求他们夫妻互敬互爱、家庭和睦，要求他们与邻里相亲、街坊相近。讲完这些后，阿訇特别向新郎、新娘强调要有"伊玛尼"，他让男女双方念清真言，希望双方成为虔诚的穆斯林，并询问他们各自的经名。之后，新郎拿出一块新手帕，阿訇问他准备给新娘多少"聘礼"，俗称"麦海勒"。回答后，阿訇把糖果撒在手帕上，由新郎包好连同"麦海勒"一起递给新娘，以表爱慕之心。新郎、新娘向在座的各位阿訇、亲友、邻里传糖果，称"喜果"，这时，阿訇高念"尼卡哈"经（"尼卡哈"经汉意是证婚。它的主要含义是：结婚是圣行，是人生中的一件大事，祝愿双方婚姻美满，家庭幸福等），以示婚成。在解放前，阿訇在念"尼卡哈"以前还要向新郎、新娘询问相互是否同意婚配。

结婚仪式结束后，男方家要办席酬客，这是随地方的习俗。晚上新郎、新娘的同事好友前来闹房，第二天或第三天女方家一般要邀请男方亲友到家中做客，称为"回门"，这在农村中很普遍。回族结婚客席上一般不待烟酒，只待茶饭。

昆明回族穆斯林是以一对夫妻为基础的小家庭制，伊斯兰教教规虽然允许多妻（原则上主张一夫一妻，但在特殊情况下可娶4个妻子，但这是有条件的，即"公平对待"否则只能是一妻）。解放前，我国回族中的一些地主官僚虽也有纳妾、多妻的现象，但为数不多。普遍说来，回族并不提倡多妻，个别的现象在解放后彻底根除了。

回族穆斯林视生男生女为"真主的前定"，一般没有歧视、迫害、杀害女婴的现象，妇女和男子虽谈不上完全平等，但地位差距不大。因为伊斯兰教主张尊重妇女，特别是母亲，圣训曾说："天堂在母亲的足下。"

云南回族科技人员近年来的
部分科技成果

马绍祖

在向四个现代化进军中，云南回族中的一批中青年科技人员，以实际行动，在各自的工作岗位上作出了可喜的成绩。这里笔者搜集了从 1979 年至 1983 年，他们对祖国、对"四化"建设所作的一些贡献。据统计，这 4 年荣获省级科技奖的少数民族的科技人员共 56 名，其中回族 14 名，占总数的四分之一。而省级科技奖分为四级，少数民族获一、二等奖约 10 项，而回族科技工作者在这 10 项中占三分之一。

现将他们所在单位、姓名及科技成果简略的记述如下：

——仅仅具有中等学历的回族技师保应昌是在昆明机床厂工作，他与该厂高级工程师邹庠（汉族）合作，从 1974 年至 1983 年经过多次设计、试验终于发明了 HJC－1 型环形激光测角仪。这种仪器是一种新型高精度测角仪，由环形激光器、精密空气轴承，精密校光栅系统及计算机数据处理系统组成，为国内首创。在测角方面达到国内先进水平，用于测角的误差 max＝0.02（即一根头发粗细），在测光栅盘等方面具有实际应用价值，经有关专家鉴定，荣获省级科技一等奖。

——在 50 年代由原云大物理系主任张其浚老教授（汉族）研究创制的《汉字字形三元三体代码法》是一项重要的科研项目，1957 年"反右"斗争中张被错划为"右派"，后来又不幸去世。因此这项科研项目无疾而终。党的十一届三中全会后，云大物理系回族讲师林恩慈在原来材料遗失一部分的情况下，刻苦钻研终于完成了他的老师遗留下的愿望。《汉字字形三元三体代码法》使 7000 余汉字均能编码，重码较少，解决了汉字计算机输入问题。适用于繁体、简体和日本汉字，检索方便，符合习惯。经组合使汉字输入键盘降为 50 个规则简单易掌握，扩充集外字方便，可达到电报码相同键入速度，经微机证明达到适用阶段。经省科委、云大等单位专家学者鉴定，荣获省科技成果二等奖。

——省农机研究所回族助理工程师何惠春与汉族杜崇义、王永彬等工程师合作，创制了全国扬程最高的水轮泵。这种水轮泵是不用电的机械。它利用自然界具有一定水头高度和一定流量的地方，均可安装使用，不用电即可向高山供水和灌溉，解决了没有电源的高寒山区、少数民族地区和边远无电地区的困难。该泵设计、选材合理，安装维修方便，长期使用效果良好，已列为农机部试制新产品生产。其最大扬程 200 米，流量 26.4 升/秒，水头比 10，泵重 730 公斤。若一台不够使用，可以两台串用，每年每台可节电 100 万度，合 5～8 万元。荣获省级科技二等奖。

——金平县地震办公室回族马仲伟同志与汉族李胜文等，在金平办公室两次向省、地、县预报在 1980 年 6 月内有一次 4.5～5.5 级地震。并指出了发生地震的震源、方位、和危险时间。结果地震果然发生，预报较为准确。6月18日5时蒙自境内发生了5.5级地震，时间、地点与预报基本符合，预报是根据设在4个地方的观测设施所得到的资料，经计算分析后提出的。这次作出的短临预报，及时准确，效果很好，是地震预报观测、计算工作的一次成功实践，在理论上和实际上，都有科学价值。荣获省科技成果三等奖。

——省交通科研所回族工程师孙铮和回族助理工程师赵永达，经理论计算和大量试验，研制成功解放牌汽车增载，使解放牌汽车装载量由原4吨增至5吨，挂车由2吨增至3～4吨，达到降低运输成本，提高运输吨位的目的。经全省一万公里长途试车，主车增载一吨，油耗下降10%；主挂车各增一吨，运输成本可下降8%左右。荣获省科技成果四等奖。

——北京汽车附件厂回族工程师冯良成与汉族工程师李镇辉合作，研制成功YZH101型化油器，它适用于起伏较高的云贵高原，配合我省改装解放牌汽车三大件。达到恢复功率、降低油耗的目的，在同等条件下，比解放牌231A26化油器单车行驶节油8%～12%，拖车节油6%～18%，耗油从240克/马力小时降到230克/马力小时。动力增加为10%，该化油器取得恢复功率，降低油耗效果。已应用于海拔2000米的云贵高原，并投入批量生产。荣获省科技成果四等奖。

——昆明市第一人民医院回族医师周泽群，创制成功108种药物配伍显示器，经昆明市卫生局等单位鉴定，荣获省级科技成果三等奖。这种医疗设备是把108种药物配伍发生的5种情况，应用电子计算机记忆电路原理，编码配制而成，用灯光和报警显示器增加可靠性，有利于临床工作。结构简单，经临床应用和反复测试，性能良好，显示的结果与药物配伍禁忌表一致，但比查表法方便，及时可靠，特别在抢救危重病人时有实际价值。此机用200伏交流电或干电池直流电作电源均可，城乡医疗单位均适用。

——省环境监测站回族女工程师杨静娴与汉族沈仁湘工程师等合作，作出了《云南省环境质量现状调查与初步评价》，荣获省级科技成果三等奖。这项调查对滇池、螳螂江、洱海、南盘江等水质进行综合评价，对昆明、开远、个旧、下关的大气进行评价，对个旧肺癌、放射性污染等进行了综合分析。提出保护云南省环境的措施及环境规划的建议，对云南省在发展生产时为保护环境提供科学资料。

——云大数学系回族教师保明堂与汉族屈起纯同志合作，研究成功《点源电阻率法正演问题理论计算方法》，获省级科技成果三等奖。该法为金属、水文、工程物探的方法，推导在特殊地质条件下点源场电位解析公式及一般地质条件下点源场的近似计算方法，以提高电阻率法的应用范围和水平。该法已由冶金部推广使用，探明地质结构。

——云南汽车厂回族工程师研制成功"全封闭双吸式汽车客车喷漆室"该设备采用双吸式抽风系统，在不影响喷漆室性能的情况下，改变了传统的水幕除尘方法。选用干式过滤器过滤，减少环境污染，设备结构简单，无火灾危险，工作区清洁无尘，提高了漆膜质量，表面平整光亮、色泽均匀美观，劳动强度大大降低，生产效率提高近一倍，具有较好的使用价值，可在同行业中推广使用。除用作汽车客车喷漆外，还可用作大、中、小件单件喷漆用。该成果获省科技成果四等奖。

——农业大学基础部回族张志明助教与汉族戴国平合作，研究成功《水稻品种的抗寒性鉴定——电解质渗漏法》。根据国外研究植物细胞电解质渗漏是冷害的一种早期征兆的报道，该法系将以上原理最先用于水稻，并设计了具体鉴定方法。水稻品种抗寒性鉴定是研究选择水稻抗寒性的生理指标之一。该研究首次采用电解渗漏法测定，共鉴定了来自云南省8个区25个品种，其结果与预期的一致。此法对充分利用云南省丰富的水稻品种资源，加速解决云南省水稻冷害，为筛选水稻抗寒提供了新的技术方法。

——德宏农垦分局热作站回族农技师王一凡与汉族卓树林等人，研制成功《防雨帽在割面上防病防雨效果研究》。该课题从云南垦区实际情况出发，研究既可增收干胶总产，又可预防割面病害，尤其是西双版纳季雨性落叶病区，防雨面对防止橡胶割面条溃疡病具有特殊效果。经调查戴防雨帽均无条溃疡病发生。未戴的发病率达16.2%，平均每年增加有效割胶10次以上，减少雨中冲胶8次左右，年平均单株可增收干胶0.25公斤。

——省热作所植保室回族助理研究员徐明安与汉族肖永清合作，研究出用霉疫净粉剂防止橡胶树割面条溃疡。在11.7万株橡胶树上应用，平均发病率指数压低到0.77，比用赛力散的0.89低0.12，且具有低毒、稳定、成本低的优点。获省科技成果四等奖。

上述所列举的几件科技成果，只能算是云南回族科技工作者为实现"四化"而奋斗的一个窗口。从这个窗口也可以看出战斗在各条战线的回族，都与各兄弟民族互相学习，互相协作，作出不少的成绩。同时也可以从这个窗口看出，我们穆斯林的悠久文化传统是后继有人，青出于蓝而胜于蓝的。一大批中青年回民，他们蕴藏着的聪明智慧必定随着社会主义的不断发展在各方面表现出来。

马筱春与国货

马鸣庵

马筱春，回族，1906 年出生于昆明一个伊斯兰商业家庭。他的父亲马逢春是一个虔诚的伊斯兰教徒，长期从事伊斯兰教公益事业，曾担任云南回教协会常务理事（理事长是马伯安）和培养回族青年的明德中学常务校董，抗日战争胜利后，代表回教协会出任昆明地产公司常务董事。马逢春终身以经营盐业为主，长期担任昆明市盐业同业公会主席。唐继尧主持滇政时任省政府咨议。在马伯安和张冲任云南盐运使时，一直担任盐运使署合运处总经理并主持该署日常事务。张冲进行盐政改革曾给予大力协助，1935 年马逢春任滇西盐场场长，抗日战争胜利后，国民党中央接管云南盐政，地方当局推举他出任省盐务管理局副局长，但他拒绝了。

马筱春以优异的成绩毕业于省立第一中学和东陆大学文科，在学习期间曾担任省学生联合会主席。由于成绩曾名列前茅，唐继尧曾选派他到法国深造，因他是独子，家庭又比较守旧，他父亲马逢春婉言谢绝了。马筱春受家庭影响，跨入社会后即以"实业救国"为宗旨，协助其父在上海、香港和武汉等地经营皮革出口业务，并担任昆明市商会常务委员兼公断处处长。"九·一八"事变后，在上海与实业界方液仙、吴蕴初、王性尧等接触，从事"抵制日货，提倡国货"的宣传活动。与此同时，上海著名实业家、中国化学工业社董事长兼总经理方液仙，联合美亚绸厂、华生电器厂、五和织造厂、鸿新布厂、华昌钢精厂、亚浦耳灯泡厂、中华珐琅厂、华福帽厂等 9 个厂在上海南京路绮华公司原址举办"九厂国货临时联合商场"。该商场于 1932 年"九·一八"周年日开幕，当时的口号是"提倡国货，抵制日货"，因商品质量能与日货抗衡，营业蒸蒸日上，这个商场由李康年主持其事。之后，马筱春协助李康年起草筹设上海中国国货公司的计划，方液仙、李祖范给予了支持。1933 年 2 月，上海中国国货公司成立，资本为 10 万元，地址在南京路大陆商场。方液仙担任董事长兼总经理，李康年为经理。因销售商品质量好，经营得体，迫使一向经营外国货闻名的永安、先施、新新和大新四大公司不得不销售国货。从此，上海国货公司被列为上海五大百货公司之一。

上海中国国货公司成立后，在中国国货产销协会会员厂商的基础上，在上海成立了中国国货联营处，向外地销售国货，这是个联合销售机构。之后，又在中国国货联营处的基础上扩大成立了中国国货联合营业公司。吴蕴初（天厨味精厂总经理）、王志莘（新华信托储蓄银行、上海证券交易所总经理）分别担任董事长和总经理。副总经理有王性尧、陆乾惕和寿墨卿。董事吴鼎昌（国民党政府实业部长）、张嘉璈、钱新之、宋子良、黄旭初以及上海的一些民族资本家。马筱春担任该公司监察人。

抗日战争前，云南缪云台与马筱春前往上海，同方液仙、王性尧和陆乾惕等洽谈成立昆明国货公司，以及在越南河内和昆明举办国货展览会事宜。1937 年，首先在越南举办中国国货展览会，展销上海各大工厂生产的轻工业品和云南矿产、土特产品等。缪云台为该展览会名誉会长、马筱春任会长，并亲临河内主持其事。展览会开幕，盛况空前，法国总督前往剪彩。这是中国国货首次有计划地大量向印度支那半岛推销。越南河内中国国货展览会后，接着又在昆明文庙举办国货展览会，会长仍由马筱春担任。中国国货联合营业公司指派姚勋来昆明协助。

1937 年，昆明中国国货股份有限公司在昆明正义路（威远街口）成立，由龙云夫人顾映秋剪彩。该公司由中国国货联合营业公司、富滇银行和中国银行投资。此外，又大量在工商界招股，缪云台为董事长。董事先后有王志莘、王性尧、张邦翰、庾晋侯、周守正、陆子安和黄子衡等。马筱春为常务董事兼总经理。副总经理先后由中国国货联合营业公司派尧勋树、刘雅农担任，会计由富滇银行指派。此外，该公司又设上海办事处，由杨知一任上海办事处经理。昆明国货公司在解放前是昆明最大的百货公司，专门销售上海民族工业产品。除本身零售业务外，昆明多数百货商店以及省内一些县销售的百货也由该公司批发。昆明百货公司还首创使用女售货员。抗日战争初期和中期一度在保山设有分公司，在安宁温泉设分销店。

在昆明国货公司成立的先后，除敌占区外，南京、郑州、青岛、西安、镇江、重庆、贵阳、汉口、桂林、成都、长沙、香港以及新加坡都成立了国货公司。以上海为基础的国货事业几乎遍及了大半个中国并达到海外。为促进国货事业的发展，王志莘以新华信托储蓄银行的名义，吸收闲散资金通过国货联合营业公司举办"礼券"储金，此储金可向各地国货公司购货。昆明国货公司除接受此储金销售货物外，公司本身又发行"礼券"，持此"礼券"可向各地百货公司购买"礼券"票值的商品。中国国货事业的向前推进，对抵制外货，发展中国的工业起到了积极的作用。当时的口号是"中国人用中国货"，"发展国货，挽回权利"。

在抗日战争的形势下，马筱春担任过云南省抗日后援会副主席，主席是曾任过省人民政府副主席的杨文清。马筱春在抗日战争前后，还担任过云南五金器具制造厂厂长，并协助缪云台、金龙章筹建云南纺织厂。云南纺织厂建成投产后，担任该厂营业部经理。缪云台曾派马筱春到上海与永安纱厂联系，聘请该厂朱健飞来昆担任云南纺织厂技术工作。之后朱健飞担任了该厂副厂长，并与杨杰将军的侄女结婚，朱健飞的女儿过继给马筱春为义女。

马筱春以昆明百货公司的资本为基础，在昆明南屏街和太和街开设昆明旅社和太和酒店，这是 30 年代到 40 年代初期昆明最豪华的旅馆。这两个旅馆内附设中西餐厅、理发沐浴部，其中服务人员部分由上海支援。上海理发沐浴师首次到昆明服务，从此奠定了下江师傅在昆明经营理发沐浴行的基础。此外，在 1938 年进口了雪佛兰和福特轿车附设在昆明旅社内，首创昆明出租汽车业务。

1937 年，马筱春受中华职教社黄炎培和王志莘之托，与省教育厅龚自知厅长联系，在昆明成立昆明商业职业学校，马筱春任校长，陈子量任副校长。之后，马筱春任名誉校长，陈子量任校长。当时的口号是"振兴实业，职业救国"。昆明商业职业学校的成立，首创云南职业教育，历届毕业生都输送到各行各业从事财经工作，现在香港的伍集成先生就毕业于昆明商业职业学校。

1938 年，中国国货联合营业公司与昆明国货公司联合投资越南海防和缅甸仰光，先后成立中越和中缅两个运输公司。董事长是吴蕴初，马筱春为常务董事兼总经理，副总经理由中国联合营业公司派俞和笙、陆学来和刘雅农担任。这两个公司在海防、河内、仰光沦陷前抢运物资到国内起到一定作用。在日军占领仰光前夕，还最后抢运了昆明国货公司向美国订购的100余辆道奇卡车，20余辆道奇和福特轿车以及其他一些物资。在海防和河内沦陷前夕，孔祥熙所经营的复兴公司依靠其政治背景与法国人勾结，几乎垄断了滇越铁路的车皮，中越公司无法与之抗衡。所以，一些厂商委托该公司转运的物资以及昆明国货公司的物资大多数不能运出而落入敌手，损失惨重，昆明国货公司几乎一蹶不振。

1941年，太平洋战争爆发后，日军侵入租界。马筱春为了结束上海的业务和接回家属，于1942年得到当时国民党军事委员会军风纪视察团金汉鼎将军以及各地国货公司的协助，以行商的身份从陆路潜往上海。抵达上海不久，浙东战争爆发，闲居上海。

汪精卫在南京成立伪政府后，要上海国货发起人方液仙出任伪中央实业部部长，方严词拒绝，结果惨遭暗杀。太平洋战争爆发后，日军进驻租界，日方迫使国货联合营业公司和上海国货公司经营日货或停业，但遭到这两个公司的拒绝。为了对付日方步步进逼，王性尧等在上海国货公司三楼辟一密室共商对策。其后每星期五以聚餐会名义集会，此即"星五聚餐会"。马筱春闲居上海时参加了这个聚餐会。抗日战争胜利后，这个聚餐会扩大到500余人。1946年下半年，黄炎培、杨卫玉、盛丕华、胡厥文也组织各种聚餐会，并与"星五聚餐会"联系。这些聚餐会都是工商界民主运动的一种组织形式。马筱春于1946年在昆明成立"云南星五聚餐会"，缪云台为名誉会长，马筱春任会长。

抗日战争胜利后，马筱春与王振宇等筹组了云南省外贸协会，马筱春任常务理事。在上海，马筱春与上海一些工商界人士成立大昶公司，经营大锡出口，马筱春任董事长。

1947年，中国石油公司总经理张禹九（张嘉璈之弟）与美国一家石油公司谈判合资开采西北石油。张禹九在上海特邀马筱春协助，并向国货界以及云南方面筹集100万美元资金。当时国货界在经济上已处于困境，云南官僚阶层已看到蒋家王朝摇摇欲坠，不愿投资，最后马筱春退出了张禹九所领导的西北石油开发筹建处。二次大战后，国外货充斥国民党统治区，官僚资产阶级为所欲为，加之通货膨胀，国货事业每况愈下，各地国货公司仅能敷衍维持。此时，马筱春想到海外另起炉灶，但受黄炎培等爱国民主人士的影响，并经王志莘、王性尧的劝说，所以严守了岗位，直至解放。

在太平洋战争爆发前夕，马筱春将其在海外的私人存储20余万美元取回，准备在滇川建立为抗战所需的民用工厂。此款取回后，请俞和笙（原中越公司副总经理，后来可能在太古轮船公司服务）暂行保存香港，香港沦陷后俞和笙断绝通讯。战后，1946年马筱春到香港取此款，但俞和笙下落不明。经香港警方提供材料证实，俞和笙在香港沦陷后不几天逃往印度尼西亚，后被日本人杀害。这是马筱春在经济上的重大损失，加之国货事业每况愈下，他在事业上的发展的前景从此暗淡下来。

后 记

　　本集收入尚未发表过的云南回族社会历史调查资料和有关历史资料30篇。其中23篇是各地为1985年11月在昆明召开的第二次全国《回族简史》座谈会提供的资料，7篇为其他同志提供。这些材料涉及云南回族的历史人物和政治、经济、军事、科技文化、宗教等方面的历史情况，内容较前三集充实和广博，对研究和了解云南回族历史不失为很好的参考资料。

　　在编纂过程中，省人大常委会副主任王连芳同志和省民委、省"五丛办"的领导给予了热情支持和指导。省民委副主任杨丽天同志审订了全部稿件；省"五丛办"宋恩常同志、云南民族学院教师马维良同志对本书的编写提了很好的建议和给予了帮助；云南人民出版社对本书的出版作了很大努力，使得它得以很快与读者见面，在此谨向他们表示衷心感谢！本集刊用的照片由马毅生、赵尔聪、文世堃等同志提供。

　　本集为马颖生编辑。由于水平有限，错误和不当之处一定难免，恳请读者和有关专家、学者给予批评指正。

编 者

1986年5月8日

修订后记

  《云南回族社会历史调查》共4册，由云南人民出版社出版，是民族研究和民族工作的重要参考。

  本册由中央民族大学罗惠翾负责修订。根据国家民委《民族问题五种丛书》总修订精神及《中国少数民族社会历史调查丛刊》的修订原则和要求，修订中不更改原书内容，主要做了如下工作：一是订正了文字、图表等以及编辑方面的错误；二是某些民族名称、人名、地名和现在使用名称不一致的，以"修订注"的方式标明；三是涉及到民族宗教等领域的专业术语则直接改用统一的称呼；四是以脚注的方式尽可能增补自调查完成以来历次人口调查的数据和相关地方行政沿革变化的情况。此外，原版书中的照片因年代久远、质量差，故在本次修订本中不再使用。

  修订工作的错误和不足在所难免，敬请读者批评指正。

《中国少数民族社会历史调查资料丛刊》修订编辑委员会

2009年3月